QIZHI RUNXIN SI YU XING

NANTONGSHI XUEKE YUDE DIANXING ANLI 30 PIAN

启智润心思与行

南通市学科育德典型案例30篇

曹桂林　李　屹 / 编著

苏州大学出版社
Soochow University Press

图书在版编目(CIP)数据

　　启智润心思与行：南通市学科育德典型案例30篇／曹桂林，李屹编著． -- 苏州：苏州大学出版社，2023.10
　　ISBN 978-7-5672-4560-0

Ⅰ．①启… Ⅱ．①曹… ②李… Ⅲ．①思想政治教育-案例-南通 Ⅳ．①D64

中国国家版本馆CIP数据核字(2023)第184038号

书　　名：	启智润心思与行——南通市学科育德典型案例30篇
编　　著：	曹桂林　李　屹
责任编辑：	征　慧
装帧设计：	吴　钰
出版发行：	苏州大学出版社（Soochow University Press）
社　　址：	苏州市十梓街1号　邮编：215006
印　　刷：	苏州市越洋印刷有限公司
邮购热线：	0512-67480030
销售热线：	0512-67481020
开　　本：	787 mm×1 092 mm　1/16　印张：15.5　字数：340千
版　　次：	2023年10月第1版
印　　次：	2023年10月第1次印刷
书　　号：	ISBN 978-7-5672-4560-0
定　　价：	58.00元

若有印装错误，本社负责调换
苏州大学出版社营销部　电话：0512-67481020
苏州大学出版社网址　http://www.sudapress.com
苏州大学出版社邮箱　sdcbs@suda.edu.cn

序

冯建军

当前，伴随着基础教育课程改革的深入推进，教学改革与发展面临着一些新的要求和挑战。在诸多要求和挑战中，有一个命题越来越突显和急迫，那就是学科教学的根本宗旨应回归到"育人"上来，即要把立德树人的根本任务落实在学科教学之中，上有灵魂的课，建构有灵魂的课堂教学。这一命题可以概括为八个字：学科育德、教学育人。

南通市教科院以江苏省品格提升工程项目"立学课堂：学科育德的南通实践"推进为契机编写了本书，让我们不仅看到了项目的实践成果，而且感受到了新时代南通教师、南通课堂、南通教育所呈现出的育人生态。

南通，素有育德至上的传统。宋代教育家胡瑗是南通如皋人，900多年前他就提出了"明体达用"的育人思想。中国近代实业家、政治家、教育家张謇创办新式学堂，提出"德智体群"全面发展，"德"为第一要任。新中国成立，特别是改革开放以后，著名儿童教育家李吉林的情境教育理论提出以"美"激"爱"、以"爱"导"行"、以"行"养"习"，强调在课堂中教师要以道德情感驱动道德行为。全国教书育人楷模李庾南的"自学·议论·引导教学法"，提出让学生"想学"，其实质就源于对学生的爱与尊重。南通市教科院承担的品格提升项目正是赓续南通育德为先的教育血脉，引领所有学科教师摒弃"德育是德育课教师的事情"的狭隘认识，确立"所有学科都是德育""人人皆为德育教师"的全学科育人、全员育人新理念，在学科教学中通过立学课堂落实立德树人根本任务。这是新时代南通教育人抓实教学重点、直面改革难点、瞄准育人突破点的又一落地举措。

学科育德并非一个新课题。英国哲学家罗素说过："没有一门课程只给学生普通的陶冶，而另一门课程只给学生专门知识。"德国教育家赫尔巴特也指出："我不承认任何无教学的教育，正如反过来，我不承认任何无教育的教学。""学科育德"是"教育性教学"规律的反映，是在学科教学中有机融入德育的元素，实现学科育德、学科育人的功能。但如何在学科教学中有机渗透德育？如何根据学科特点寻找适合的育德方式和策略？通过什么样的途径、手段让教师明白学科育德的操作要义？南通的教师在不断地探索，本书就是他们探索的结晶，它通过一个个具体的案例为广大教师提供了学科育德的路径与方法。我认为这本书很好地回答了三个方面的问题。

第一，它回答了"以何育德"问题，把学科育德的实施扎根在课堂主阵地之中。教育的根本在于成"人"。在人的发展中，道德是关键。"学科育德"就是要立足于人的培养，以学科知识为载体，以立德树人为根本任务，挖掘学科在提升思想觉悟、促进道德形成和完善人格发展等方面的价值，发挥课程在立德树人中的独特育人作用。学科德育有一个基本的逻辑：学科是道德的载体。其基本逻辑又关涉基本教学形式——课堂教学。学科育德，核心是课堂育人。苏联著名教育家苏霍姆林斯基说过："上课——这是教育与教学的主要形式。教师每天在课堂上给学生以教养和教育，并使学生得到全面发展。"他提出了课堂教学的三个重要理念：课堂应当作为"人成为思想者的发祥地"；学生应当作为课桌旁的"思想的劳动者"；每一次上课，连同它的第一本书，要成为"品格和心灵的高度教养的第一资源"。可见课堂学习具有深远而又深刻的意义。课堂既小又大，宏大的目的与具体的目标通过一堂课来统一、来融通、来落实，如此才宏大而不至于空洞，微观也不至于短视，不至于落入技术化、程式化的窠臼中。因此，我们看到本书的30篇案例都是学科教师们鲜活的教学案例、课堂案例。聚焦课堂，坚守课堂，让每一堂课彰显学科育德的活力。我想，它是这本案例集的出发点，亦是学科育德的生根点。

第二，它回答了"育何德"问题，将学科育德的德育范畴凸显在每一章节的主题之中。学科育德的核心是落实立德树人的根本任务，它要求所有学科在教学中都要反映并落实德智体美劳全面发展的要求，所有教师在学科教学中都以培养能够担当民族复兴大任的时代新人为己任。因此，所有的学科都有着共同的愿景与要求，亦即学科育德具有"超学科的共同性"。我认为这个共同性就是学生核心素养中的德，表现为习近平总书记提出的"六个下功夫"。南通教师紧紧围绕总书记提出的"六个下功夫"，打破学科与学段的边界，以"红色血脉""家国情怀""理想信念""生态文明""身心康健""团队合作"六大主题进行整体架构。六大主题纲举目张，使得30篇案例既有整体性，又各自聚焦清晰的育德点。根据课程内容中的价值元素，每一篇案例都紧扣教材，精准把握育德目标，让教师们更容易厘清思路、明晰方向、把握宗旨。每一个主题，不仅强化了师生的知识与技能，也使他们对核心价值观进行再体认，使师生在价值体认与道德意义领悟中，实现精神的升华。

第三，它回答了"如何育德"问题，将学科育德的策略路径展现在每一篇案例的实施过程之中。学科育德一定是从学科特质出发，立足这一门学科的独当之任，寻找本门学科的切入口，呈现不同的实施路径。从收录的30篇案例来看，语文、英语、政治、历史等人文学科育德多注重言意共生，文以载道；数学、物理、化学、生物等理科育德则间接性较强，教师更注重德育元素的开发与渗透，注重对学生进行科学精神、科学态度、探究能力、逻辑思维能力的培养；音乐、美术学科育德具有浓郁的情感性，注重"歌以咏怀"，以美育德；体育学科育德具有鲜明而强烈的展示性和竞争性，更注重体育精神与道德的培育，将"野蛮其体魄"与"文明其精神"统一起来。可以说，30篇案例既突出了学科特点，又相互映照，相得益彰。

"学科育德"的实施，课堂是渠道，教师是关键。虽然知识教学与学科育人都依靠教师，但其对教师的要求不同。习近平总书记指出，教师不能只做传授书本知识的教书匠，而要成为塑造学生品格、品行、品位的"大先生"。既要提升教师"学科育德"的自觉性，也要提升教师的育德能力。南通市教科院承担的"立学课堂：学科育德的南通实践"品格提升项目与南通立学课堂改革实践同向并举，项目建设牢牢牵住课堂这个牛鼻子，紧紧抓住教师这个关键主体，引导教师在学科课堂教学中深入研究、积极探索，以德施教、以德育人。我们看到，南通的学科育德实践不仅推动了学科教学改革的深入，也在促进着教师专业向更高的价值方向和道德立意发展。相信不久的将来，越来越多的教师会投入学科育德的实践中去，从上好一节有灵魂的课开始，找寻学科教学的深层内涵与意蕴，抵达学科育人的大方向、大格局、大境界，成为塑造学生品格、品行、品位的"大先生"。

冯建军，教育部人文社会科学重点研究基地南京师范大学道德教育研究所所长，兼任国家教材委大中小学德育一体化专家委员会委员，教育部基础教育德育工作专家委员会委员

目录 / Contents

第一章　在学科德育中赓续红色血脉

◎ 主题解读
　　让"红色"成为学科育人的亮丽底色 …………………………………… / 1

◎ 案例赏析
　　案例一：红军不怕远征难 …………………………………………………… / 8
　　案例二：学伟人精神　做红色传人 ………………………………………… / 15
　　案例三：时代育新人　红心永向党 ………………………………………… / 21
　　案例四：与红色经典的美丽邂逅 …………………………………………… / 26
　　案例五：争当抗洪小勇士 …………………………………………………… / 34

第二章　在学科教学中厚植家国情怀

◎ 主题解读
　　协同学科教学　共育家国情怀 …………………………………………… / 41

◎ 案例赏析
　　案例一：数语观疫情　厚植爱国心 ………………………………………… / 44
　　案例二：让社会责任感在课堂中自然生成 ………………………………… / 52
　　案例三：殷殷家国情　拳拳赤子心 ………………………………………… / 58
　　案例四："图"说家国情怀 ………………………………………………… / 64
　　案例五：悯农·敬天·实干 ………………………………………………… / 69

第三章　在学科教学中筑牢理想信念

◎ 主题解读
　　让理想信念之花在学科课程中绽放 ………………………………… / 76

◎ 案例赏析
　　案例一：最受尊敬的人 ……………………………………………… / 81
　　案例二：点燃信念之灯　照亮生命之路 …………………………… / 88
　　案例三：数风流人物　还看今朝 …………………………………… / 95
　　案例四：Our dreams（Story time）………………………………… / 101
　　案例五：坚定理想信念　实现人生价值 …………………………… / 109

第四章　在学科教学中活化生态文明

◎ 主题解读
　　立足学科教学　孕育生态文明之美 ………………………………… / 115

◎ 案例赏析
　　案例一：健康生命源　润泽一方土 ………………………………… / 121
　　案例二：拒绝白色污染　拥抱绿色生活 …………………………… / 127
　　案例三：绿色世界　你我同塑 ……………………………………… / 134
　　案例四：携手共建美丽家园 ………………………………………… / 141
　　案例五：环境与生命共存 …………………………………………… / 150

第五章　在学科教学中促进身心康健

◎ 主题解读
　　适切育德　臻于康健 ………………………………………………… / 158

◎ 案例赏析
　　案例一：核心素养下生命教育在初中生物教学中的渗透 ………… / 162
　　案例二：让德育馨香沁满语文课堂 ………………………………… / 169

案例三：以理激情　促进身心康健 ………………………………… / 175
　　案例四：做数学　思人生 ………………………………………… / 182
　　案例五：培养兴趣　说动并行　认识差异 ……………………… / 190

第六章　在学科教学中增进团队合作

◎ 主题解读
　　在教与学的苗圃中孕育"团队合作"的德育胚芽 …………………… / 199
◎ 案例赏析
　　案例一：幸福就要大家一起"动"起来 ………………………… / 203
　　案例二：一滴清水　一个地球 …………………………………… / 210
　　案例三：合作让中国革命星火燎原 ……………………………… / 217
　　案例四：同心协力找平衡 ………………………………………… / 224
　　案例五：开阔全球化视野　树立共同体意识 …………………… / 230

第一章
在学科德育中赓续红色血脉

> 用好红色资源,传承好红色基因,把红色江山世世代代传下去。
> ——摘自 2021 年 5 月 16 日第 10 期《求是》杂志习近平总书记的重要文章

 主题解读

让"红色"成为学科育人的亮丽底色
——学科育德理念下对革命传统教育的思考与探寻

红色资源是中国共产党艰辛而辉煌的奋斗历程的见证,是重要的历史文化遗产。习近平总书记指出:"共和国是红色的,不能淡化这个颜色。"以红色资源为载体,对中小学生进行革命传统教育,践行强基、固本、铸魂的历史使命,对培养新时代社会主义建设者和接班人具有重要意义。

为了对革命传统教育进行整体设计和科学谋划,2021 年 1 月,教育部印发了《革命传统进中小学课程教材指南》(以下简称《指南》),旨在通过将革命传统全面融入课程教材,对中小学革命传统教育目标、内容、方式等进行顶层设计。这是实现革命传统教育整体化、系列化、长效化的根本性变革。

这项力举,为提升学科育德价值孕育了新的契机。顺应时代召唤,每一个教育工作者都应深刻领会革命传统的价值内涵,在学科语境中挖掘红色资源的德育价值,让红色文化在当代教育中转化与传承,真正实现学科育德的深层落地。

一、价值寻绎:红色基因的时代传承

"立德树人"作为教育的根本任务,所衍生的教育教学活动千头万绪,其核心是夯实学生听党话、跟党走的思想基础。革命传统是中国共产党在长期的革命与建设中所形成伟大精神的载体,是有着红色标识的中国式文化。将革命传统融合学科教学,

让课程建设与学科育德胶着耦合、同向而行，是落实这一核心工程的不二载体。

1. 培植文化自信的丰厚土壤

诞生于革命战争年代的红色文化，是文化自信的重要源头。它继承、弘扬了中华优秀传统文化，吸收、借鉴了世界文明优秀成果，是多种精神与文化的集大成。在学科教学中挖掘红色文化内涵，培植文化自信，培养更具中国精神和中国气质的时代新人，是实现中华民族伟大复兴的应然之举。

2. 形成价值认同的桥梁纽带

革命传统堪称人类精神文明的高地，是社会主义价值体系的重要源泉，与社会主义核心价值观高度契合。"富强、民主、文明、和谐"是中国共产党人的初心表达，"自由、平等、公正、法治"是共产主义理想信念的实践转化，"爱国、敬业、诚信、友善"则是革命历史进程中先进人物的精神写照。依托学科教学丰富的资源和形式，挖掘育德的价值点，探寻育德的渗透点，让革命文化中蕴含的核心价值观以平易的方式走近学生，与学生原有的认知、情感、世界观架起桥梁，可使这座红色高地不再高不可攀。

二、解析内涵：红色资源的深度采掘

革命传统教育的内涵极其丰厚，《指南》中对"革命传统"做了明晰的界定：革命传统是中国共产党在百年历史进程中为民族独立、人民解放和国家富强、人民幸福而不懈奋斗中形成的政治觉悟、革命斗争精神、高尚品质和优良作风，它具有阶段性、连续性和延展性，贯穿在新民主主义革命、社会主义革命和建设、改革开放和社会主义现代化建设三个时期。这是我们立足学科课程进行育德活动设计的根基和本源。

在现行的中小学课程中，涉及"红色"的育人元素拥有较高的占比，或以显性的教材内容呈现，或以隐形的教学资源植入。深挖这座红色富矿，汲取其丰厚养分，把红色基因植入学生的心灵，可为青少年"补钙壮骨"。

1. 全面渗透，主线分明

如图 1-1 所示，革命传统教育可划分为七个方面的内容，紧紧围绕"热爱中国共产党"这一主线，从不同角度促使学生不断丰富和加深对中国共产党的认识，体

图 1-1

会马克思主义的真理力量和中国共产党人的人格力量,从而在思想上、行动上做到爱党、爱国、爱社会主义的高度统一。

2. 全科覆盖,载体丰富

参照《指南》,研读各科教材,可以发现革命传统教育与各学科虽然均有融合(表1-1),但承载程度是有区别的:统编三科(道德与法治、语文、历史)为主体,艺术学科(音乐、美术等)有重点地纳入,其他学科有机渗透,呈现出"3+1+N"的结构模式。

表1-1 各学科"革命传统教育"育德要求及实施载体一览表

主题内容	学科育德要求	主要实施载体
道德与法治(思想政治)	革命传统的主要内容,注意对思想内涵的深刻解读,突出提高思想认识、政治觉悟,坚定理想信念,树立正确的世界观、人生观和价值观,促进政治认同;同时引导学生弘扬革命精神,培养高尚品德	革命领袖、革命英雄等革命人物的英雄事迹、名言名句、重要论述,井冈山、遵义、延安、西柏坡等革命圣地,建党节、建军节、烈士纪念日、国家公祭日等
语文	以文化人,引导学生深刻体会革命精神,深入感受爱国主义精神,体认英雄模范的高尚品质,陶冶性情、坚定志向,树立正确的世界观、人生观和价值观	革命英雄人物的代表性作品及反映他们生平事迹的传记、故事、文学作品;反映党领导人民革命、建设、改革伟大历程和重要事件的作品;有关革命传统人物、事件、节日/纪念日活动等方面的新闻、报告、演讲、访谈等;阐发革命精神的优秀论文与杂文;与选文内容相关的革命圣地、革命旧址和文物的插图等
历史	结合近代中国人民的革命斗争,特别是辛亥革命和五四爱国运动、民族资本主义的发展和无产阶级队伍的壮大,以及共产国际成立等国际环境,讲清楚中国共产党诞生是历史发展的必然,注重通过整体叙述与背景叙述,使学生系统认识中国共产党领导人民为民族解放和社会主义事业英勇奋斗的历程,从中汲取强大的精神力量,培养高尚品德,形成优良作风,增强"四个自信",树立正确的世界观、人生观、价值观	重要历史事件、革命英雄人物事迹和遗物、文献史料、革命旧址、重要纪念日和纪念活动等
艺术	注重选取经典性作品,以寓教于乐、潜移默化的方式,增强教育的感染力和实效性,培养学生深厚的爱党爱国情感,做有骨气、有品位、有修养的中国人	反映革命文化的美术、音乐、舞蹈、影视、戏剧(含歌剧、戏曲等)、动画等
其他	结合学科特点,选择有关学科领域专家、模范人物的事迹、成果等,引导学生体会他们为国争光、服务人民的精神追求,厚植爱国主义情怀	相关学科领域专家、模范人物的事迹、成果等

在学科课程资源中,革命传统教育有两种载体形式:一是原始素材,具体包括重要革命史实和关键事件,革命英雄人物及事迹,革命文物、遗址、纪念场馆,以及为纪念重大事件、伟人、先烈等设立的特定节日和开展的相关仪式活动等;二是基于原始素材创作的作品,具体指反映马克思主义真理和共产党人的人格光辉的文章和创作,既包括革命英雄人物自己撰写或创作的作品,也包括其他人以重要革命事件、革命英雄、人物事迹为题材撰写或创作的作品。它们或有形或无形,蕴含的红色精神极具传播性、创造性和再生性。

3. 全程贯通,推进有序

革命传统教育贯穿于小学到高中全学程,遵循教育教学规律和中小学生的身心发展特点,循序渐进地安排学段教育要求。

图1-2呈现的是"革命传统教育进课程"学段要求,它有着鲜明的进阶性,这是由不同年龄阶段学生的知识结构、认知特点所决定的,当然还应关照学生的现实生活。基于学段要求,教师在教育活动中甄选相应的育德内容,设计合理的育德方式。

图1-2

以时间跨度最长、内容含量颇丰的小学语文为例,革命传统教育在各学段都有渗透,且是由表及里、螺旋上升的。从学科教材内容的呈现就可以看出,低年级以图文并茂的形式呈现革命英雄的故事,用榜样的精神浸润童心;中年级由单篇转向多篇,并安排了阅读链接,课堂内外互联,趋向于单元整体化的编排,革命传统文化的渗透更为全面;高年级则是按鲜明的专题形式编排,从五年级上册到六年级下册分别安排"家国情怀""责任与担当""重温革命岁月""志向与心愿"四个单元,并在课后设计相关主题实践活动,让学生进一步了解革命先辈和时代英杰所具有的优秀品质。

三、实践铺陈:红色育人的贴地践行

革命传统诞生于艰苦卓绝的战争年代,其主体是新民主主义革命时期的精神及载体,是中国革命文化和社会主义先进文化的高度概括和形象表达,本身具有崇高色彩,这与当下中小学生认知能力、价值观念之间存在天然的屏障。因此,要让学

生对革命传统从最初的"敬而远之"到产生价值认同，是颇具难度的。我们在攀行这座红色高地践行学科育人时，要从学生的学习心理和认知规律出发，从学生在学习过程中产生的真实需求出发，优化育德方式，谋划要立意远、站位高，践行要可感知、接地气。

1. 顺应认知需求，让革命岁月生动可感

（1）以红色史料为钥匙，开启认知之门。

各学科中所设计的红色元素，都隐含着一段厚重的革命历史，适度拓展红色史料，可以帮助学生重回热血沸腾的红色年代。这一类史料大多是常识性的，包括文字、影像、数据、实物等历史资料，带领学生触摸到与课堂关联的时代背景，就如同给予学生一架穿透时空的望远镜，可重温那时、那地、那人、那物，从而拉近学生与革命年代的距离。而教师须对红色史料进行搜集、甄别、阐释和运用，还要依据学生的年龄特点、心理特征和认知水平选择最贴切的呈现方式。

如在统编版小学语文二年级上册《朱德的扁担》的教学中，教学对象处于小学低学段，学生对朱德其人和井冈山会师的事件并不了解。对此，可以采取立体阅读的方法。在学文之前，教师鼓励学生查找关于朱德的相关资料，获得对朱德总司令的生平等的浅显的认知；在课堂上，带领学生观看《井冈山会师》的影片片段和"朱德的扁担"实物照片，感受到文中所写故事的真实性；依据文本描述，师生合作绘制示意图、完成板画，据此厘清敌我双方所处的位置，将战时局势具化呈现。这些背景资料不仅可以拉近学生与文本的距离，而且为学生更好地领悟人物的品质奠定了基础。

关于长征壮举、开国大典盛况的资料，在各学段、各学科中都会涉及。在小学阶段，教师可以选择原始的影像、照片等资料，让学生对新中国诞生的艰难历程和荣耀时刻获得真切的体验；在初中、高中阶段，可以推荐革命旧址资料、文学艺术作品、经典文献供学生选择阅览，使其对红色岁月的感知趋向立体，认识中国共产党走过的艰苦卓绝历程、形成的光荣传统和取得的伟大成就。当然，呈现的资料也要符合学科特征，以自然无痕的方式，将育德和学科素养的培育融为一体。

（2）以学科学习为支架，完善认知空间。

学科属性决定着学习方式。基于各学科学习方式的多元性，引导学生通过有目的、有意识的行动，不断提升自身与革命传统之间的契合度。比如统编版小学道德与法治五年级下册第三单元《红军不怕远征难》的教学中，将"红军长征面临哪些困难？他们又为什么'不怕'？"这一主问题作为学生探究的导航，让学生从"路途遥远、环境恶劣、战争残酷、生活艰苦"等诸多困难中，选择一个方面深入探究，充分利用教材和课前搜集的资料，通过画图表、列数据、看遗物（图片）、讲故事等方式，引导学生走进革命历史，亲近中国传统革命文化，在传统的历史文化、革命文化中"立根"，为长成有政治信仰、有爱国情怀的人奠定基础。

在小学语文课中，红色革命类文本的育人职责，是与语文要素的落实有机融通的。这类课文常常通过细节化的言行、神态、心理活动的描写来突出人物的品质特点。比如在《朱德的扁担》一文中，战士们"藏"扁担，朱德"找"扁担，包含着丰富的内涵与情感。教师指导学生反复研读、揣摩，探究文本字里行间的意蕴，并借助"我来劝""我会思"等环节，在落实语言训练的同时，对学生进行思想渗透，使他们真切地感受到朱德比战士们更辛苦，他真是一位以身作则、勇挑重担、与战士同甘共苦的革命领袖。

统编版高中语文教材对革命传统教育尤为重视，入选内容涵盖百年革命的重要节点，题材更是丰富多彩。学生可借助学习任务群的方式，借助阅读课程、写作课程、活动课程的开发，在感受思想与语言的力量中认识中国革命的伟大意义；通过写作表达，在与革命前辈的跨时空对话交流中，回顾党的光辉历程，盘点伟大成就；参与红色文化调查活动，近距离接触革命传统资源，从而进一步深化对革命传统的理解与认识。

2. 引发情感共鸣，让革命风云充满感染力

（1）营造活动情境，触境生情。

在教学中要积极营建赓续革命传统的活动情境场，让学生体验事件中蕴蓄的伟大精神，角色背后蕴藏的丰富情意，激发学生内心深处的真善美，与革命人物、事件形成情感的共振点，从而突破难以共鸣的困境。

比如，小学体育课中的障碍跑就可巧作变式，结合时代主题，设置育德情境。近年来，疫情、洪水等各种灾害，让所有人刻骨铭心，奋战在一线的医护人员、人民子弟兵等都在关键时刻影响并感动着国人。因此，以"争当抗洪小勇士"为主题，设计体验活动，让障碍跑运动在"育体"的同时，赋予丰富的育德元素。平放的轮胎为"泥潭"，连接的体操凳为"独木桥"，纵横交错的跨栏架为"倾倒的树木"……形成拟真的抗洪抢险场景。课堂从学生军训生活的体验开始，让他们在队列队形训练中感知军队的纪律严明；以"接受任务，急行抗洪"为主要活动，通过各分队"抢占阵地"的比赛，充分体验解放军战士奋勇争先、不畏艰险、团结协作等精神品质。当然，也可以庆祝中国共产党百年华诞为背景，设计融思想性、实践性于一体的体育综合实践活动，致敬传统"红色体育"。教学中，合理运用和开发课外资源、校外资源及自然资源，以毗邻学校的开放式公园为活动区域，充分利用小山丘、湖泊、树林、竹林、悬索桥等自然地形环境或设施，将之作为红军长征途中的不同地域。结合革命故事，模拟突围、急行、远征、战争等情境，设计攀爬、跑、跳、钻等运动，使学生在主题鲜明、竞争激烈的"重走长征路"定向越野活动中，培养克服困难的意志品质，体会突破重重障碍后的喜悦，体验革命先锋的斗争之路。

（2）建设学习情境，以境育德。

从教学实际出发，构建符合课堂教学要求、任务、问题的情境，引导学生围绕传承革命传统开展主题探究活动。从教学实施过程看，确保这一学习活动的有效开展需具备两个条件：一是活动形式的设计要能吸引学生，符合学生的年龄特征，能

激发学生的探究热情;二是活动内容设计符合培育核心素养的相关要求和契合课程教学实际。通过对教学实践的观察,我们梳理出传承革命传统的有效学习活动主要有革命影片赏析、史剧表演、历史模型制作、辩论等。

3. 丰富审美体验,用革命文化滋养生命

革命文化题材类的作品,无论是文学类还是艺术类,都彰显着独特的美学风格,表现出崇高、庄严、质朴、昂扬、深沉等艺术特质,教师应引领学生以作品为对象,开展观照、鉴赏、共鸣、移情等审美活动。

初中美术八年级下册第一单元中的《情感的抒发与理念的表达》,以革命历史进程为线轴,引领学生逐一欣赏革命历史画作,深刻理解在党的领导下,中国人民从站起来到富起来,再到强起来的艰辛革命道路。结合画作的题材、构图、人物形象,了解中国共产党筚路蓝缕奠基立业的奋斗历程,体会革命精神与情感等方面的深层意蕴。

教材中红色题材的艺术作品不多,作品之间也缺乏联系。教师可以组织学生搜集反映我国革命历史时期的优秀艺术作品,然后对这些艺术作品进行分类,大胆重组,形成革命历史的主题系列,用主题歌咏会、合唱节、画展、诗词大会等形式呈现,引导学生以审美的视角深切感受革命先辈和广大劳动者为中华民族伟大复兴做出的不懈努力,激发他们的爱党之情、报国之志。

4. 融通实践体悟,用革命精神丰盈生活

革命精神由认知抵达行为,还要跨越千山万壑。用丰富的实践活动,以多感官参与、多维度的"具身体验"为抓手,将对内容的理解逐渐转化为心中的信念;还可整合多学科革命传统资源,与学校的德育活动融合,发挥综合育人的作用。通过红色人物专访、实地考察纪念馆等方式,多维度地挖掘革命历史事件与革命人物故事,将文字阅读延向生活,将革命精神融入生活。

一位教师在执教统编版语文四年级上册《延安,我把你追寻》这一课后,设计了"南通地区红色研学之旅"实践活动。这一活动延续了课文的情境,学生在制作研学卡的过程中,又对单元要素进行了巩固深化,既有"知"的输入,又有"行"的体验,达到革命传统教育的知行合一。将课文向生活延伸,把革命精神与学生生活相结合,丰富精神内涵,延续时代意义,衍生"红色"价值,让传统之光照进现实。教师在引导学生展开研讨思辨活动时,联结"延安精神"与"时代精神",引导学生在反思、判断、思辨中做出正确的价值选择,赋予文本新的意义和内涵。由教材内容深挖下去,整合教育资源,打通课堂内外,建构立体式、开放化的育人体系,根植红色的种子,使学生受到系统而又生动的精神洗礼。

红色江山热血铸就,革命传统代代相传。我们从学科课程资源广袤的土壤中汲取精髓,全方位地展示革命传统内蕴的人、物、事、魂,创新红色教育形式,增强红色革命传统教育的专业性、趣味性、时代性,把红色基因渗进血液、浸入心扉,确保红色江山永不变色。

案例赏析

案例一：红军不怕远征难
——《中国有了共产党》（第3课时）

一、内容选择

本课内容选自统编版小学道德与法治五年级下册第三单元第9课《中国有了共产党》。

二、育德点分析

1. 显性内容

《中国有了共产党》一课教学，旨在以重大历史事件、重要历史人物为主线，对学生进行革命传统教育、党史教育和爱国主义教育。第三个话题"红军不怕远征难"重在让学生了解红军长征的伟大历程，了解遵义会议的伟大意义，探究和体会"红军不怕远征难"背后的长征精神，这是显性的育德内容。

2. 隐性资源

教学中，结合学生的生活实际、新时代的发展要素、学生成长的历程，引领学生传承和发扬新时代的长征精神，这是需要挖掘的隐性德育内容。

3. 生成因子

在师生互动中，引入学生的生活，关注学生生活的真问题，帮助他们认识到人生就是一次生命的长征，人生的不同阶段都是长征的一部分，唯有看准方向、认清形势、坚守信念、克服困难、积极乐观，才能迈好人生征途的每一步，并取得最终的胜利。这是生成的德育因子。

三、育德目标

1. 道德认知

通过自主学习、合作分享，学生感受长征之"难"，知道遵义会议及其伟大意义。

2. 道德情感

通过调查、交流、分享等活动，学生体悟长征精神，激发弘扬长征精神的情感。

3. 道德行为

感受长征精神在当下生活中的意义，弘扬新时代长征精神，走好人生的长征路。

重点：了解长征历程，知道遵义会议的历史意义，感悟红军长征之"难"。

难点：探究"不怕难"背后的精神所在，自我驱动弘扬长征精神的积极情感和行动。

四、育德策略

1. 以生活为起点，以学定教

立足学生的生活，关照学生的生活，引领学生在精心设计的"课堂生活"体验中，从"经验生活"走向"未来生活"，这是道德与法治这一课程实施的基本要义。以学定教，凸显"学"的主体性。五年级学生，对于"长征"并不陌生，他们在前期红领巾学党史系列活动、语文学习、课外阅读及预习中对长征已经有了初步了解。课堂伊始，引导学生分享"我知道的长征"，符合"以学定教""先学后教"的教学理念，为本课的教学定了起点，而非"零起点"，符合学生实际。以生活经验为起点，以学定教，让课堂真正回归到"以生为本，学为中心"的教学理念上来。学生盘点、回顾已经了解的知识，这个过程本身也是在自我育德。

2. 合作探究，自主建构

这一课时教学中，"红军长征面临哪些困难？他们又为什么'不怕'？"是课堂的主问题。教学中遵循"限时讲授、合作学习、踊跃展示"的基本理念，开展小组合作学习，引导各组从"路途遥远、环境恶劣、战争残酷、生活艰苦"等诸多困难中，选择一个方面深入探究，充分利用教材和课前搜集的资料，通过画图表、列数据、看遗物（图片）、讲故事等方式，不仅探究出"难在哪里"，更探究出"不怕难"背后的精神力量，实现道德认知和道德情感的自主建构。学生在"学"的过程中展现独立人格、理性精神和人文情怀，悄然"立身"；同时，学生在活动体验中，走进革命历史，亲近中国传统革命文化，在传统的历史文化、革命文化中"立根"。

3. 链接时代，思辨澄清

历史的价值不在于记忆，而在于感悟。立学课堂的根本任务是立德树人，这也是道德与法治这一课程的教学目标。历史题材的教学，引领回顾过去，为的是立足当下，朝向未来。教学中引领学生思辨："有人说，长征过去80多年了，现在的中国国富民强，不需要长征精神了，你们赞成吗？"在思辨中澄清道德价值，懂得每一代人有每一代人的长征路，每一代人都要走好自己的长征路。新时代的长征路，就是和平发展之路，就是绿色生态之路，就是脱贫致富之路，就是安全健康之路，就是民族复兴之路……进而在时代楷模、时代英雄的寻访中，明晰长征精神的时代特征，让长征精神在新的时代下、在当下的生活中落地生根。这样的"学"，提升了学生的思维品质。

4. 关照生命，朝向未来

"立德树人"最终指向"人"的生命成长关怀。培养健全的、完整的、全面发展的、终身发展的人，是本课程的终极目标。教学最后一环节，教师首先将学生的目光引向自身："同学们，其实，我们每个人的人生都是一条长征路，上小学的你们，才迈出了短短的一段，还将接受很多挑战，如果你遇到长征路上的这些'拦路虎'，该如何应对呢？"然后引导学生直面当下所面临的"学习困难、日益下降的视力、电子产品的诱惑、垃圾信息的干扰"等生活真问题，思考迎战策略：发扬长征精神，坚守信仰、积极乐观，战胜成长路上的"拦路虎"，走向美好的未来。学生在"学"中实现"立人"，为以后的成长积蓄力量、积累智慧。

五、育德过程

活动一：交流分享——我知道的长征

1. 谈话导入

师：同学们，在中国历史上，有一次伟大的壮举，如同一条红色的飘带，绵延两万五千余里，它就是中国工农红军的长征。今天这节课，我们就一起去追寻长征足迹，翻开那风云激荡的红色篇章。【板书：红军不怕远征难】

2. 分享经验

师：课前，老师让你们查阅了资料，并完成了导学单，那么对于长征，你们都有哪些了解？

预设：（1）为什么长征？这是红军长征的根本原因。

（2）长征始于1934年10月，到1936年10月结束，行程两万五千余里，历时近两年。

（3）长征中遇到了许多困难。【板书：路途遥远、环境险恶、战争残酷、生活艰苦】

育德理念解读：从学生的"经验生活"出发走向"课堂生活"，引导学生分享"我知道的长征"，在盘点、回忆、分享中实现自我育德，这既体现了"以学定教""先学后教"的教学理念，也为本课的教学定了起点，而非"零起点"，符合学生实际，凸显了学生的主体地位。以学生为主体，这是"立学课堂"的基本保障，因为"立学"，究其根本"立"的是"学生"。

活动二：质疑探究——我不知道的长征

1. 鼓励质疑

关于长征，你还想知道什么？

2. 提炼主问题

同学们最想知道，这场远征为什么这么"难"？红军又为什么"不怕"？

3. 合作探究

以小组为单位，每组选择一个方面，研读教材和资料包，思考问题，讨论展示方式。【课件出示汇报"小贴士"：小组汇报可以结合教材中的地图，也可以借助自己搜集的数据、图片资料，还可以用讲故事的形式来展示】

4. 交流展示

预设一：一组学生借助地图汇报"路途遥远"。

评价点拨：（1）课前，同学们还进行了"两万五千里长征路有多长"的调查研究活动，学校操场400米跑道走一圈需要12分钟，如果不管刮风下雨，每天走8小时，走完长征路需要多少天？

（2）请大家拿出笔，在课本第63页的路线图上选择一条路线描一描，慢慢地

"走一走"，交流感受。

预设二：两组学生借助教材和资料包中的数据汇报"环境险恶"。

相机追问：从这些数据中，你们看到了什么？茫茫雪山、漫漫草地、道路崎岖、铁索寒桥……如此险恶的环境，红军为什么不怕？

相机评价：只要心中有坚定的革命信念，管它狂风暴雨，任它山高路险，都会百折不挠，勇往直前。【板书：百折不挠　勇往直前】

预设三：两组学生借助搜集的遗物图片等汇报"生活艰苦"。

相机补充：（1）这一张张图片就是红军艰苦生活的见证啊！长征万里，真的是太难了。我们来听一听长征亲历者的回忆。【播放视频：红军老战士回忆伟大征程】

（2）毛主席的《七律·长征》大气磅礴，虽然只有56个字，但每一个字都是一个故事，每一个笔画都是一场战争。【课件出示《七律·长征》】诵读，交流感受。

预设四：一组同学通过讲故事的形式汇报"战斗残酷"。

相机拓展：（1）大家自由读一读这个小资料，从这些数据中你们又能感受到什么？【出示"小资料"】

（2）让我们通过电影《飞夺泸定桥》中的一个片段，再次感受战斗的惨烈、残酷。【播放视频】交流感受。【点评并提炼板书：不怕牺牲　浴血奋战】

5. 知识链接，总结提升

（1）过渡：通过刚才的合作探究，我们已经深深感受到红军长征经历的千难万险。尤其是在长征初期，在错误路线的指挥下，红军和具有优势兵力的敌人硬打硬拼。短短2个月，中央红军由8万余人锐减到3万余人。如果继续下去，红军将面临怎样的境地？

（2）思考：如果说长征是一部恢宏壮丽的史诗，那么这一次会议就是生死攸关的转折点。【板书：遵义会议】试想，如果没有遵义会议，将会怎么样？

（3）总结：是的，遵义会议确立了毛泽东在党中央和红军的领导地位，明确了一条正确的革命道路，这才有了长征的胜利。所以，毛主席说——【出示并引读：长征是历史纪录上的第一次，长征是宣言书，长征是宣传队，长征是播种机。】

追问：你觉得长征宣告了什么？又宣传、播种了什么？

（4）拓展：长征不仅宣传了共产主义，还把革命的种子传播到了少数民族地区。【出示：《彝海结盟》】阅读，交流。

育德理念解读：学生本位的课堂不是教师讲授知识的阵地，不是灌输道德的讲坛，而是学生自主质疑、探究、学习、展示的舞台。本环节引导学生探究"我不知道的长征"，通过分组合作，探究长征之"难"，并体悟"不怕难"背后的长征精神，凸显了学生的主体地位，优化了学习效果。同时，在活动体验中，学生走进革命历史，亲近中国传统革命文化，在传统的历史文化、革命文化中"立根"，为长成有政治信仰、有爱国情怀的人奠定了基础。

活动三：时代链接——今天还是否需要长征精神

1. 引导思辨

师：有人说，长征过去80多年了，现在的中国国富民强，不需要长征精神了，你们赞成吗？说说理由。

2. 点评小结

师：是的，今天的中国依然面临很多挑战，需要长征精神。【出示并引读：新时代的长征路，就是和平发展之路，就是绿色生态之路，就是脱贫致富之路，就是安全健康之路，就是民族复兴之路……】

3. 情感升华

师：路漫漫其修远兮，吾将上下而求索！同学们，让我们铭记习近平主席在纪念红军长征胜利80周年大会上提出的期望。【出示音频：每一代人有每一代人的长征路，每一代人都要走好自己的长征路。】

4. 走近时代英雄

师：长征精神，激励着一代代共产党人接续前行，此时此刻，你们想到了谁？他们身上体现哪些新时代的长征精神？（袁隆平、钟南山等时代楷模，身边的坚守奉献者）

育德理念解读：本环节通过引导学生思辨，懂得长征精神在新时代的传承和发展，让长征精神在新的时代、在当下的生活中落地生根。让学生真切体悟到：长征精神永不过时，长征精神并不遥远，长征精神在当下的时代生活中闪光。这样的"学"，不仅能够提升学生的思维品质，也可以促进学生对道德认识的深度理解与应用。这样的"育德"，是学生自我的价值澄清，自然巧妙，悄然无痕。

活动四：生活延展——走好人生长征路

1. 回归学生自身

师：同学们，其实，我们每个人的人生都是一条长征路，上小学的你们，才迈出短短的一段，还将接受很多挑战。如果你遇到长征路上的这些"拦路虎"，该如何应对呢？

2. 直面"真问题"

师：请大家结合自身实际情况，选择一个"拦路虎"，想想对策，可以同桌交流交流，写在课本的第65页。

【出示图文：（1）面对学习困难和压力；（2）面对日益下降的视力；（3）面对电子产品的诱惑；（4）面对垃圾信息的干扰。】

3. 交流互动

同桌交流，分小组交流。

4. 总结提升

师：人生的长征路上还会有很多"拦路虎"，希望大家发扬长征精神【指板书，引导学生大声宣誓：百折不挠……】，脚踏实地、勤学苦练，听党话、跟党走，为实现中华民族伟大复兴的中国梦贡献自己的力量！

育德理念解读："道德与法治"课，是引导学生从"经验生活"走向"未知生活"

的过程,所学所悟都将为生活服务。本环节引向学生人生的"长征",引导学生发扬长征精神,战胜成长路上的"拦路虎",让课堂成为出发的地方:走向健康生活,走向终身发展,走向完整人格,走向美好的未来,在"学"中实现"立人",为人的一生成长积蓄力量、积累智慧。如此,育德的终极目标是朝向未来,朝向人的终身发展。

六、育德反思

作为"道德与法治"学科中的历史知识教学内容,本课设计没有停留在知识教学的层面,而是充分挖掘道德生长点,引领学生在探究知识的过程中,提升道德情感,汲取精神力量,助力生命成长。

1. "一点突破"促认知,探究体验育情感

通过分享"我知道的长征",质疑"我不知道的长征",紧扣"难"字,梳理出主问题:"这场远征为什么这么'难'?红军又为什么'不怕'?"引导学生合作探究,在解决主问题的过程中,深刻体会路途遥远、环境恶劣、战争残酷、生活艰苦等长征之"难",了解遵义会议在中国革命中的重大转折意义,帮助学生提升道德认知。同时,在探究"为什么不怕难"的问题中,引领学生借助地图、数据、长征故事、遗物图片、老战士亲述历史事实等,走进红军的内心,体悟红军战士的革命信念、坚韧毅力,感悟伟大的长征精神,激发学生对红军战士的敬仰,培育学生弘扬长征精神的积极情感。这样的"教",问题有聚焦,活动有主线,遵循了道德教育的规律。

2. 链接时代引思辨,关照生命促成长

教学中,引出"新时代还要不要长征精神"这个问题,引发学生的激烈思辨,将学生视野从 80 多年前的战争时代引向风云变幻、充满挑战的多变时局,在思辨中明晰新时代的长征精神的特征。进而在寻找时代楷模、当代英雄及身边平凡的坚守奉献者这个过程中,让长征精神在新时代下,在当下真实、平凡的生活中落地,更坚定了学生弘扬长征精神的志向。教学中,没有止步于理想、志向,而是回归生活的真问题,引领学生直面人生长征中的一个个"拦路虎",去思考对策,去寻求长征精神与生命个体的智慧对接,引领学生的健康成长,走完从"立德"到"树人"的最后一公里。这样的"教",是立足当下的,也是面向未来的;是关注政治高度的,也是关照学生生命的。教与学相融相生,相辅相成。

3. 历史温度真体验,课后实践再出发

历史,不是一段过往的人、事、纷争,不是一堆冷漠呆板的文字、数据。课堂中,学生用眼、耳、心触摸到大量的历史图片、实物、数据、故事、老镜头,了解红军的心路历程,进而触摸到历史的片段,触摸到人物的内心,触摸到历史的温度,沐浴着德性的光辉。这样的"学",让历史化身为一面"镜子",照鉴生命,照鉴未来。课堂永远是出发的地方,学生从课堂出发,走向课后的实践活动:或暑假观看电视剧《长征》,或阅读一本关于长征的书籍,或以小组为单位排练一个红军长征中的故事课本剧。在自主的、富有创造性的实践体验中,进一步感受历史的温度,

汲取历史文化给予生命成长的精神力量，朝向更好的未来。这样的"学"，能够让学生在心中树立榜样，在人生征途中树立标杆，在生命航程中树立信仰的灯塔，实现了"立学"的衍生价值。

专家点评

1. 提升了思政教学的高度

小学思政课就是要给学生心灵埋下真善美的种子，引导学生扣好人生第一粒扣子。本节课，教师积极探索小学思政课价值引领与价值辨析的教学新路径和新范式，充分发挥思政课作为立德树人关键课程的作用。通过交流分享，地图、数据、遗物图片等的展示，请老战士亲述革命故事等，学生思考感知：尽管红军长征路途遥远、环境险恶、战争残酷、生活艰苦，但红军战士"不怕难"，其背后有强大的精神力量支撑。教师引导学生体悟红军战士的革命信念、坚韧毅力，感悟伟大的长征精神，从而激发了学生对红军战士的敬仰之情，培育了学生弘扬长征精神的情感。

2. 厚植了思政教学的深度

新课程理念下的课堂生活，一个显著的特征便是把课堂还给学生，把学生看成是有思想、有情感、有需求的个体，是独立于世的人。小学生虽不成熟，但并非一无所知，而且对世界充满了好奇、幻想；他们虽禀赋各异，但不乏独到见解。基于此，我们才能思考出怎样的课堂语言才最适合与学生交流并产生共鸣，怎样的课堂情境才真正令学生思绪飞扬，怎样的活动方式确实让学生置身其中，乐此不疲。教学中教师引领学生去思辨："有人说，长征过去80多年了，现在的中国国富民强，不需要长征精神了，你们赞成吗？"在思辨中澄清道德价值，懂得每一代人有每一代人的长征路，每一代人都要走好自己的长征路。新时代的长征路，就是和平发展之路，就是绿色生态之路，就是脱贫致富之路，就是安全健康之路，就是民族复兴之路……进而在时代楷模、时代英雄的寻访中，明晰长征精神的时代特征，让长征精神在新的时代下，在当下的生活中落地生根。这样的"学"，提升了学生的思维品质。

3. 拓展了思政教学的广度

灵性的教师、灵动的教学、灵气的学生才能催生有灵魂的课堂，有灵魂的课堂需要在正确价值引领下进行灵动的教学设计。教学中，教师切合"活动育人、实践育人"的要求，把教学的理论性和实践性、显性教育和隐性教育有机地统一起来；把教学内容置于鲜活的情境中，突出体验式学习。这样的"学"，强化了实践导向，学生在体验中不知不觉地被感染、受触动，引起共鸣、引发思考，自觉将情感、态度和价值观内化于心、外化于行。

点评专家：王恒富

【专家简介】王恒富，扬州市教育科学研究院副院长，江苏省特级教师，正高级教师。

案例二：学伟人精神　做红色传人
——《朱德的扁担》（第 2 课时）

一、内容选择

本课内容选自统编版小学语文二年级上册第六单元第 16 课《朱德的扁担》。

二、育德点分析

1. 显性内容

《朱德的扁担》讲述了为了坚守井冈山根据地，粉碎敌人阴谋，朱德同志和红军战士一起挑粮的生动故事，赞扬了革命领袖以身作则，与战士们同甘共苦的高贵品质，也展现了战士们对朱德同志的关心、敬爱之情。

2. 隐性资源

教学中，结合学生的生活实际、新时代的发展要素、学生身心成长的历程，引领学生传承和发扬新时代的井冈山精神。这是需要挖掘的隐性德育内容。

3. 生成因子

在课堂交流、品悟语言、朗读传情、资料补充的过程中，切身体会革命斗争的艰辛，懂得今天的幸福来之不易，感恩先辈们的付出，对革命传统精神产生深深的认同感，培养学生的爱国主义情怀，增强学生的社会责任感与担当意识。

三、育德目标

1. 道德认知

通过观看视频、绘制示意图，感受红军挑粮之艰辛，认识井冈山会师及挑粮的伟大意义。

2. 道德情感

通过交流、分享、实践等活动，体悟井冈山精神，激发弘扬坚定信念、艰苦奋斗精神的情感。

3. 道德行为

感悟艰苦奋斗精神在当下生活中的意义，牢记历史使命，把这种务实、朴素、勤劳的精神继承和发扬下去。

重点：知晓红军挑粮的意义所在，感受朱德同志以身作则，与战士们同甘共苦的高尚品质。

难点：了解井冈山会师的背景及意义，感悟红军斗争胜利的艰辛与不易。

四、育德策略

1. 多维拓展，缩短时空距离

对于红色经典类课文来说，其中的历史事件都是在特定的历史背景下发生的，它与现今学生的生活存在很大差距，这种差距制约着学生对文本内容的理解。在这篇课文的教学中，学生与教材最大的鸿沟就是他们对朱德其人和井冈山会师的事件并不了解。对此，可以采取立体阅读的方法。首先，在教学新课之前，鼓励学生查找关于朱德的相关资料，以获得对朱德的初步了解与认识；其次，在课堂上，充分借助影视资源，播放井冈山会师的视频片段，学生能真切地感受到文中所写故事的真实性。这些背景资料不仅可以拉近学生与文本的距离，而且能为学生更好地领悟人物的品质奠定基础。

2. 立足文本，实现文道统一

红色经典类课文常常通过细节化的言行、神态、心理活动的描写来突出人物的品质特点。在引领学生仔细阅读的基础上，抓住其中的关键词语，反复研读、揣摩，探究文本字里行间的意蕴，落实语言训练，能够对学生进行思想教育的渗透，实现语文人文性与工具性的和谐统一。抓住动宾短语和"藏""找"两个关键字来品析，学生真切地感受到朱德比战士们更辛苦，他真是一个以身作则、勇挑重担、与战士同甘共苦的革命领袖。这样教学，水到渠成，有效实现了思想情感与语言运用的和谐统一。

3. 注重体验，丰厚革命认知

角色表演可以引导学生模仿人物言行、体悟人物内心，也是拉近学生与领袖人物距离的最便捷有效的方法。本课设计了两个角色体验活动。其一，"我来挑一挑"环节，把箩筐和扁担带进课堂，让学生模仿挑一挑重担，再结合文中"五六十里，山高路陡"等词语和图片，感受朱德挑粮的艰辛；其二，"我来劝一劝"环节，让学生扮演小战士劝阻朱德同志爬山挑粮，用语言表达对朱德同志挑粮的理解和对朱德同志的崇敬。两个活动新鲜且有趣，把学生置身于故事所在的背景中，使得学生把自己当作其中的一员，感受其中的艰辛，体会其中的心理过程，领悟朱德同志的以身作则和战士们对朱德的爱戴之情。

4. 致敬伟人，传承红色精神

中华民族经历上下五千年的文化求索，才创造出横平竖直、堂堂正正的中华汉字，书写优美汉字，就是对中华民族优秀文化的一种传承。本课最后的写字环节，也充分融入"红色教育"。通过语言渲染，引导学生在学字和写字的过程中，心中充满庄重——用心书写每一个笔画、每一个汉字，就是弘扬中华经典文化，坐端正姿，写端正字，做端正人。将"士"与"志"进行比较，由此得出"齐心干革命的战士都是同志"的字形记忆方法，将德育融入写字教学。最后是一个小小的仪式，让学生代表将"朱德的扁担"五个字写在扁担上，把传承革命传统精神的思想烙在每个学生的心上。

五、育德过程

活动一：玩"猜谜游戏"——植入"红色"

师（复习导入）：今天这节课，我们继续学习第16课——《朱德的扁担》。现在，全班来参与个谜语会。老师准备了精美的红色五角星卡片，上面写着谜面，请大家猜猜与本课革命故事相关的字和物，谁猜中了，卡片就奖给谁。

1. 猜字谜

（1）一心一意为人民。（德）　　（2）五人一起去参军。（伍）

（3）红旗的颜色。（朱）　　　　（4）戴着帽子坐车子。（军）

（5）斗米赠红军。（料）　　　　（6）红军打仗的对手。（敌）

2. 猜红军装备

（1）小时青青老时黄，敲敲打打配成双。红军长征十万里，不辞辛苦常陪伴。（草鞋）

（2）别人皮包骨，它是骨包皮，实在不相信，背上生肚皮。（斗笠）

（3）外形简单像个"一"，材料平凡不稀奇，使用方便又省力。（扁担）

育德理念解读：教学从学生感兴趣的猜谜游戏入手，结合字词的复习，紧紧围绕"红色"概念展开，学生在猜字和物的过程中，不仅对第一课时的字词进行了复习巩固，更体会到革命前辈坚定的信念，以及斗争的艰辛和不易。同时，教师将谜语印制在红星卡片上进行奖励，也是从细节上体现红色特点。

活动二：晓"时空背景"——体验"艰辛"

师：故事发生在战火纷飞的年代，朱德同志翻山越岭，跋山涉水，冒着枪林弹雨到井冈山与毛泽东会师，我们的故事就从这里开始了。

1. 播放视频，了解事件

观看《井冈山会师》片段，思考：你们了解了哪些内容？朱德同志为什么要挑粮？

2. 绘制示意图，知晓背景

1928年，朱德同志带领队伍到了哪里？队伍到井冈山干什么呢？他们会师的井冈山怎么样？山上有会师的队伍，那山下有什么呢？敌人在山脚，把井冈山团团围着，围住红军，他们想干什么呢？最后得逞了吗？【师相机板画：井冈山；板写词语：会师、山高路陡、围攻、粉碎；生贴：军旗、敌人】

思考：从示意图上，你感受到了什么？

育德理念解读：适度补充一些人物资料、事件背景的相关视频资料，师生共绘示意图的方式有助于学生缩短生活与文本之间的时空距离，使他们更易理解文本，如"会师""围攻""粉碎"等与革命相关的、与学生生活较远的词语，体会战争胜利的不易，同时还能使他们产生阅读兴趣，为后续学习做好铺垫。

3. 实践体验，强化感受

（1）"我来挑一挑"：出示扁担实物，请部分学生上台挑重物，亲身体验。

体验过的学生谈感受，着重体会"重""累"。

（2）"我来算一算"：操场一圈是400米，走"五六十里"相当于绕操场"六七十圈"。

追问：平时操场上跑几圈就很累，想想跑上几十圈会是怎样的感受？不负重跑也觉得累，那要是肩上再挑着粮食，又会是怎样的感受？再者，操场是平坦的，而山路崎岖陡峭，挑粮爬山的累更是可想而知。

4. 朗读指导

"从井冈山到茅坪，来回有五六十里，山高路陡，非常难走。"

朗读时注意突出关键词"五六十里""山高路陡""非常难走"。

育德理念解读：引导学生观察、抚摸，初步了解扁担这种劳动工具，并邀请部分学生上台，尝试用扁担、箩筐挑起教室里的书包、桶装矿泉水等物品，使学生感受到运输重物的不易。继而计算"五六十里"相当于操场"六七十圈"，学生对"非常难走"引发共鸣，体会也层层递进。

活动三：品"人物形象"——感受"伟大"

1. 聚焦"动作"

朱德用扁担干什么？为什么要挑粮上山？那么朱德同志又是怎么做的呢？画出相关句子。

句子①：他穿着草鞋，戴着斗笠，挑起粮食，跟大家一块儿爬山。

a. 出示动宾短语：穿着草鞋、戴着斗笠、挑起粮食。

结合文本拓展：文中还有哪些表示动作的词语？找一找，看谁说得对。

b. 结合红军事迹，填充下列动宾短语【出示与红军相关的图片】。

吃着_____　　喝着_____　　拿着_____　　唱着_____

小结：红军战士们真不容易啊！朱德同志当年已经四十多岁了，也和战士们一样争着去挑粮，而且穿戴和战士们一样，挑的粮也和战士们一样满。朱德同志这种以身作则、与战士们同甘共苦的精神，令战士们敬佩。

句子②：白天挑粮爬山，晚上还常常整夜整夜地研究怎样跟敌人打仗。

重点体会"整夜整夜"：朱德同志夜以继日，万分辛苦。

2. 品析"藏""找"

师：现在知道了战士们为什么要"藏"扁担了吗？一个"藏"字，让你们体会到了什么呢？

师：那么，朱德找扁担又让你们体会到了什么？

师小结：真是"藏"中见真情啊！一个"找"字，也让我们看见了朱德以身作则、与战士们同甘共苦的高尚品质。

3. 想象表达

（1）"我来劝"。

师：战士们心疼朱德同志，一定会劝他不要去挑粮了。假如你就是一名小战士，你来劝一劝。

教师引导学生从两个角度进行思考：路途的遥远与艰险；朱德的年龄与肩上的重任。

（2）"我会思"。

大家见了，心里想：_____。从此，越发敬爱朱德同志，不好意思再藏他的扁担了。

补白感情述说，感悟战士们对朱德同志的敬重与爱戴。

4. 朗读体会

指导用敬佩的语气读第三自然段第一至第三句。【强调读好两个"一块儿"】

育德理念解读：抓关键词，想象画面，体会人物品质。文章并不长，对于朱德的描写也并不多，教师指导学生抓住动宾短语和"藏""找"这些关键词，展开想象，体会人物当时的行为、理解人物当时的心情，从而感受到朱德以身作则、与战士们同甘共苦的高尚品质和战士们对他的心疼、敬爱之情。

活动四：写"方正汉字"——传承"精神"

红军战士们艰苦奋斗的伟大精神感染着我们，这是我们中华民族优良传统的传承。中华文化博大精深，方方正正写中国字也是一种文化的传承。写的不单单是笔画的组合，更是一种璀璨的文明！接着，我们来学写两个生字。

1. "我来写一写"

学写"士""志"二字。

怎样记住这两个字？有哪些地方需要提醒大家注意的？

引导比较记忆字形：齐心协力干革命的战"士"是同"志"。

在习字册中临写这两个字，提示：坐端正姿，写端正字，做端正人。

2. "我会记在心"

推选一名学生代表在老师带来的扁担上郑重地写上——"朱德的扁担"。

带着敬意，一起深情地读出这五个字！

结语：我们把它摆到班级的展示柜上，看到这根扁担，就可以想到朱德当时不搞特殊、亲力亲为，与战士们同甘共苦的精神。我们应当铭记这种精神，并把这种务实、朴素、勤劳的精神继承和发扬下去，牢记历史使命，做一个有理想、有担当的好孩子。

育德理念解读：中国的汉字文化源远流长，博大精深，其字形和字义往往蕴含着许多道理，富有很强的德育意义。"士""志"二字的教学，充分利用形象思维，与红色教育相结合，挖掘其中的德育内涵，在促进学生更好地理解记忆生字形、义的基础上，潜移默化地渗透德育。最后，请一名学生代表在扁担上写上"朱德的扁担"五个字，这个仪式是本课道德教育的进一步升华，让"红色精神"深植于学生的心中。

六、育德反思

小学语文革命传统教育题材类课文一般都具有较强的思想教育性，以"语文"的方式呈现"革命内容"，既是革命文化的重要组成部分，也是学生学习语言的重要媒介。而在低年级的革命传统教材教学中，针对故事浅显和低年级孩子的年龄及认知特点，把握好三"适"原则，方能体现"言意融通""文道结合"的教育理念。

1. 适时：把握教学契机

把握语文要素和育人要素的融合，找准育人的结合点，是革命传统题材课文教学的关键。教师要找准最佳结合点，以增强学生的代入感，点燃其形象思维的火花，在语言实践活动中引发更深层的思考。整节课都在不遗余力地让红色教育深入学生们的心灵，各个环节的设计都渗透革命传统教育。从开始的字词复习围绕"红色"概念展开，到通过播放井冈山会师视频，绘制示意图，知晓事件发生的背景，再到潜心会文，品词析句，去感悟朱德与战士们同甘共苦的高尚品质；最后指导写字的板块，也是充分挖掘与德育的融合点，引导学生写端正字，做端正人，让学生代表在扁担上写字留存，更是将德育的培养引入高潮。就这样，整节课既有浓浓的语文味，又让红色基因深耕厚植。

2. 适度：注重言意结合

革命文化需要渗透和熏陶，尤其是低年级革命领袖题材课文，淡化了政治倾向，摒弃了说教灌输，着力从儿童视角来编写。语文课不能上成"道德与法治"课，那样就完全成了思想政治教育。这类课文常常通过对言行、神态、心理活动的描写来突出人物的品质特点，因此，在教学本课时，教师在引领学生仔细阅读的基础上，抓住其中的动宾短语，以及"藏""找"两个字，反复研读、揣摩，探究字里行间的意蕴。既落实了语言训练，也让学生感受到朱德以身作则、与战士们同甘共苦的高尚品质和战士们对他的心疼、敬爱之情，实现语文人文性与工具性的和谐统一。

3. 适切：丰富教学形式

对于革命领袖题材的课文教学，要让学生体会领袖人物的革命理想和革命实践，不能靠生硬的灌输，而应该在设计活动时，以文本作为载体，综合使用多种教学方式，引导学生从文本中读出自己的思考，让革命英雄人物变成可亲可感的形象，从而更深刻地认识到他们的伟大。本课通过朗读体会、角色体验、真情表达等丰富的教学形式，让学生通过读、说、演、做、写等方式，多角度、多层面地去理解朱德同志的形象，从读者视角、战士视角、朱德同志本人的视角，让学生对人物的感受更加立体、更加生动，建立起"由时及情""由境及情""由人及情"的理解逻辑，从而实现本课的育德教学目标。

专家点评

1. 主题鲜明，注重引领

本课依托教材设立鲜明的红色主题，富有价值引领意义。教师不局限于"教"教材，而是将立足点放在学科逻辑和学生生活实践逻辑的交汇点上，注重显性内容和隐形资源的有机结合，实现难点突破。值得注意的是，在师生与学习内容的关系上，既强调了学生的主观能动性，又强调了对课程和教学内容的客观尊重。本课选取了具有感染力的教学内容，实现了情感升华，是一节有温度、有情怀的课。多样化的活动设计，激趣增效，唤醒了学生的主体意识。

2. 情境精巧，引发共鸣

通过"我来挑一挑""我来劝"两个有趣、有效的活动，结合文中"五六十里，山高路陡"等词语和图片，让学生模仿挑担、模仿劝说，将学生置身于故事背景中，体验朱德挑粮的艰辛；在自然灵动的交流朗读传情、资料补充等活动中，构建了立体阅读的新模式，让学生获得沉浸式体验，设计有效、内容有益，很好地调动了学生的积极性，最终形成共鸣，实现认同，培养了学生的爱国主义情怀，增强了学生的社会责任感与担当意识。

3. 逻辑合理，注重生成

整体设计而言，四个板块层层递进，由感性活动进入课堂；通过观看视频、绘制示意图实现学生认识的逐层深入，以实践体验为落脚点，与朗读指导巧妙结合，实现重点目标的达成；再通过"品'人物形象'"和"写'方正汉字'"，顺畅地融入优秀传统文化，实现培养文化自信的教育目标。总体而言，本课活动设置紧凑有序、层层深入，符合学生的认知和心理规律。如果能综合考虑小学生的学习能力，适当留白，让学生有更充分的体验和理性认识，效果会更好。

点评专家：王恒富

案例三：时代育新人　红心永向党
——《中国共产党诞生》

一、内容选择

本课内容选自统编版初中历史八年级上册第 14 课《中国共产党诞生》。

二、育德点分析

1. 显性内容

了解 20 世纪 20 年代以李大钊为首的中国先进知识分子顺应历史潮流，积极投身革命的故事，学习先辈勇于改造社会的历史使命感和社会责任感。

2. 隐性资源

通过播放视频《他从风雨中来》，创设中国近代史的具体学习情境，引导学生感受风雨飘摇的中国近代社会对新的救国思想和时代新人的急切召唤。

3. 生成因子

从"责任担当"的价值立意出发，在师生对话、合作对话中增强共同进步的价值观念，在历史学习中进一步加深对中国共产党责任担当的认同感。

三、育德目标

1. 道德认知

通过解读材料、提取历史信息、讲述历史故事等教学活动，引导学生了解马克思主义思想广泛传播的重要影响，认识中国共产党的诞生是顺应历史和时代潮流的必然选择，领悟"红船精神"。

2. 道德情感

通过小组讨论、观察分析油画《启航》，感受中国共产党人在大时代面前昂扬进取、敢为人先的精神气魄。加深对中国共产党人立党为民、执政为公、开拓进取精神信念的理解和认同。

3. 道德行为

通过小组探究、展示发言等，提升学生解读材料的能力、语言表达能力，强化学生之间团结协作、共同进步的价值观念，引导学生在日常生活中积极关注中国共产党治国理政的方针路线，增强自身的公民责任心和社会责任感。

重点：了解马克思主义的传播和中国共产党成立的情况，认识中国共产党诞生的历史必然性和进步性。

难点：通过对比中国共产党成立前后中国革命面貌的巨大变化，进一步认识中国共产党成立的历史意义。

四、育德策略

1. 创设情境，引导"深入历史"的课堂实感

历史的课堂教学，如果离开了具体的历史情境，一味关注知识点的讲解，则很难为学生接受，自然也不会获得良好的教学效果。可以通过观看视频、品味经典艺术作品等方式，引导学生了解特定历史时空下的时代风貌，感受时代洪流下中国先进分子"虽九死其犹未悔"的家国情怀，逐步拉近学生与历史的距离，从而推动学生进一步融入历史学习中。

2. 合作探究，凸显"立德树人"的教学导向

现代社会尤其关注社会和每个生命个体的和谐发展。在历史课堂中，仅仅通过死记硬背式的传统学习模式，学生难以形成历史学科的核心素养。作为新时代的历史教师，我们应当改进教学方式，积极践行"立德树人"的教学导向，充分营造独立自主、合作共赢、探索求真的学习氛围，引导学生在合作学习的过程中加深与其他个体的情感联系与交流，真正学会"合作学习"。

3. 情感升华，内化"价值立意"的教育理念

历史作为一门重要的人文学科，自然而然地承担起了价值引领的重要责任。在课堂教学中，教师要引导学生体会中国先进分子在民族危机空前加深、民族苦难日益深重的时代背景下，所自发展现的强烈的历史使命感和社会责任感。在价值观的教育上不能盲目灌输，教师必须合理引导和省察，在情感升华的过程中让学生自然生成自己的价值观念。

五、育德过程

活动一：视频导入，创设历史学习情境

（1）播放视频《他从风雨中来》，引导学生分析视频中中国社会的苦难场景。

（2）指导学生观察毛泽东怀中的书籍，导入问题：新文化运动众多主义、思潮中，什么思想真正适合中国？又将引领中国先进分子、中国革命走向何方？

（3）观看视频，回答问题，加深对百年前落后黑暗中国的直观感受，思考究竟哪一思想才能真正救中国。

（4）今天让我们一同回望历史，见证中国共产党的诞生。

【板书：中国共产党诞生】

育德理念解读：在历史课堂中，视频等多媒体资源的合理运用能够有效帮助学生融入历史情境。在观看视频的过程中，学生能够明显感受到当时中国正处于水深火热的黑暗时代。民众困苦，社会动荡，这样的时代背景召唤着新的思想、新的社会力量。通过思考究竟什么思想才真正适合中国，又会引领中国革命走向何方，进一步激发学生的求知欲。

活动二：人物探究，挖掘历史材料价值

时代洪流面前，中国先进分子渴望一条新出路。十月革命一声炮响，给中国送来了马克思主义。中国最早传播马克思主义的两大中心为北京、上海。

【板书：马克思主义的传播——时代召唤"人"】

（1）1918年，李大钊在北京大学担任图书馆主任，正是以北京大学红楼为重要起点，他在中华大地上第一次高举马克思主义的火把。

师：请同学们阅读材料《李大钊年谱》（部分），概括李大钊宣传马克思主义的主要表现。

（2）学生交流：从材料中可以看出李大钊通过创办报纸、马克思主义研究会，宣传和组织工人运动等多种方式宣传马克思主义思想。

（3）在李大钊等先进分子的不懈努力下，五四运动后马克思主义在中国得以广泛传播，这也感染了无数爱国青年。例如，照片中的这位青年就是我们南通市的第一位党员吴亚鲁，他曾创建了南通地区最早的进步团体——平民社，主编社刊《平民声》，大力宣扬革命思想。

他曾在《平民声》的创刊号上明确指出，要想解决面临的困难，就必须有团结的力量。结合教材内容，思考在当时的中国，要想争取革命的胜利，先进分子们必须团结什么人呢？

（4）五四运动后，中国先进分子认识到必须团结广大的人民群众。

育德理念解读：在对李大钊、吴亚鲁的人物探究中，引导学生进一步掌握阅读和分析史料的能力。在分析史料的过程中，学生能够感受到以李大钊为首的先进分子在时代洪流中逆流而上，积极宣传符合中国国情和革命实际的新思想，身体力行，以自己坚定的信仰和行动，影响一代代爱国青年的伟大之处。在教学过程中，巧妙渗透乡土历史资源，可以帮助学生感知家乡的历史文化和地方精神，拉近学生与历史的距离，进一步激发学生对家乡的热爱，对革命先辈的缅怀，对和平生活的珍惜。

活动三：合作讨论，感受艺术作品魅力

（1）令人遗憾的是，当年秘密召开的中共一大，并未留下任何影像资料。品读美术经典，让我们一同感受画家笔下的这一历史时刻。

请前后4人为一学习小组，仔细观察油画的布局、明暗设计，为这幅油画拟定一个响亮的标题，在纸上简要撰写解说词（不超过50字）。各组推举一位代表，3分钟后上台展示本小组讨论成果。

（2）学生展示，随机点拨。这幅作品被取名为"红船"。画面上乌云密布，象征着当时中国正处于北洋政府的黑暗统治下。但是作品正中央的毛泽东等中共一大代表们目视前方，眼神坚定，充满着对革命前景的自信，而他们背后一角天空的光线已然变得明亮，这预示了伴随着中国共产党的诞生，中国革命的面貌必然会焕然一新。只有共产党才能救中国。

（3）同学们，这幅油画定格了中共一大代表们由小船登上红船的历史瞬间。即使乌云压境，以毛泽东为代表的中共党人却毫无惧色，勇立船头，展现了伟大的"红船精神"。它象征着中共领导的革命航船即将启航，奔赴新的征程！因此，这幅油画也有了一个响亮的名字——启航。

（4）同学们，为了更好地完成这幅作品，作者何红舟、黄发祥先期多次实地考察，考证历史资料，后期几易其稿，三年磨一剑，才最终成就了这样一幅充满历史厚度的艺术佳作。

由此可见，小到一幅油画的创作，大到一个政党的建立，人世间总有许多充满挑战性的事业。但正如中共一大代表之一的董必武所言，"作始也简，将毕也巨"。任何具有伟大前程的事业，哪怕在初创时微不足道，经历了一番艰苦卓绝的奋斗，也必然发展得声势浩大、惊天动地。

育德理念解读：以画为体，以史为魂，美术经典也可以渗透浓厚的历史氛围。在历史课堂中灵活运用不同形式的史料资料，可以帮助学生更多元地理解历史人物和历史事件，进一步激发家国情怀。教师引导学生观察油画，合作讨论作者的创作意图，并上台发言，这样可以逐步培养学生对艺术作品的赏析能力，提高学生的语言表达能力，加深学生对中国共产党伟大红船精神的认同感。

活动四：情感升华，体悟家国情怀

（1）铁肩担道义，妙手著文章。李大钊一生写就了上百万字的文稿，我们现在看到的正是他生命中的绝唱。

1927年4月，国共合作破裂，李大钊被捕入狱。为了逼供，敌人对他施以酷刑，最后竟残忍地拔去了他双手的指甲。即便如此，李大钊仍然严守秘密，坚贞不屈，用血迹斑斑的手，坚定地写下了《狱中自述》。让我们一同感受李大钊在死亡步步紧逼时刻留下的谆谆话语。请同学们先尝试揣摩李大钊的心境，带着感情朗读一遍。

（2）在生命的最后关头，李大钊考虑的是什么？是自己吗？是家人吗？他真正考虑的是什么？

（3）字里行间，你感受到了中国先进分子怎样的情怀？

（4）1927年4月28日下午，李大钊第一个走上了冰冷的绞刑架，高呼"共产党万岁"，从容就义，时年38岁。

（5）同学们，在中国共产党的领导下，一百年来，中国先进分子们顺应时代召唤，历经时代磨炼，最终带领中国人民走出了风雨，迎来了中华民族伟大复兴的光明前景。

育德理念解读：伟大历史人物并不只是教科书中的"高伟光"，他们也曾经是鲜活的、温暖的、充满力量的生命个体。在挖掘育德资源时，可以利用"一封家书"或日记等史料资源，进一步丰满历史人物的精神内核，引导学生真切感受以李大钊为代表的先进分子不怕牺牲、勇担责任、救国救民、无怨无悔的崇高精神，激发学生对革命先烈的无限崇敬和缅怀之情。

六、育德反思

1. 整合教学内容，挖掘育德资源

在历史课堂教学中，我们应当清醒地认识到：教师不仅是课程的实施者，同时也是重要的课程资源。教师需要精准地把握教材，真正从教材出发，从学情出发，有效整合和优化教学内容。

教师依据科学合理的教学目标，在充分思考和省察的基础之上，对以教材为主体的教学内容进行合理的再加工，放手进行整合和优化，使教学内容更好地服务于历史课堂。

在整合内容的过程中，努力挖掘育德资源，让育德不再是流于形式的表面文章，而是贯穿于课堂始终、渗透于教学全程的真实活动，引导学生在本课《中国共产党诞生》中深刻体会时代巨浪前中国先进分子勇担历史使命，积极改造社会的巨大魄力和伟大豪情。

在挖掘育德资源的过程中，教师要注意呈现方式的多样性，如历史老照片、历史地图、视频、音频等，选取最能激发学生学习兴趣、最能体现育德理念的资料，进一步增强历史课堂的育德导向。

2. 充分调动学生，激发育德动力

在历史课堂的学习中，教师应当充分地意识到：要想让学习活动真正发生，真正让学生成为历史课堂中的主体，教师就必须将教学的关注点投注在对学生学习兴趣的激发、学习品质的关注、学习能力的习得等方面，让学生真正在课堂中动起来，自主自发地成为课堂的主人。

为了更充分地体现育德理念和价值导向，教师应当在课程设计中充分尊重学生的主体地位，内化育德目标，让学生在学习过程中自然而然地生成价值观念。在问题设计中，要注意环环紧扣，层层铺设，体现严密的逻辑性和浓浓的历史味道，合理而全面地预设学生可能会做出的反应和回答，让学生在历史课堂中充分感受到这一门人文学科的无限魅力，同时体悟到在人类社会的不断发展的过程中伟大人物的重要作用，逐步完善自身道德行为，提高自身道德水准，在实践中成为社会主义现代化建设的主人，主动承担实现中华民族伟大复兴的历史使命和时代责任。

专家点评

1. 课堂导入匠心独运，凸显红色基因

本节课以视频《他从风雨中来》作为导入，一幕幕极富冲击力的场景，让学生对当时老百姓的苦难生活有了非常直观的感受。接着重点关注在风雨中奔跑的毛泽东，聚焦他怀里紧抱的书籍，然后抛出问题：真正适合中国的思想是什么？这种思想又将引领中国先进分子、中国革命走向何方？引发了学生对历史的沉思，激发了学生的求知欲，也促使学生铭记峥嵘岁月，赓续红色血脉。

2. 有效活动助力课堂，发展核心素养

本节课结合和中共一大相关的美术经典作品分组开展探究活动，先展示油画，然后请学生拟定响亮的标题，撰写简单的解说词，接着每组选举代表展示活动成果。有小组给作品取名为"红船"，从天空、人物表情等多方面解读作品寓意，虽然不是正确答案，但分析得有理有据。这样的活动，提高了学生的艺术鉴赏能力，活跃了课堂气氛，也有利于学生将个人体验与民族记忆融合在一起。

3. 立德树人贯穿始终，厚植爱党情怀

无论是最初的视频导入，还是后来关于革命先驱李大钊和美术经典作品的探究活动，尤其是最后的情感升华，都使学生深刻感受到中国先进分子勇担使命的豪情，深入理解了中国共产党诞生的背景和重大意义，从而让爱党爱国的种子根植于学生心灵深处，引导学生矢志不渝地听党话、跟党走。

点评专家：王恒富

案例四：与红色经典的美丽邂逅
——《情感的抒发与理念的表达》

一、内容选择

本课内容选自人教版初中美术八年级下册第一单元第1课《情感的抒发与理念的表达》。

二、育德点分析

1. 显性内容

本课以艺术作品的深层意蕴为主题，通过欣赏革命历史画作，激发学生的爱国热情，提高学生的政治觉悟和品德修养，使学生深刻理解在党的领导下，中国人民从站起来到富起来再到强起来的艰辛革命道路，从画作的题材、构图、人物形象中了解革命先辈筚路蓝缕的奋斗历程，了解革命先辈开创共和国伟业的辉煌篇章，以及革命精神与情感等方面的深层意蕴。

2. 隐性资源

教学中，探究艺术作品背后的情感抒发与理念表达，引导学生传承和发扬新时代的革命精神，进一步挖掘隐性的德育资源，在学史、知史中强化学生爱国爱党的品质，用实际行动传承红色基因，发扬发奋图强、锐意进取的精神。

3. 生成因子

基于艺术作品的欣赏与感悟，在自主探究、互动交流中，培养学生直面困难、顽强拼搏、勤奋学习的精神品质，把扛起祖国未来的责任写在心间。

三、育德目标

1. 道德认知

通过学习本课，学生爱党、爱国的思想情感得到了培养，对红色美术作品的思想内涵和艺术功能有了初步感受，理解了红色美术作品为什么被世人铭记，成为不朽之作。同时，学生在欣赏作品的过程中还能了解作品展现的革命历程。

2. 道德情感

运用多媒体设备营造出相关作品的真实背景，让学生体会作品的丰富内涵，着重提升学生的爱国情感，注重师生间的互动，在交流分享中促进学生自身审美能力和道德修养的提高。

3. 道德行为

引导学生通过学习提高分析和欣赏艺术作品的能力。在学习中促进学生精神的滋养，增强责任意识，培养家国情怀，将革命先辈在中华民族革命奋斗史上写下的可歌可泣的悲壮篇章内化于心，并化作自身不懈努力、勇敢奋斗的精神动力，在当下和未来的学习与工作中，成为红色精神的倡导者和践行者。

重点：使学生认识红色艺术作品的审美价值、文化价值和社会价值，引导学生在欣赏作品的过程中较好地理解作品，初步树立和形成正确的价值观。

难点：伴随着欣赏活动的逐步深入与发展，找出红色作品中最突出、最本质、最感人的部分，并能够对其做出深刻分析，感悟作品的审美价值和育德价值，领悟中国共产党人艰苦奋斗的品质和奋力拼搏的精神。

四、育德策略

1. 追忆先辈，感悟认知

以师生互动为基本方式，引导学生深入发掘每件红色艺术作品的深层意蕴。在教学中对革命先行者深切追忆，感悟新时代的美好生活来之不易。强调学习过程与方法，使学生在欣赏中能较好地理解作品，初步树立和形成正确的价值观。通过探究问题的方式，引导学生在讨论学习中感悟真知，强化素养导向，培养价值认同，牢筑感党恩、听党话、跟党走的思想道德意识。

2. 挖掘经典，理性思考

通过欣赏作品，感受坚定的共产主义信仰；领悟党的睿智抉择和正确领导；学习弘扬乐观主义精神、团结协作精神等。教师指导学生深度学习党史、建国历史，进行红色艺术创作，树立坚忍不拔、自强不息、不惧艰难、勇往直前的革命精神。

五、育德过程

活动一：创设情境，导入新课

1. 分享经验

课前参观南通革命纪念馆，完成导学单。

思考：纪念革命先烈的方式都有哪些？

预设：革命歌曲、人物传记、电影纪实、纪念碑、歌曲、故事，还可以用美术的方式。

2. 学习指导语

在5 000多年文明发展中孕育的优秀传统文化，在党和人民伟大斗争中孕育的革命文化和社会主义先进文化，积淀着中华民族最深层的精神追求，是中华民族独特的精神标识。可见，革命文化是文化自信的三个主要来源之一。

美术作品可以带领我们了解中国革命的恢宏历史，一些家喻户晓的革命经典名画能够让我们知晓历史、感悟当时。更重要的是，艺术作品中所饱含的对革命先烈的崇高敬意、对革命历史的真挚感悟，会在潜移默化中感染着观赏者，这就是革命历史画作独有的价值。今天我们就跟随老师一起来赏析红色经典作品。

育德理念解读：通过对话交流，唤起学生学习热情，激发学生兴趣。在参观革命纪念馆时，体会中国共产党所领导的革命队伍坚韧不拔的奋斗精神。

活动二：引导探究，欣赏评述

1. 学习指导语

回顾历史，在中国共产党领导的新民主主义革命、抗日战争、解放战争、社会主义革命与建设等各个历史阶段，红色美术作品都以特有的方式，反映时代的变迁，构筑起时代的"革命记忆"。

2. 欣赏作品（图1-3）

学生自主学习，分小组讨论：

（1）请同学们用美术语言，说说画面中人物造型、构图的特点。

（2）你能分析出作者所抒发的情感与表达的理念吗？

（3）艺术家在哪些方面进行了独具匠心的创作与探索？

图1-3

学习指导语：董希文的油画作品——《开国大典》为中国人民所熟知。欣赏画面，说一下画面描绘的内容。

预设：描绘的是新中国成立这一历史时刻。

评价点拨：1949年10月1日，毛主席站在天安门城楼代表亿万中国人民向世界宣告中华人民共和国成立了。画面展现了"中国人民从此站起来了"这一历史时刻。

相机追问：画面中毛主席站在什么位置？

预设：（1）画面中心的位置。

（2）黄金分割点的位置。

评价点拨：构图有两大特点，画面一虚一实、画面右侧去掉了一根柱子。

相机追问：画面怎样表达喜悦的情感？

预设：色彩上以红色为主色调。

评价点拨：红色体现了节日气氛，又将中国传统喜庆色彩加入画面，体现了典型的中国审美情趣。

情感的抒发与理念的表达：从构图到设色，从人物到场景，从人物形象到情感，《开国大典》宏大的场景展现了大国风范。《开国大典》是艺术与历史的完美结合，是对党和国家的重要历史时刻的记录，是珍贵的革命记忆。【播放关于《开国大典》视频】

3. 深层意蕴

学习指导语：通过学习，我们了解到红色艺术作品不仅能体现那个时代的精神风貌，而且会在今天振奋我们的精神，激励我们为完成新时代赶考之路的答卷积蓄精神力量，促进国家民族发展与进步进入全新的时刻。

育德理念解读：本环节让学生了解了艺术作品的深层意蕴。在赏析作品中探究其背后蕴含的革命精神，在教学中以学生为主体，提升学生自主参与的意识和能力。让学生领悟中华民族百折不挠、自强不息的民族精神。

活动三：分析讨论，交流汇报

1. 分析思考

（1）革命的道路是漫长而艰辛的，艺术家还运用了哪些不同的艺术语言来记录革命历史？

预设：绘画、雕塑、设计、工艺、建筑、书法、篆刻、新媒体艺术。【板书设计】

（2）在众多革命历史题材的作品中，艺术家要采取什么样的作品创意，才能让自己的艺术创作与众不同，富有新意，让观者产生共鸣？

预设：题材、构图、人物形象与情感。【板书设计】

2. 问题导学

（1）艺术家为什么选择这样的革命场景题材？

（2）你能体会艺术家在哪些方面进行了独具匠心的创作与探索？

3. 合作探究

以小组为单位，每组选择一幅作品，研读教材和资料包，思考问题，讨论展示。

师：下面把小组的欣赏评述成果与大家一起分享，汇报交流时一定要注意，认真倾听组内同学的汇报并及时补充，也可以针对其他小组的汇报发表自己的看法。

4. 交流展示

（1）题材。

图1-4

预设（1）：一组学生通过赏析雕塑作品《艰苦岁月》（图1-4），分析革命艺术作品如何通过题材来创作。

《艰苦岁月》是潘鹤红军题材的经典之作，以写实的手法塑造了一老一少两位红军战士，通过年龄对比、沉着老练和天真幼稚的性格对比、吹笛和聆听的动态对比、情真意切和凝思遐想的情绪对比、一高一低的位置对比、笛子和步枪摆放的横竖对比，艺术家用富于流动感、质朴带有涩味的雕塑手法，塑造了艰苦环境中真切生动、富有性格的红军战士的光辉形象。

点评小结：革命历史题材的艺术作品在表现历史人物、历史事件时，可以从多个角度还原历史现场，突出重点，强化思想内涵。

（2）构图。

图1-5

预设（2）：一组学生通过赏析课本中的《狼牙山五壮士》油画作品（图1-5），分析革命艺术作品如何通过构图来创作。

《狼牙山五壮士》是当代画家詹建俊取材于抗日战争时期一段真实的革命英雄事迹而创作的。该画作描绘的是抗日战争时期五位八路军战士在寡不敌众的形势下，面对穷凶极恶的敌人，浩气凛然，据险抵抗，毅然砸枪跳崖的英勇场面。画家将人物与雄伟的狼牙山峰融为一体，采用仰视的视角及三角形的构图，具有纪念碑式的效果，给人以强烈的艺术震撼。

点评小结：革命历史题材的艺术作品在表现历史事件时，构图方式也有助于提升作品的思想内涵。

（3）人物形象与情感。

预设（3）：一组学生通过赏析课本中的《血衣》素描作品（图1-6），分析革命艺术作品如何通过人物形象与情感来创作。

《血衣》取材于中国土地革命时期，画面体现的是一位悲痛欲绝的妇女手持血衣控诉地主的典型情节和瞬间，形象地向观众表明，身受"三座大山"压榨的农民，已经站立起来了。她那向后扭转的体态，是一个明确的表情，一种肢体语言，饱含辛酸与仇恨。

点评小结：革命历史题材的艺术作品在表现历史事件时，通常选择具有代表性的人物，表现极具感染性的动作，捕捉情感喷发的一瞬

图 1-6

间，塑造有血有肉、个性鲜明的人物形象，达到艺术形式与思想内涵的高度统一。

学习指导语：每个小组的汇报都很精彩，你们自己对于小组汇报展示有怎样的评价和建议呢？

预设（4）：学生发表自己的观点，进行自评、互评。

评价点拨：引导同学们从活动小组转化为评审小组，根据评价建议，进一步深入学习。教师在评价过程中，应引导学生正确看待大家的评价。

育德理念解读：以小组为单位，在学生已掌握艺术作品深层意蕴的基础上，提升其德育意识。在作品的学习中，了解长征、土地革命等光辉历史，知史明智，让学生深刻认识党的正确领导，促进政治认同，坚定革命理想和信念，坚定勇于战斗、无坚不摧的革命精神，坚信正义事业必然胜利。此外，在学习中合作完成作品赏析有助于培养学生的主动参与意识和团队协作精神，让学生通过倾听、展示、交流进一步提升自己，让学生在交流反馈中大胆表述自己的感悟和观点。在活动中恰当地运用评价机制，坚持多元化、激励性等原则，将自我评价、小组互评、教师评价有机结合，从而促进学习活动的有效开展。

活动四：拓展延伸，升华知识

1. 拓展延伸

学习指导语：有的同学会说革命精神是过去时，当下的我们不再需要传承革命精神了，我们来看看潘荣本先生的《铁肩担道义》（图1-7），一起来欣赏他是怎么表现当代的革命精神的。

《铁肩担道义》是以汶川地震救援为背景的画作。在创作过程中，潘荣本先生融入了内心最浓烈的情感，再现了那场灾难中不惜一切代价进行救援的伟岸军人形象。他曾说过，一个画家有责任和义务担当历史的重任，用画笔艺术地体现中国军人的风骨。

图 1-7

学习指导语：这就是艺术作品带给我们的启示。我们生长在新时代，要时刻珍

惜革命先烈们用鲜血和生命为我们换来的幸福生活，努力传承爱国主义精神和敢于担当的责任意识，用知识武装头脑，用爱国主义精神丰满心灵，勤奋学习，完善人格，做一个对社会有用的人。

2. 全课总结

（1）通过欣赏以上作品，我们可以看出革命历史作品在艺术的表现手法上虽然各有不同，但都是创作者情感的抒发与理念的表达。通过对这些作品的分析，我们可以看出，不同形式的艺术作品都是表现形式、艺术语言和内在意蕴的有机、完美、和谐的统一。

（2）我们生活在这个多姿多彩、和平幸福的年代，一定要珍惜现在的生活，勤奋学习，努力成才，创造无限美好的明天！

育德理念解读：引导学生初步建立欣赏作品的艺术态度，深化教学主题。艺术形式的模拟再现，以及我们对革命精神的提炼和探讨，使得这种精神在我们的内心深处生根、发芽，成为我们精神世界的主旋律。新时代同样需要革命精神，才能在我们人生的奋斗路上，在我们民族振兴的路上，创造一个又一个的奇迹和辉煌。同时留有探索空间，引导学生探索创新，并增强学生的责任意识，培养学生的家国情怀，当赏析的内容来自现实生活时，学生的思维比较容易打开。通过谈话交流，引导学生形成正确的价值观。

六、育德反思

本课的设计着重于分析作品、启发学生，通过德育活动培养学生的爱国思想。在课堂设计中把握活动主题，让学生在感受艺术作品的过程中了解革命奋斗历程。让德育课堂的学习内容延伸到生活中，塑造学生艰苦奋斗的品格，唤起他们的爱国热情。学生通过欣赏评述、问题探究、小组合作等自主探究的学习，明白自己生在新时代要做一个有担当的人。在教学中渗透德育思想，着重培养学生的爱国情怀，为未来能够担当起民族复兴大任奠定坚实基础。在课堂中引导学生发挥能动性，自主强化仁爱之心、奉献精神、奋斗精神，实现革命传统精神与德育思想的深层融合。

在上述案例中，教师围绕革命精神设计教学活动：

1. 创设师生互动活动

本节课以欣赏革命经典艺术作品为载体，了解革命历史作品的内容与形式，进一步感受作品背后的人文内涵。在自主学习、小组合作过程中，小组成员相互交流，相互探讨，分析问题、解决问题的能力有了很大的提升。每一个环节的学习都是对革命精神的真切体悟，不懈奋斗、吃苦耐劳、团结互进等精神都得到鲜明体现。

2. 强调过程与方法

注意把握好教学要求的层次与教学重难点，以引导学生欣赏活动的逐步深入。欣赏过程中要展开分析与研究，进行准确的认知和评价，让学生从对作品的直观感受谈起，挖掘长征精神等伟大精神，为学生的理性分析提供必要的知识基础，在对革命精神的学习中确立新时代的奋斗方向、奋斗目标。

3. 以问题的方式引领学生

让学生围绕革命历程、家国情怀等关键话题展开探究。了解艺术作品的深层意蕴，从作品内容、作品特点、作品主题、个人理解等方面引导学生，加深学生对欣赏作品方法的了解，体会革命英雄主义精神，加强思想道德建设。

尽管如上案例实现了预期目标，仍存在不足。目前中学生对于革命文化的了解相对较少，对作品的体会还不够深刻，教师要在今后的学习中适当引导，创设相应的学习情境，加深学生对革命历史作品的理解。此外，教师要通过循序渐进的爱国思想和德育培养，促使学生在思想上和行动上做到爱党、爱国、爱社会主义相统一。

专家点评

1. 在情境体验中陶冶学生

在人们眼中，艺术课往往内容枯燥、脱离实际。然而，意蕴丰富的红色艺术作品学生自然爱看，自然会懂，自然肯信，本节课教师在课堂上也做到了情理交融。教师精心创设各种教学情境，将学生置于追求真善美的情感中，能使学生真正进入"身临而入境""体验而晓理""感受而动情"的境界，从而达成教学目标。本节课教师创设了一个看得到、够得着的情境，引导学生积极参与、主动思考、善于发问，并把学生生成的教学资源导向更加开放的情景之中，学生不仅深刻了解了作品的内涵，更重要的是获得了精神上的交流和有价值的分享。本节课，师生通过欣赏作品，感受坚定的共产主义信仰，领悟党的睿智抉择和正确领导，学习革命乐观主义精神、团结协作精神等。同时，教师指导学生挖掘党史、建国历史，进行红色艺术创作，培养坚韧不拔、自强不息、不惧艰难、勇往直前的革命精神。通过对一幅幅红色艺术作品的点评、赏析，找出红色作品中最突出、最本质、最感人的部分，并能够对其做出深刻分析，感悟作品的审美价值和育德价值，领悟中国共产党人艰苦奋斗、奋力拼搏的精神。

2. 在比较鉴别中锤炼学生

比较的过程往往包含着合乎理性的思考、顺乎逻辑的推理、独树一帜的想象、另辟蹊径的主张、诠释智慧的申辩，其中闪烁着智慧火花，触碰着学生的心灵。课堂中，教师引导学生赏析《艰苦岁月》这一红军题材的雕塑作品，分析革命艺术作品如何通过题材来创作。教师让学生来思考作品，如何以写实的手法塑造一老一少两位红军战士，通过年龄对比、沉着老练和天真幼稚的性格对比、吹笛和聆听的动态对比、情真意切和凝思遐想的情绪对比、一高一低的位置对比、笛子和步枪摆放的横竖对比，引导学生深刻领悟艺术家富于流动感、质朴带有涩味的雕塑手法。学生知史明智，深刻认识了党的正确领导，促进政治认同，坚定革命的理想和信念，坚信正义事业必然胜利。

3. 在情真意切中感化学生

赞可夫曾说：教学法一旦触及学生的情绪和意志领域，触及学生的精神需要，这种教学法就能发挥高度有效的作用。学生希望老师不仅是一位长者，更是一名智者，有年轻的心态，有活力；课堂上不总是"涛声依旧"，而应找到燃烧的激情，这样才能使求知因为激情而更加强烈，心灵因为激情而更加美丽，创造因为激情而更加智慧。教学中，教师富有激情地让学生围绕革命历程、家国情怀等关键话题展开探究，带领学生了解艺术作品的深层意蕴，从作品内容、作品特点、作品主题、个人理解等方面引导学生。在这个过程中，既靠大量的事实，又结合教材；既靠真理入脑，又靠真情入心。整堂课上，既有令人流连忘返的听觉盛宴，又有徜徉于艺术作品的视觉享受，学生通过对红色艺术作品的观赏，陶冶了情操、净化了心灵、激发了情志。同时，教师的循循善诱、娓娓道来，给人以水到渠成的感觉。

点评专家：王恒富

案例五：争当抗洪小勇士
——《障碍跑》（第 1 课时）

一、内容选择

本课内容选自江苏新版《义务教育体育与健康课程标准》实验教学丛书《科学的预设　艺术的生成》水平二（三年级）。

二、育德点分析

1. 显性内容

障碍跑是快速跑中运用合理的方式、方法越过多种障碍的运动项目，指跑过、跨过、爬过、钻过等各种障碍物。通过练习，能够提高学生身体各方面的素质，培养学生的坚强意志，树立起克服困难的自信心。

2. 隐性资源

在立德树人教育根本任务的导向下，着眼于学生的全面发展，以学生健康的身体素质和完整人格的培养为宗旨，将传承红色基因、渗透红色教育无痕融合于体育课堂的学练活动中。

3. 生成因子

带领学生在课堂中体验紧张而艰苦的军队训练生活，在具体可感的情境中，带领学生面对实景挑战，培养团结一心、勇往直前的优秀品质，真切感受和平年代人民子弟兵团结协作、艰苦奋斗的精神和爱国爱民的情怀。

三、育德目标

1. 道德认知

通过体验抗洪抢险的情境，了解人民子弟兵为夺取抗洪抢险的胜利所做出的巨大贡献。

2. 道德情感

通过完成障碍跑学练活动，模拟解放军抗洪抢险的场景，学习他们坚韧不拔、勇往直前的精神。

3. 道德行为

积极主动地参与练习，能够遵守规则进行各项活动，在团队合作中可以依据分工，明确职责，并能互相帮助，充分合作。

四、育德策略

1. 情境融合，深化情意

创设符合小学生认知规律和生活经验的情境，可以有效激发学生学习的主动性。本课设置了抗洪抢险的主题情境活动。"从生活走进课堂，从课堂走近生活"，生活是我们最好的教材。在真实的生活情境中提升学生对环境的观察能力、独立思考能力、团结协作能力、自我救助能力。在创设的情境基础上，进行队列队形练习，能够增强学生的集体主义观念。在练习过程中穿插一些振奋人心的口号，如"强身健体，强国有我"等，培养学生热爱祖国的崇高情感。

2. 寓教于体，强化意识

竞赛规则面前人人平等，每位参与者都应视规则如法律，有遵守规则、维护公平正义的义务。本课在热身游戏"抢占阵地"中，始终强调规则意识，对遵守规则的学生进行"奖励"，对不遵守规则的学生给予相应的"惩罚"，培养学生的规则意识，这也是传递公平、公正价值观的良好契机，有助于学生养成良好的社会规范意识和合规的行为倾向。

3. 积极探究，培养意志

以学生为主体的教学中，教师应当成为学生活动的组织者、引导者和合作者。完成"跨""平衡走""钻"等动作是人体的基本运动能力，对于三年级的大部分学生而言难度并不大。教师在帮助学生开展障碍跑的动作技能学习方面，应以探索学习为主要方式，引导学生根据经验"找出过'泥潭'的方式"，尝试与判断"哪种方法能够安全快速通过"；观察"平衡走"存在的安全隐患，思考"保持平衡的方法"；寻找"老师无法钻障碍的原因"，在练习中避免出现"重心高""手脚不协调"等情况的出现。小组活动中学生需要去思考合作过障碍、怎样选择路线、全队如何快速通过等问题。为提高课堂的深度与难度，有意识地创设挫折的情境，让学生在练习过程中遭受挫折、经历失败。之后，教师与学生共同发现存在的问题，进行交流、总结，寻找解决的对策。让学生在挫折中得到锻炼，培养面对挫折的承受力、勇于克服困难的意志力。

4. 合作学习，提升意境

体育实践大多以团队的组织形式开展，以合作性活动为主线，采用两人、多人合作的方式共同进行练习，学生通过邀请小伙伴共同练习、互相帮助过障碍、小组配合同进退等环节，大胆交流，互相配合、学习、监督、提高。教师对学生在集体项目中的表现及时给予反馈，并引导学生相互评价；提高学生的合作意识、合作技能，培养集体荣誉感、团队精神。

五、育德过程

活动一：创设情景，激发兴趣

1. 语言导入

特大暴雨突如其来，我国江南、华南等多地出现了洪涝灾害，情况危急，刻不容缓，各地随时都需要增援。我们三（2）连操练起来，时刻准备接受抗洪抢险任务，今天老师就带大家进行抢险救灾专项训练。【训练场地布置】

2. 队列队形练习

队列队形是培养组织纪律最重要的一项练习，在抢险任务中首先要做到一切行动听指挥。接下来我们进行队列练习（集合、分散、报数、三面转法、齐步走等），练习时要求注意力集中、动作整齐一致。

齐步走，121，121，"强身健体，强国有我"，1-2-3-4！1234！

3. 抢占阵地

第一阶段：音乐声响起后，学生可以在场上任意的地方进行活动，听到哨声立马停住，眼睛看教官。听到哨声没有停住的同学，到场外停止游戏30秒；其余同学开展热身活动（活动脚踝、胯、髋等关节）。

德育植入：遵守游戏规则和课堂规则。

第二阶段：音乐声响起后，学生可以在场上任意的地方进行活动，听到哨声，迅速找到一个安全阵地（轮胎），站在安全阵地躲避洪水。

表扬愿意和他人分享安全阵地的同学。

德育植入：在遇到危险时，我们要做到心中有他人。

育德理念解读：以主题参与为策略，设置了抗洪救灾的情境。教师在课堂中带领学生体验紧张而艰苦的军队训练生活。从队列队形开始，动作要求整齐一致，给人以严肃、振奋之感，对学生的集体观念和纪律性有较高的要求。在练习过程中穿插一些振奋人心的口号，如"强身健体，强国有我"等，在振奋人心的同时，又能培养学生热爱祖国的崇高情感。队列中，始终强调组织纪律；游戏中，始终强调规则意识，让学生明白组织严密、纪律严明是人民军队的优良传统和力量所在。

活动二：积极学练，提升技能

语言导入：肆虐的洪水夹杂着折断的树枝和石块从山谷奔泻而下，不断冲入早已翻腾汹涌的河流中，洪水过后，到处是"泥潭""独木桥""倾倒的树木"，只有快速安全地通过这些障碍，才能及时到达救灾现场。

1. 跨

提问学生：在抢险救灾路上遇到"泥潭"（平放的轮胎），你会怎样穿过障碍？

预设一：可以跨越过"泥潭"。

预设二：双脚跳过"泥潭"。

引导学生：在快速奔跑的过程中，跨和双脚跳哪种方式更加便捷、安全？

自主尝试：在快速跑的过程中进行过障碍练习。

得出结论：在快速跑的过程中，跨越的方式最快、最安全。

练习一：集体进行跨的辅助练习，抬腿练习、蹬地练习、踏跳轮胎，强化动作。

练习二：两人一组进行跨"泥潭"练习，一人跨过轮胎一次，一人翻轮胎一次，比一比1分钟内哪组跨过轮胎成功的次数多。

体育总结：跨的过程中注意前腿向上抬，后腿用力蹬地，才能快速跨过"泥潭"。

德育总结：遇到问题要积极思考和尝试，才能找到解决问题的方法。

2. 平衡走

提问学生：仔细观察在我们面前的"独木桥"（连续摆放的体操凳），它们存在哪些不安全的因素？

预设一："独木桥"很窄，很容易从边上滑下来。

预设二："独木桥"有些地方比较软，容易掉进"桥洞"里。

引导学生：你有什么好的方法可以安全快速地走过"独木桥"呢？

合作尝试：两人一组，选择"独木桥"进行练习。

现象一：有的同学在独木桥上走的时候双手打开，帮助保持平衡，走得又快又稳。

相机提问：你走得又快又稳，有什么秘诀吗？

分享交流：要勇敢一点，不要害怕，手臂张开，身体向哪边倾斜，手臂就向另一个方向调整一点。

现象二：几个胆小的同学有些害怕，站在旁边不敢从"独木桥"上走。

相机提问：这几个同学有些害怕，要掉队了，怎么办？

评价：我是牵着我同伴的手一起走的；我是站在体操凳旁边保护同伴，在他控制不住的时候扶住他。

交流分享：有哪些练习可以帮助我们保持身体的平衡？

相机补充：单脚站立、单脚跳起落地、闭眼单脚站立、闭眼平衡走。

合作练习：分组过独木桥练习，所有小组成员全部安全快速地走过独木桥即为成功。能够快速平稳地过"独木桥"的同学，帮助那些走得还不是很稳的同学选择2~3个动作进行提高练习。

体育总结：手臂打开，调节方向，帮助保持身体平衡。

德育总结：互帮互助，团结一致，共渡难关。

3. 钻

过渡：我们已经顺利通过了两处障碍，还有一处障碍，老师一直都过不了，请你们帮老师看一看，为什么会钻不过去，哪里出现了问题？

预设一：身体抬得太高了，要低一点。

预设二：手或者头先过去，然后身体、腿和脚才能过去。

强化练习：两人一组，钻10个不同的"小矮洞"。

练习一：分小组进行练习，快速通过4个不同的"小矮洞"，在规定时间内完成即为胜利。

现象：规定时间内大部分队伍未完成，总结交流，寻找解决对策。

预设一：在钻的时候"小矮洞"老是要倒塌。

预设二：大家都只顾自己钻，挤在一起。

解决方法：① 找个人领队，确定钻哪几个"矮洞"；② 找人负责扶好"矮洞"防止倒塌；③ 排好队依次过障碍。

练习二：小组制订好计划、明确分工后，快速通过4个不同的"小矮洞"，在规定时间内完成即为胜利。

交流分享：找找失败和成功的原因。

体育总结：降低重心、手脚协调配合。

德育总结：齐心协力、分工明确，才能取得成功。

育德理念解读：通过创设洪灾过后的情景，充分挖掘抗洪精神，提升课堂的深度与难度。引导学生根据经验"找出过'泥潭'的方式"，尝试与判断"哪种方法能够安全快速地通过"；观察"平衡走"存在的安全隐患，思考"保持平衡的方法"；寻找"老师无法钻障碍的原因"，在练习中避免出现"重心高""手脚不协调"等情况。一系列的设计，让学生在学中思，提升学生的理解力与判断力，体会抗洪过程中广大军民百折不挠的勇气、惊人的毅力和坚强的组织力。

活动三：团结协作，完成使命

过渡：紧急通知！连日大暴雨，出现了洪涝灾害，需要增援。

集合，洪水泛滥，急需准备进行抗洪抢险行动，由于情况复杂，各分队制定好路线及方案，即刻出发，目的地汇合。

活动：（1）分组进行过障碍跑比赛，所有人安全抵达就是胜利。

（2）分组进行过障碍跑比赛，在确保所有人安全的情况下，最快到达的队伍获得"飞虎队"称号。

分享活动：请第一名的队伍分享成功的经验。

预设一：确定好人员——队长、保护的人、扶轮胎的人。

预设二：安排好过障碍的顺序。

预设三：帮助速度慢的人，才能又快又安全地抵达目的地。

德育总结：团结一心，明确分工和自己的职责，整齐有序，才能取得成功。

交流活动：取得了成功，最想感谢谁？为什么？

互动活动：与队友用属于你们自己的方式一起庆祝（击掌、拥抱、喊口号等）。

体能练习：齐心协力，将各组的轮胎按照图片要求搭成"防洪堤"。

育德理念解读：以合作性活动为主线，通过前面几个活动的铺垫，两人合作，邀请小伙伴共同练习、互相帮助过障碍，学生在练习中大胆交流、互相配合、学习、监督、提高。教师对学生在集体项目中的表现及时予以反馈，并引导学生相互评价。

提高学生的合作意识与合作技能，以此培养万众一心、众志成城的抗洪精神。

六、育德反思

体育在技能教学的基础上，以人为本，立"体"育人，在发展学生运动技能的同时，提升学生的思想品德。

1. 教师退后一点，学生前进一点

学生学习的过程既是认知的过程，又是探究的过程，以探索学习为主要方式，引导学生根据经验"找出过'泥潭'的方式"，尝试与判断"哪种方法能够安全快速通过"；观察"平衡走"存在的安全隐患，思考"保持平衡的方法"；寻找"老师无法钻障碍的原因"，在练习中避免出现"重心高""手脚不协调"等情况。小组活动中需要学生去思考怎样选择路线、全队如何快速通过等问题。学生可以在教师的启发下主动去思考、去实践，根据自身的经验及实践，总结动作的要领和注意点。即使存在错误，也可以在教师的引导下，共同探究、梳理，寻找"真相"。教师退后一点，促使学生前进一点，更乐于学、更善于学。

2. 亲身经历一点，体会深刻一点

体育教学与其他学科的教学存在很大的不同，体育课以身体运动和户外活动为主。学科特点为体育育德提供了得天独厚的优势，很多教学内容与生活紧密相连，创设符合小学生认知规律和生活经验的情景，可以有效激发学生学习的主动性。本课以主题参与为策略，设置了抗洪救灾的情境，让学生进行角色扮演，进行跨、平衡走、钻等动作技能的学练。在课堂中，深入挖掘育德点，让学生更为真实地发现问题、感受问题、解决问题。体育育体、体育育德，学生只有在经历后，才能学得更为深刻。

专家点评

1. 以抗灾为线索，挖掘育人情境

一堂真正的好课应该富有生命，而能够赋予课堂生命的是教师。在本节课的设计上，教师基于教材但不拘泥于教材，授课时将自己的所思所悟传递给学生，创设符合小学生认知规律和生活经验的情境，有效地激发学生学习的主动性。教师的导语是："今天，我们也操练起来，时刻准备接受抗洪抢险任务。"整节课围绕这一情境，教师带领学生进行"抢险救灾专项训练"，让学生"从生活走进课堂，从课堂走近生活"。这既提升了学生对环境的观察能力、独立思考能力、团结协作能力、自我救助能力，也增强了学生的集体观念，加强了纪律性，并在"强身健体，强国有我"训练中培养了学生热爱祖国的崇高情感和为国奉献的拼搏精神。

2. 以活动为载体，丰富育人方式

一节课要做到形神兼备，要让学生在生动的情境中、在切身的活动体验中、在深度的学习探究中加深对知识的理解，提高发现问题、解决问题的能力，培养拼搏奉献的精神，滋养家国情怀。在"抢险救灾专项训练"中，教师以探索学习为主要方式，引导学生根据经验"找出过'泥潭'的方式"，尝试与判断"哪种方法能够安全快速通过"；观察"平衡走"存在的安全隐患，思考"保持平衡的方法"；寻找"老师无法钻障碍的原因"，在练习中避免出现"重心高""手脚不协调"等情况。小组活动中，学生需要去思考合作过障碍、怎样选择路线、全队如何快速通过等问题。为提高课堂的深度与难度，有意识地创设关于挫折的情境，让学生在练习过程中遭受挫折、经历失败的体验后，与学生共同发现存在的问题，进行交流、总结，寻找解决的对策。学生在挫折中得到锻炼，提升了挫折的承受力及勇于克服困难的意志力。

3. 以协同为手段，创新育人路径

调课型、改方式、重育人，才能让体育学科迎合时代节拍；重体验、做中学、叙真情，才会让体育学科有的放矢。在体育实践中，学生参与活动大多数以团队的组织形式开展，以合作性活动为主线，采用两人、多人合作的方式共同练习，通过邀请小伙伴共同练习、互相帮助过障碍、小组配合同进退等契机，使学生在练习中大胆交流，互相配合、学习、监督、提高。教师对学生在集体项目中的表现，及时给予反馈，引导学生相互评价。摒弃形式主义，实现课堂"真"合作，提高学生合作意识、合作技能，以此培养学生的集体荣誉感、团队精神。以此为依托辐射出在抗洪救灾过程中，全国人民团结一致，上下齐心，共同抵御洪灾的精神，升华学生的思想境界。

点评专家：王恒富

第二章

在学科教学中厚植家国情怀

> 广大青年要厚植家国情怀、涵养进取品格,以奋斗姿态激扬青春,不负时代,不负华年。
> ——摘自习近平总书记通过中央广播电视总台和互联网发表的二〇二三年新年贺词

 主题解读

协同学科教学　共育家国情怀

2020年9月8日,习近平总书记在全国抗击新型冠状病毒感染疫情表彰大会上指出,中国人历来抱有家国情怀,崇尚天下为公、克己奉公,信奉天下兴亡,匹夫有责。

2022年全国教育工作会议指出,落实立德树人根本任务向纵深推进,需要从整体角度统筹安排,把育德工作落到实处。家国情怀教育是新时代育人的起点,要将家国情怀教育与学科教学融通,激活学科教学的德育内涵,让知识学习成为家国情怀教育有力的载体和手段,将学生的心灵与故土家园建立牢不可破的联系,将治世理想转化为道德涵养,培养崇高的爱国主义思想。

一、提取内涵,明确家国情怀教育目的

家国情怀教育的内涵非常丰富。新课标对家国情怀教育的解释主要是培养学生对国家、民族、文化的认同感、归属感、责任感和使命感。坚持立德树人,小学阶段启蒙家国情怀教育,中学阶段熏陶理想信念教育,高中阶段坚定文化自信,引导学生将爱国志向转为爱国的责任和使命,成为一个大写的人。

家国情怀教育与学科教学息息相关,其涉及的文化濡染、灵魂塑造与精神哺育都是中小学生成长中的有效支撑。因此,要将爱国主义教育融入学科教学,涵养家国情怀,引领中小学生以修身齐家为根本,勇于砥砺奋斗,担当起时代赋予的伟大

使命。

1. 培养正确的国家观

课堂教学要能真正触及青少年的内心世界，需要让情感进入课堂。教师用自己对祖国真挚的情感拨动学生的心弦，在其心灵世界画出一幅幅祖国的历史画卷、伟人画卷、自然画卷、建设者画卷、中国梦画卷等，使青少年振奋力量，产生热爱与向往之情。当青少年沉浸在一幅幅壮丽画卷时，精神境界就会提升，思想认识就会升华。

2. 培养报国的使命观

课堂是培养学生立志成才、报效祖国的主阵地，为每个学生开发可以培养他们学成报国的一切源泉，是教育者的重要使命。古人云："知之深，爱之切，行之坚。"当知识产生教育力量时，学生就会全力以赴，勇往直前，在祖国对他们进行最严峻考验的时刻愿意做祖国的忠实儿女。怎样在课堂教育教学中强化使命意识呢？需要优化各育人"场"的家国情怀资源，突破显性效应和隐性资源的传统界限，用好学科资源，打造符合学情的育德课堂，采用学生喜闻乐见的形式开展教育，激励学生乐意为国家奉献力量。

3. 培养担当的责任观

学科育德中所提倡的家国情怀教育鼓励学生对家庭、社会、国家具有担当意识，成为有担当的公民，唤起学生的自豪感和义务感。尤其要学好祖国的历史，与人民建立不朽的联系。"祖国的历史是人民精神生机勃勃的动力，是人民不朽精神的表现，它会渗入一个人的血液和心灵，渗入他的每一个细胞和整个思想感情。"把祖国作为自己的家园，和祖国同呼吸、共命运，把祖国的幸福视作自己的幸福，祖国的需要当成自己的需要，把自己的抱负和国家效力有机结合，为成为祖国的建设者而自豪。

习近平总书记高擎爱国主义大旗，力行"以身许党，以身许国"的崇高情怀，追求"我将无我，不负人民"的人生境界，感人至深，催人奋进。教育工作者教育教学中同频共振，涵养家国一体的情怀，充分发挥各学科的育人功能，让这股育人合力源源不断地涌向培养符合社会治理和人民利益需求的教育工作中，为培养有理想、有追求的新时代青少年奠基。

二、立足课堂，精准融入家国情怀教育

把家国情怀育德点融于课堂教学的各个环节，适时正面教育引导。教师在教育教学中根据中小学生的特点和模块教学内容，完善教学设计，以基础知识学习为载体，润"生"无声，分层、有序、渐进涵养，力求所讲的内容能感动学生。家国情怀教育引导始于热爱，成于坚守，终于担当，满足学生现实生活状态的发展需要并促进其有所追求。

1. 育人切准家国因子

课堂教学要善于钻研教材内容，善于挖掘学科育德因子，教师在教育过程中做

到知识传授、能力培养和家国情怀教育三位一体。

2. 教学链接家园故土

将学科教学与家国情怀教育有机结合，将隐性的家国情怀育德点合理开发，结合科学、地理、历史等课程学习，指导学生感受家乡的飞速发展、家乡人民生活水平日益提高的伟大成就。

3. 实践砥砺家国情怀

知识本身不是道德品质，必须让知识成为培养家国情怀教育的有力武器，让学生有立体的感悟和体会。学科育德的目标是塑造人，塑造生活中的人，关注知情意行的各个方面及其和谐发展，使不同阶段的育德力量持续累积。生活是最丰富的教育资源，是开展德育的良田沃土，是砥砺思想、引导践行的平台。家国情怀育德点要从生活情境中生发，推动学生内驱力、生长力的层层递进生成，再复归于实践砥砺，用综合实践课堂检验学科育德成果。

三、合力突破，聚合家国情怀教育效应

发挥学科育德的综合效应，点线成面引发中小学生共鸣，明确家国是奋发进取的方向坐标。于整体设计中有序推进，在"授业"的同时激励学生自我学习机制的生成，树立建设祖国，发挥自我价值的人生观。将家国情怀教育引导内化为学生的观念，外显为学生的行为，聚焦学生的素养形成，课程达到综合育人效果；把家国情怀教育融于各学科教学始终，与思政课堂形成合力，绘就团结就是力量的时代画卷，让担当意识深深根植于学生心田。

1. 融通学科家国引导内核

打破学科教材体系，把学科家国情怀显性、隐性育德点有机串联起来，增强吸引力、感召力。遵循因事而化、因时而进、因势而新的原则，建设破除学科学段开发过程中形成的壁垒；结合班情、学情，将家国情怀教育育德内容校本化，形成适合本校学生的家国情怀育德课程，并于持续、有序、深度融合中引导家国情怀教育。

2. 整合显性家国育人资源

立足中小学学生的实际情况，课堂教学以学生为活动主体，以生态教育中的自然、开放为指引，整合单元教育资源，在专题活动课中引导中小学生把爱的状态从"小我"转向"大我"认同。随着学生年龄的增长，逐步扩展专题学习，以体验式学习、研究性学习、开放式学习等学习方式，开展家国同构单元专题教育，激活教育因子，形成和谐匹配、有机统一的家国情怀教育场，促进学生可持续发展、健康发展。

3. 挖掘家国情怀隐性载体

在具体引导层面，不断挖掘育德资源，突破显性育德点与隐性育德点的界限，形成育德与学科教学都适合的家国同构引导载体，打造符合本班学生实际发展需要的学习课堂。儿童的心灵不是一个需要填满的罐子，而是一颗需要点燃的火种。

案例赏析

案例一：数语观疫情　厚植爱国心

一、内容选择

本课内容选自南通市紫琅湖实验学校校本教材小学五、六年级数学综合与实践活动《疫情中的数学》。

二、育德点分析

1. 显性内容

以疫情实时数据为参考构建真实学习情境，以数学统计知识为载体，以病毒探究为抓手，设计符合学生认知规律的、目标明确的数学综合实践活动。旨在激发学生的社会责任感，形成懂感恩、知敬畏、守底线的道德品质，践行社会主义核心价值观，成为堪当重任的时代新人。

2. 隐性资源

教师结合自己的抗病毒经验和心得分享引导学生说一说如何在疫情中用自己的方法积极抗疫，从合理安排生活作息时间从而提升自身免疫力、感受关心、尊重他人、学会感恩等角度增强隐性德育渗透方法，将教师的光辉榜样作用和实际育德教育的价值发挥出来。

3. 生成因子

选择一些正向和适合小学高学段学生的与疫情中有关的数字信息进行解读，引导孩子学会关爱生命。用统计图表说明在疫情中我们不必紧张，不过度焦虑，获得安全感和认同感，提高自我保护能力，对未来生活充满憧憬。

三、育德目标

1. 道德认知

通过收集数据、合作分享，用数学眼光观察疫情，用数学思维分析疫情，用数学语言表达疫情，树立社会责任感。

2. 道德情感

通过调查、交流、分享等活动体验，理解、认同国家行动。

3. 道德行为

用数学知识解读疫情中的某些现象，通过理性的数据分析，发展学生的辩证思维，学会感恩，学会尊重。

四、育德策略

以生活为课堂，发掘疫情中的"数"元素、统计元素、问题解决元素，通过讨论交流、合作探究、社会实践等活动进行，侧重于实践反思、逻辑推理，进而实现数学学习与道德认知的统一。

主要流程设计如图 2-1 所示。

情境导入，唤醒学生情感认知 → 图说疫情，让数据直观可视 → 数说疫情，让决策合理有力

图 2-1

五、育德过程

活动一：观"中国战疫"集锦

师：当抗疫的号角声响起时，陆、海、空三军战士，背起行装，扬起军旗，奔赴这没有硝烟的战场，用坚毅的身姿管控防疫关卡，用不屈的脊梁撑起我们的安康。一方有难，八方驰援，天灾面前，无数的志愿者挺身而出，带着共克时艰的赤诚之心，坚定信念，用爱和希望遏制病毒，用炽热的行动温暖人间。医护人员在前线奋战着，施工队通宵达旦盖起了医院，后勤物资加急从全国各地增援，一场由全民参与的疫情防控阻击战正式打响。疫情面前，我们四海同心，共同战斗。

师：看了这段视频，此时，你想和大家说些什么？

育德理念解读：电视、电影以其生动形象的画面、扣人心弦的情节，深受学生喜爱。抗疫视频素材类型多样、内容丰富，抗疫中涌现出的诸多事件或感人至深，或催人奋进，或可歌可泣。这些就是鲜活的教育素材，学校教育就是要善于发现或挖掘疫情中的教育因子，活用抗疫素材，提升教育感染力。所以课始，通过视频的播放和语言的渲染，调动学生的听觉、视觉等感觉器官，将学生带入真实情境中，感受疫情的肆虐和党中央的坚强领导及十四亿人的齐心协力。学生通过观看视频获得知识及情感上的认同，并领悟主题内涵，激发爱国情感，为后续有效促进教学目标的达成，激活学生的社会责任感埋下伏笔。

活动二：图说疫情

师：抗疫的日子，关注每日《疫情实时播报》，打开世界卫生组织官网，留意全球疫情动态，即时实现疫情数据实时可视化展示。大数据的便利时代，让我们享受到了足不出户知天下的便捷。课前，同学们也收集了相关资料，我们分小组分享汇报。

1. 认识统计图表

（1）统计表。

这是数据统计里面最基础的统计形式——统计表。统计表是反映统计资料的表格，是把最基础、最原始的数据制作成表格。图 2-2 所示为 2023 年 1 月 6 日全球大区疫情概况。

全球大区疫情状况概览					报告日期:	6/1/2023
地区	国家/地区数	新增确诊数	累计确诊数	新增病亡数	累计病亡数	病亡率
欧洲地区	61	13,448	276,431,237	79	2,238,548	0.8%
美洲地区	54	-	192,902,413	-	2,954,149	1.5%
西太平洋地区	34	25,985	203,785,589	31	412,165	0.2%
东地中海地区	22	1,397	23,376,147	10	351,250	1.5%
东南亚地区	10	1,475	61,156,660	21	805,931	1.3%
非洲地区	50	37	9,532,642	-	175,366	1.8%
其他*	1	-	764	-	13	1.7%
全球总计	232	42,342	767,185,452	141	6,937,422	0.9%

图 2-2

（2）条形统计图。

条形统计图是用一个单位长度表示一定的数量，根据数量的多少画成长短不同的直条。条形统计图一般简称条形图，也叫长条图或直条图。图 2-3 所示为 2020 年 2 月全国近五日新型冠状病毒新增治愈人数统计图，能直观地告诉我们某个地区治愈的人数。条形统计图的优势在于，每个条形都能直观、清晰地表示出数据的大小，同时通过直条的高低也能方便地比较各地区间治愈人数的多少。

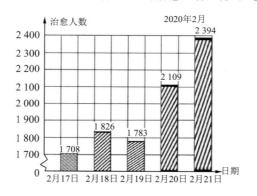

图 2-3

（3）折线统计图。

折线统计图即以折线的上升或下降来表示统计数量的增减变化。折线统计图不仅可以表示数量的多少，而且可以反映数据的增减变化情况。它分为单式或复式两种。图 2-4 所示为某区域新增无症状、确诊、死亡、治愈人数趋势图。在疫情趋势图中用到的都是复式折线统计图，因为它可以更好地用于两者或多者数据的比较。

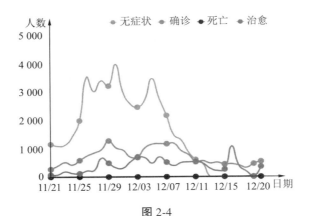

图 2-4

2. 比较各种统计图表

小组讨论，合作交流，适时板书。

各种统计图表的优点与不足见表 2-1。

表 2-1 各种统计图表的优点与不足

名称	优点	不足
统计表	数据很详细	不利于直观地分析问题
条形统计图	能直接看出各种数量的多少，易于数据间的比较	不能体现变化趋势
折线统计图	不但可以看出数量的多少，而且可以看出数量的增减变化	不能直观地看出各部分与总体之间的关系
疫情地图	很好地反映相对数据在各地区的分布情况	难以反映出各地区的具体数据

3. 认识其他统计图表

师：在疫情动态里，基本上就是以上四种统计图表方式。但是关于疫情数据的报道里，我们还会经常看到南丁格尔玫瑰图和饼形统计图，一起简单了解一下（图 2-5）。

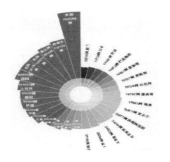
a. 南丁格尔玫瑰图

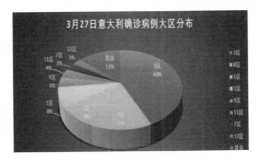
b. 饼形统计图

图 2-5

师：你通过这些统计图又看懂了什么？

预设：这么多图表集中呈现疫情防控期间各种数据及其变化，让我们对疫情的发展有了更全面、更客观、更科学的认识。这些独特的统计图表让冰冷、复杂的统计数字一下子变得简单、通俗、形象，使人一目了然。

4. 交流感受

师：结合这么多统计图，针对疫情防控，你想到了什么？

预设一：我们要严格遵守疫情防控的各项规章制度，不给祖国添乱。

预设二：白衣天使太了不起了，他们像打怪兽一般在与疫情顽强斗争！哪有什么岁月静好，只是有人为我们负重前行罢了。

预设三：我们每个人都要做好自我防护，把平常生活中的一些小事做好就是在为祖国防疫做出自己的贡献。

预设四：不必要过于焦虑，协同抗疫，疫情一定会过去。

……

育德理念解读：数学教学要结合学生的生活实际，培养和发展学生的数据分析观念，提高学生的数据分析能力。疫情防控期间，各种数据每天都在发生变化，作为数学老师，我们应充分认识到自身的优势与责任担当，用数学的力量发声，引导学生，通过对数据的深层观察与思考，从理性的角度解读疫情，了解疫情的发展变化，由此进一步引导学生产生对生命、科学、社会、道德、责任等方面的思考，让抗疫成为学生成长过程中的一课。好的教学就是好的教育，好的教师就是好的德育，就地取材，让大数据、统计表、统计图成为数学学科育德最强有力的支持。便不再需要任何其他德育的"添加剂"了。

活动三：数说病毒

1. 病毒大小我知道

师：病毒到底是什么样的？接下来我们再从数学的角度来认识病毒。

（1）感受病毒的"小"。

师：我们都说细菌小，肉眼无法观察到，可病毒是比细菌还小的生物体。科学家发现，即使在放大1 000倍的光学显微镜下也看不到病毒，必须用放大倍数更高的电子显微镜。一个细菌，大约有3万个病毒堆起的那么大，大约10亿个细菌堆积起来才有一颗小米粒那么大。

（2）认识长度单位——纳米。

师：这么小的病毒我们怎么去计量它呢？

课件播放：病毒大小通常以纳米为单位，纳米同厘米、分米、米一样，是长度单位，国际单位制符号为nm。我们假设一根头发的直径是0.05毫米，把它轴向平均分成5万根，每根的厚度大约就是1纳米，也就是说：1纳米＝0.05÷50 000毫米＝0.000 001毫米，1纳米是1毫米的十万分之一，1毫米＝10^5纳米。

2003年爆发的SARS病毒的直径大约是80纳米，流感病毒的直径大约是100纳米，新型冠状病毒的直径是80~160纳米。

2. 病毒形状我研究

（1）病毒的对称性。

师：病毒的形状又是怎样的呢？请同学们继续分享课前收集到的资料（图 2-6）。

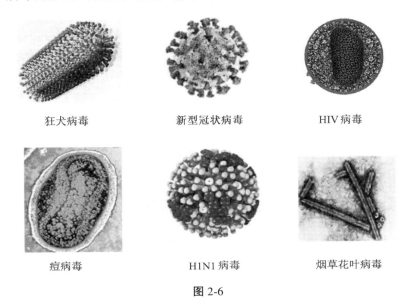

狂犬病毒　　　　新型冠状病毒　　　　HIV 病毒

痘病毒　　　　H1N1 病毒　　　　烟草花叶病毒

图 2-6

师：病毒虽小，但是它的形状很丰富多彩，观察同学们收集到的各种病毒图片，你又有了什么发现？

预设：病毒的形态虽是千差万别，但这些形态各异的病毒也会遵守物体基本形状的规律——对称性。病毒的形态通常有螺旋对称、二十面体对称，还有由螺旋对称和二十面体对称相结合而成的复合对称。这样的对称形式会使得病毒的结构更合理、更稳定。

（2）认识正二十面体。

在几何学中，立体对称结构实体包括正四面体、正六面体（正方体）、正八面体、正十二面体和正二十面体。在动物病毒中，大约有半数以上的病毒是属于正二十面体病毒。正二十面体是由 20 个等边三角形的面、12 个顶点和 30 条棱组成的（图 2-7）。

图 2-7

（3）解密病毒的对称性。

师：为什么大多数病毒会喜欢这样的正二十面体形状呢？

指出：这是因为在面积一定的立方对称实体中，以正二十面体容积为最大，这样会使得病毒里面能容纳更多的病毒核酸。

如果这些多面体的容积都相同，那么构成多面体的每个单位面的面积以正二十面体为最小，因而包裹病毒所需的单位蛋白会更少，这样有利于病毒节约材料。

从这个角度我们可以看到，病毒其实是一种非常聪明的生物体，正二十面体病毒的典型代表是腺病毒（图2-8）。

图 2-8

3. 病毒传播我推算

师：俗话说，一传十，十传百，我们先来看一种病毒传播的简单情况。假设有1个人感染了病毒，他一次传染1个人，新被传染的人也能这样传染其他人，我们一起来算一算。

$$1人 \xrightarrow{1次传染} 2人 \xrightarrow{2次传染} 4人 \xrightarrow{3次传染} 8人$$

预设一：通过推算，我们发现，传染人数会呈倍增的趋势，传染次数越多，传染人数会急剧增加。研究表明，肺炎患者平均1个人一次能传染2~3人，我们以传染3人为例。

师：如果1人经过1次传染会感染3人，一起就是4人感染，第2次传染，4人会新感染12人，加上原有的4人，一共是16人感染，照这样，那么到第3次传染，会有多少人呢？你能算出来吗？

$$1人 \xrightarrow{1次传染} (1+3)人 \xrightarrow{2次传染} (4+4\times3)人 \xrightarrow{3次传染} ?人$$

预设二：通过推算，我们现在明白国家要求我们协同抗疫，是有科学道理的。

师：孩子们，疫情防控期间，我们必须响应国家号召，不给病毒传播的机会。出门一定要戴口罩，减少传染可能。

育德理念解读：将数学知识与现实生活相结合，学会用数学的眼光去观察生活、用数学的思维去分析生活、用数学的语言去表达生活。非常时期，我们以非"常"之道，享受着数学的非"常"之美。"病毒是什么样的？""病毒怎么传播？"如果不把这些事情弄清楚，学生无法真正理解"协同抗疫"的国家号召，无法认同"抗疫的艰难"。作为数学老师，我们有责任引领学生用数学研究的方法触摸事件本质，提升教育感染力，增强道德内生力，促进学生知情意行协同发展。

六、育德反思

1. 时事即课程，社会是最好的教科书

将时事作为学生开展数学学习的重要素材，从"无序"中建构和创造"有序"的力量。本案例将疫情素材与数学学科教学做了较好的融合，过程设计便于学生参与和操作，让学生在深化学科知识学习的同时关注实时动态，了解疫情发展，明确责任意识，培养爱国情怀。

2. 透过统计图表，经过数理推算，深切体会数据的力量

在观察、思考、交流和总结中，不断体悟数学的实用性，形成自主探究的精神，有效提升了数学素养。同时学生在应用数学信息的过程中，也能深刻理解疫情防控中国家决策的科学依据，以及抗疫中所呈现的中国精神、中国力量、中国速度，增强民族自豪感。

学科育德，既是学科的，又是德育的，归根到底是育人的。作为新时代的教育工作者，教师在执行国家课程的基础上，也要加强课程开发与研究，努力让教育教学从"知识立意""能力立意"向"价值引领""素养导向"转型，用德育元素丰富数学学科课程体系，通过数学达到"德育目的"，满足学生多样化学习需求，为他们未来能够担当起民族复兴大任奠定基础。

专家点评

1. 特色和亮点

"无情境不教学。"《数语观疫情　厚植爱国心》设计与教材内容相关的、有针对性的抗疫主题情境，将陆、海、空三军战士管控防疫关卡、志愿者挺身而出、医护人员前线奋战、施工队通宵达旦、后勤物资加急从全国各地增援等真实情境导入课堂，让学生在见证祖国伟大"抗疫"成就的真实情境中，弘爱国情、厚强国志、践报国行。

"无活动不德育。"本案例通过观视频、列图表、说病毒三个板块，以数学统计知识为载体、以病毒探究为抓手设计符合学生认知规律的、目标明确的数学综合实践活动组织教学，通过观察疫情、收集数据、合作分享，用数学眼光观察疫情，用数学思维分析疫情，用数学语言表达疫情，树立社会责任感；通过调查、交流、分享等活动体验、理解并认同国家行动，感受国家力量，构建家国情怀。

2. 建议

在数说病毒环节，如能增加"数学战疫情"——教师呈现抗击疫情的数学家战队，不仅可以进一步拓展和延伸数学战"疫"的魅力，还可以通过榜样的力量引导孩子们立志为社会做贡献，厚植爱国情怀。值得注意的是，在实施学科育德时，应

坚持适度原则，切不可将大部分时间用于渗透德育而忽视学科教学，课程德育的最高境界应当落实在春风化雨、润物无声之中。

点评专家：孟炳忠

【专家简介】孟炳忠，盐城市教育科学研究院副院长，江苏省特级教师，正高级教师。

案例二：让社会责任感在课堂中自然生成
——碳酸钠和碳酸氢钠课堂活动单设计

一、内容选择

本课内容选自人教版高中化学必修第一册第二章第一节第 2 课时"碳酸钠和碳酸氢钠"。

二、育德点分析

1. 显性内容

通过了解碳酸钠和碳酸氢钠在生产生活中的相关应用，让学生充分感受到化学既源于生活，又服务于生活，化学能用来解决人类面临的问题，满足社会的需要。让学生知道学了化学可以更加深入地了解生活，化学可以让我们的生活更加方便、更加精彩，从而培养学生热爱生活的情操。

借助化学实验探究碳酸钠和碳酸氢钠的物理性质和化学性质。化学实验往往会给学生带来强烈的情感效应，促使学生由暂时的好奇心转化为稳定的探索意识，促使学生养成良好的学习习惯。实验过程往往会伴随着意外，也伴随着挫折和困惑，这恰好能使学生真实感受到科学研究中的曲折及探索后收获成功的喜悦。

2. 隐性资源

介绍侯德榜和侯氏制碱法，让学生充分感受到侯德榜先生勇于探索、热爱祖国、自强不息和艰苦创业的精神；了解纯碱的生产历史，让学生感受化学工业发展过程中技术进步的重要性，体会建设生态文明的意义，进一步认识化学对创造更多物质财富和精神财富、满足人民日益增长的美好生活需要的重大贡献。

3. 生成因子

将生活中应用广泛的两种化学物质的相关性质融入生活实际，渗透于科学史实，培养学生热爱化学、热爱生活、热爱科学、热爱祖国的情操，并让学生感受到为国家做贡献并非难事，要有关注和做好身边小事的意识，承担起相应的社会责任。

三、育德目标

1. 道德认知

介绍路布兰制碱法、索维尔制碱法、侯氏制碱法的原理，让学生感受工业发展过程中技术进步的重要性及建设生态文明的意义，培养学生热爱科学、热爱祖国的精神，激发学生勇于研究、勇于为国家做贡献的责任担当意识。

2. 道德情感

了解碳酸钠和碳酸氢钠在生产生活中的用途，让学生充分感受到化学源于生活，化学可以让生活更方便、更精彩，培养学生热爱化学、热爱生活的情操。

3. 道德行为

通过实验探究，学习碳酸钠和碳酸氢钠的物理性质和化学性质，培养学生的动手能力、观察能力、思考能力、团队合作能力等科学探究能力和严谨求实的科学精神。

四、育德策略

将化学知识融入生产生活，体会化学是先进生产和美好生活中不可或缺的一部分。将史实引进课堂，让热爱科学、热爱祖国，勇于探索、勇于担当成为学生永久的信条。

五、育德过程

活动一：查阅资料，了解路布兰制碱法、索维尔制碱法、侯氏制碱法的原理

查阅资料，了解路布兰制碱法、索维尔制碱法、侯氏制碱法的原理，并记录每种方法的优缺点。

育德理念解读：在化学教学中，适当穿插化学史，可以使静态的理论变成动态的演变过程，使学生受到多方面的教育。从路布兰制碱法到索维尔制碱法，再到侯氏制碱法，学生在查资料的过程中，会了解到每一种制碱法从开始研究到最终投入生产实际的不容易，也能体会到当多少年来的研究成果能够造福人类、服务社会时科学家获得的成就感。在这个过程中，学生会了解到化学家在认识世界和改造世界过程中的思想、人格和品德，这对学生而言是一笔宝贵的精神财富，可以引导学生树立正确的人生观、世界观和价值观。学生可以在查阅资料的过程中读到这几位科学家的很多故事。

活动二：实验探究碳酸钠和碳酸氢钠的性质

1. 实验探究碳酸钠和碳酸氢钠的性质差异

碳酸钠和碳酸氢钠的性质差异见表 2-2。

表 2-2 碳酸钠和碳酸氢钠的性质差异

实验步骤	实验现象	
	碳酸钠（Na_2CO_3）	碳酸氢钠（$NaHCO_3$）
（1）在两支试管中分别加入约 1 g Na_2CO_3 和 $NaHCO_3$ 固体，观察外观并描述		
（2）向两支试管中分别滴加几滴水，振荡，观察现象，并将温度计分别插入其中，温度计的示数有何变化		

续表

实验步骤		实验现象	
		碳酸钠（Na_2CO_3）	碳酸氢钠（$NaHCO_3$）
（3）继续向两支试管内加入 5 mL 水，用力振荡，观察有何现象			
（4）继续向两支试管内滴加 1～2 滴酚酞溶液，观察有何现象			
结论	溶解性		
	其他		

2. 实验探究碳酸钠和碳酸氢钠的化学性质

（1）按图 2-9 所示装置完成实验。

（2）向分别盛有碳酸钠、碳酸氢钠的固体试管中同时加入等体积、等浓度的盐酸。

（3）与碱反应。

根据离子反应发生的条件分析下列反应能否发生，若能发生，写出反应的离子方程式。

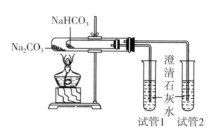

图 2-9

溶液	加入试剂	
	NaOH 溶液	澄清石灰水
Na_2CO_3 溶液		
$NaHCO_3$ 溶液		

思考：能用澄清石灰水鉴别 Na_2CO_3 和 $NaHCO_3$ 溶液吗？

（4）与盐反应。

分别向 Na_2CO_3 溶液和 $NaHCO_3$ 溶液中滴加 $CaCl_2$（或 $BaCl_2$）稀溶液。

育德理念解读：化学是一门以实验为基础的学科。教师演示实验、学生动手实验是教学过程中非常重要的环节。实验不仅能提高学生的动手操作、观察与想象、思维与创新等各种能力，还能促进学生德育素养的提升和发展。

通过实验探究碳酸钠和碳酸氢钠的性质具有以下优点：

第一，通过化学实验激发学生学习兴趣。化学教学过程中，观察演示实验和亲自动手实验是学生非常喜欢的环节，因为学生可以在实验过程中真实地观察到物质变化的奇妙过程，从而爱上实验，爱上化学，有了这样的情感支撑，学生会逐渐爱上探索，在学习、探索的过程中逐渐变成一个对社会有用的人。

第二，学生的团队合作能力得以提升。学生实验一般以小组为单位进行，不仅能提高学生的学科素养，还能锻炼学生的统筹能力，培养团队精神。在这个过程中，小组成员往往需要通过分析、讨论、对比得出实验结果，组员在参与活动时分工明确,相互配合,责任明确,不仅能锻炼团队合作能力,而且可以增强责任心和主人翁意识。相互合作,积极配合,合力完成任务,学生团队合作能力得以提升。同时学生会体会到与人合作的快乐,能从他人那里学到好的方法和思路,感受到"三人行必有我师"的真谛。

第三,在实验教学中教师严谨求实的态度对学生科学态度的培养起着潜移默化的作用;实验中,实验安全的强调,会使学生体会到实验安全的重要性,也能够让学生重视自身的生命安全,提升实验安全素养,并最终内化为自身自觉的意识和行为;实验中,试剂用量和仪器使用都有相关注意事项,可以培养学生勤俭节约和爱护公物的良好习惯;实验中始终坚持绿色化学理念,不仅要高效完成实验,还要尽量减少甚至避免对环境造成污染,促进学生环境保护意识和社会责任意识的形成。

活动三:了解碳酸钠和碳酸氢钠在生产生活中的用途

通过图 2-10 所示的图片和资料了解碳酸钠和碳酸氢钠在生产生活中的广泛用途。

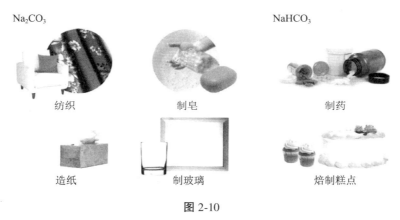

图 2-10

1. 碳酸氢钠的用途

(1)制药工业:碳酸氢钠可直接作为制药工业的原料,用于治疗胃酸过多。

(2)食品加工:在食品加工中,它是一种应用最广泛的疏松剂,用于生产饼干、面包等,是汽水饮料中二氧化碳的发生剂;可与明矾复合为碱性发酵粉,也可与纯碱复合为民用石碱;还可用作黄油保存剂。

(3)消防器材:用于生产酸碱灭火机和泡沫灭火机。

(4)其他:橡胶工业中可用于橡胶、海绵生产;冶金工业中可用作浇铸钢锭的助熔剂;机械工业中可用作铸钢(翻砂)砂型的成型助剂;印染工业中可用作染色印花的固色剂、酸碱缓冲剂、织物染整的后方处理剂;染色中加入小苏打可以防止纱筒产生色花;医药工业中用作制酸剂的原料;还可用于羊毛洗涤剂、农业浸种等。

2. 碳酸钠的用途

碳酸钠是重要的化工原料之一,绝大部分用于工业,一小部分为民用。在工业中,主要用于轻工、建材、化学工业,约占 2/3,其次是冶金、纺织、石油、国防、医药及其他工业。玻璃工业是纯碱的最大消费部门,每吨玻璃消耗纯碱 0.2 吨。化学工业中，用于制水玻璃、重铬酸钠、硝酸钠、氟化钠、小苏打、硼砂、磷酸三钠等。冶金工业用作冶炼助熔剂、选矿用浮选剂，炼钢和炼锑时用作脱硫剂。印染工业用作软水剂。制革工业中用于原料皮的脱脂、中和铬鞣革和提高铬鞣液碱度。还用于生产合成洗涤剂、添加剂三聚磷酸钠和其他磷酸钠盐等。食用级纯碱用于生产味精、制作面食等。

育德理念解读：通过资料和课本图片形式向学生展示碳酸钠和碳酸氢钠在生产生活中的诸多用途，与三种制碱法的化学史相呼应，让学生感受到科学家的努力研究和付出会给社会带来多大的福利，理解到科学家的伟大和科学研究的真正意义所在。同时也让学生体会到化学与我们的生活息息相通，生活中处处是化学，化学源于生活，可以让我们对生活中的现象有更深层次的认识，让我们的生活更丰富精彩。培养学生热爱化学、热爱科学、热爱生活的情操，也激发学生用知识改变生活的热情。

活动四：回顾钠及其化合物的研究思路，建构金属及其化合物的研究模型

请按图 2-11 中的示例完善下列钠元素的价类二维图（写出对应价态物质的化学式，并表示出相互间的转化关系）。

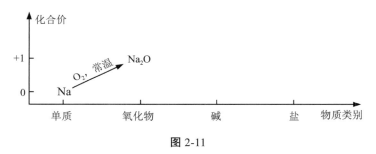

图 2-11

育德理念解读：本活动是对钠及其化合物知识与元素化合物学习方法的总结和归纳，培养学生整理知识和总结归纳的能力。这个活动可以让学生明白凡事都有章可循，做人做事都是这样，有了章法，事情就会变得简单通透，从而培养学生不断反思、总结和归纳的良好习惯。让学生在实际研究中学会建立模型，举一反三，最终达到事半功倍的效果。

六、育德反思

化学是一门以实验为基础的科学，源于生活，服务社会，服务人类，化学教学过程中的很多方面都可以渗透对学生的品德教育，让学生成为一个热爱生活、热爱科学、善于研究、乐于奉献的人，成为一个心中有大爱、生活有目标的有用之才。

化学实验中可以渗透多种多样的德育。关于物质之间的转化，有猜想就可以设计实验加以证实，培养学生的证据意识；实验中求索结果的过程培养学生严谨求实、一丝不苟的科学态度；实验中药品、仪器等的使用过程中，可以让学生养成勤俭节约、爱护公物的好习惯；实验中绿色化学思想的渗透，培养学生的环保意识和热爱环境的情操；精彩实验现象的呈现，激发学生学习新知识的兴趣；实验中意想不到的现象，催生学生的好奇心，促使他们学会研究，学会思考，让做科研成为学习科学的常用途径。

化学史是渗透德育教育的一方热土。化学史中有科学家的人生经历和科学家爱科学爱国家的高尚情操，有科学家严谨求实、不怕困难、持之以恒的科学态度，有科学研究过程中的曲折和科学研究成果的重大意义。化学史进入化学课堂，可以提升学生的科学素养、爱科学爱国家的情操，可以培养学生不怕困难，勇于研究，为国家富强和人类进步贡献力量的精神品质。

教师要不断创新教学实践。时代不断发展，学生也呈现出新的发展样态，教师应该与时俱进、主动创新，追求最佳的教学效果，发挥化学课程的育人价值。教师要勤学勤思，注重搜集与发现新颖的素材，主动创造行之有效的教学方式，实现最大化的育人教学效果。教师要端正教学态度，实现教学内容与学生生活实际的紧密结合，通过有层次、多样化、可选择的化学课程，拓展学生的学习空间，引导不同的学生学习不同的化学，以适应学生未来发展的多样化需求。

本节课的成功之处是，在多个活动中渗透德育，让社会奉献的责任感在学生心中油然而生。不足之处是，学生查阅资料的途径较为有限，且耗时较长。

专家点评

1. 特色和亮点

（1）坚持显隐结合，巧妙育德。

本案例最大的亮点在于打破学科教材体系，把化学学科内容打开，与家国情怀的显性、隐性育德点有机串联起来，增强了吸引力、感召力，育人切准家国支点，最后回归生活实践，再次砥砺家国情怀。案例将化学史穿插进化学教学中，使学生明白化学的"我是谁""我从哪里来"，更加明确"我将到哪里去"，引导学生热爱科学、热爱祖国，培养学生积极创造美好生活的社会责任感。学生在查阅资料的过程中，走进化学家，了解化学家，感受化学家的人格魅力，引导学生树立正确的人生观、价值观和世界观；查阅制碱法的资料过程，让学生感受工业发展过程中技术进步的重要性及建设生态文明的意义，让学生进一步认同化学事业能够创造更多的物质财富和精神财富。

（2）立足学科特点，科学育德。

实验是化学学科的本性，本案例中实验探究贯穿于整个课堂的学习过程，极大地提升了学生的学习热情和课堂的专注度，对实验现象的观察描述，能培养学生细致、严谨的学习态度；对实验结论的推导、分析和思考，在加强逻辑思维培养的同时也培养了学生合作探究、勇于担当的责任感，同时激励学生动手实验，认真探索，为今后振兴民族工业、实现强国梦打下思想和认识基础。

2. 建议

部分活动的教学设计中育德的显性表达不足，隐性资源挖掘不够，可进一步添加相关育德元素，体现学科思政的适切性、有效性。

点评专家：孟炳忠

案例三：殷殷家国情　拳拳赤子心

一、内容选择

本课内容选自人教版语文七年级下册第二单元综合性学习"天下国家"。

二、育德点分析

1. 显性内容

本单元以"家国情怀"为主题，从不同的角度展现了不同的爱国内容，凸显了热爱祖国、发奋图强的美好情操。爱国只有进行时，没有过去式。只要这个世界上存在国家与民族，就会有爱国精神。中华民族来在近现代历史征程中，遭遇了种种屈辱与磨难，在中国共产党的带领下，从此站起来了，朝着富起来、强起来的方向继续奋进。中华民族战胜磨难，从站起来，到富起来，到强起来，靠的是亿万万中国人的爱国心。所以，本单元的综合性学习活动延续"家国情怀"这一主题，引导学生诵读以爱国为核心的古诗词、故事等，使他们开阔视野，增加语言储备，体验多样的活动，感受殷殷家国情，理解天下家国内涵，形成爱国意识。

2. 隐性资源

家国情怀，是中华民族团结一心的强大凝聚力，是中华民族奋勇向前的精神支柱。结合新时代的发展要素，引领青少年对故土家国、民族和文化的归属感、认同感、尊严感和荣誉感。

3. 生成因子

教师在教学中不断提升自己，在对单元道德、情感主题的品评中，把对祖国的爱传递给学生，引起学生仿效的决心，进而实现知、情、意、行的完美结合。歌颂拳拳赤子心，深化天下家国认知，于生活中践行爱国行为。

三、育德目标

1. 道德认知

讲述家乡的爱国人物故事，歌唱爱国歌曲，理解"天下家国"的内涵，树立建设祖国的责任感。

2. 道德情感

通过调查、交流、分享等活动形成对祖国自觉、真挚的情感。

3. 道德行为

将爱国人物作为学习榜样，践行爱国行为。

四、育德策略

　　立足大语文观，密切关注语文学科与现实生活的联系，在语文教学中融入生活内容，做到语文课堂中有生活，生活中有语文。用学生活动代替教师讲授，引导学生从被动学习转变为自主、合作、探究学习，解决语文课堂学习活动的重难点内容；倡导自主、合作、探究，调动学生活动的积极性，使学生发挥主观能动性，自主认知活动内容。大语文观建构出的活力育德课堂，激发学生对真善美的追求，学会从崇高的层面体验生活，逐步形成正确的道德认知，将教语文和家国情怀教育有机结合起来。

五、育德过程

活动一：创情境，导入课题

　　师：中国，一个屹立在世界东方不倒的国家；中华民族，一个繁衍不息的伟大民族。在奔涌向前的历史长河中，中华民族的复兴之路依靠的是以爱国主义为核心的伟大民族精神。提到爱国主义精神，相信大家的脑海中首先会浮现出很多爱国人物。老师想到了"常思奋不顾身，而殉国家之急"的司马迁，"欲为圣朝除弊事，肯将衰朽惜残年"的韩愈；"位卑未敢忘忧国"的陆游，"国家兴亡，匹夫有责"的顾炎武，"各出所学，各尽所知，使国家富强不受外侮，足以自立于地球之上"的詹天佑。大家都想到了谁呢？

　　预设：

　　（1）"先天下之忧而忧，后天下之乐而乐"的范仲淹。

　　（2）"苟利国家生死以，岂因祸福避趋之"的林则徐。

　　……

　　师：自古至今，无数的爱国人士用自己殷殷的家国情，拳拳的赤子心，书写着灿烂的历史。今天，让我们一起认识爱国人士，了解他们的爱国、爱家故事，感受他们身上浓郁的爱国之情。【利用多媒体课件向学生们展现本次综合性学习活动的目标】

　　育德理念解读：利用古诗词和历史人物创设教学情境，调动学生的课堂学习积极性，同时驱动学生迁移学习所得，自主吟诵诗歌，借助诗歌内容初步感受古人的家国情怀，为有效地探寻天下家国内涵，形成爱国精神打下坚实基础。此外，根据师生互动情况，引出综合性学习活动及其目标，使学生们心中有数，确定课堂学习方向，保证育德效果。

活动二：讲故事，挖掘精神

1. 讲述英雄故事

　　师：根据课前搜集到的信息，先在小组中交流讨论，找出最令自己触动的故事，向小组成员讲述故事，感受英雄身上的美好品质。

　　学生合作交流，讲述故事。

师：将全班学生分为三组，一组是古代组，一组是近现代组，一组是本地组，各组派出两名代表，讲述感人的"英雄"故事。

预设一：古代组可以讲述司马迁、岳飞、戚继光等人的故事。

预设二：近现代组可以讲述董存瑞、陈乔年、李大钊、袁隆平、钟南山、张桂梅等人的故事。

预设三：本地组可以讲述粟裕、张謇等人的故事。

（结合学生讲述的故事，提出问题）为什么觉得这个人是英雄？什么样的人才能被称作英雄？

结合故事内容，小组合作交流，探究英雄本色。

育德理念解读：尊重学生的信息搜集情况，引导他们自主、合作地讲述英雄故事，丰富课堂教学内容，同时使学生借助有血有肉英雄人物，感受英雄身上的拳拳赤子心，初步感知爱国精神。

2. 感悟英雄精神

师：什么是英雄？在不同的时代，英雄有着不同的内涵。【课件展示英雄的不同定义】

（1）聪明秀出，谓之英；胆力过人，谓之雄。——刘劭

（2）一个人对人民的服务不一定要站在大会上讲演或是做什么惊天动地的大事业，随时随地，点点滴滴地把自己知道的、想到的告诉人家，无形中就是替国家播种、垦植。——傅雷

师：随着时代的发展，英雄的内涵在不断丰富。从上述定义中，大家发现哪些因素是永恒不变的呢？

预设：热爱祖国、无私奉献、承担责任、敢于斗争……

育德理念解读：以讲述英雄故事为基础，以不同时代的英雄定义为依据，深入挖掘英雄的精神内核，加深学生对英雄的认知，使学生感受到英雄身上所具备的美好精神品质——爱国精神。同时，使学生借助故事、定义等，分析信息，锻炼信息分析能力。

活动三：诵诗歌，强化情结

1. 诵读爱国诗歌

师：在历史长河中，英雄以自身的实际行动，诠释了拳拳的爱国之情。一首首爱国诗歌，正是英雄爱国之情的彰显。我们在语文教学和现实生活中，阅读过哪些爱国诗歌呢？调动阅读储备，在小组中诵读自己熟悉的爱国诗歌，合作交流诵读诗歌的方式，将本组选择的爱国诗歌以恰当的方式诵读出来，以供其他学生感受。

学生自主、合作诵读。

2. 体会家国情怀

教师在学生诵读的过程中，用课件展现部分诗歌内容。引导学生思考：诗歌中蕴含着诗人浓浓的情感，是诗人真实情感的写照。我们所诵读的诗歌中寄托着诗人怎样的情感呢？

学生小组合作分析诗歌，感受诗歌中的情感。

预设：感受诗歌中的家国情怀。

育德理念解读：诵读诗歌，丰富课堂教学活动，使学生在反复吟诵中走进诗歌深处，与诗人进行情感交流，体会诗人寄托在诗歌中的家国情怀，感受诗人的爱国之情。

活动四：赞家乡，树立意识

1. 回忆活动，理解家国天下内涵

教师引导学生回忆阅读的故事、诵读的诗歌，在小组中交流讨论：天下、国、家及个人之间存在何种关系？

学生合作交流。

教师根据学生的回答情况，结合故事内容和诗歌内容，总结天下国家的内涵：天下之本在国，国之本在家，家之本在身。

育德理念解读：迁移活动经验，使学生通过碰撞思维，有理有据地理解天下国家的内涵，建立个人与国家命运的紧密联系，形成为国为家的意识，建构爱国之情。

2. 点赞家乡，树立担当意识

师：当前我们身处实现中国梦的关键时期。如果将实现中国梦作为一场接力赛，大家觉得这场接力赛的参与者是谁呢？

师（总结）：这场接力赛的参与者是我，是我们，是每一个中国人。所以，我们要为实现中国梦做出应有的贡献。当下，我们身边涌现出了一批英雄，他们用自己的实际行动为实现中国梦做贡献。联系课前搜集到的信息，说一说，我们身边的英雄都有谁，他们做了什么？

预设：可以介绍英雄人物，如社区工作人员、医护工作者、外卖小哥等。

师：这些生活在我们身边的人，是当之无愧的英雄，我们为他们感到骄傲。正是因为他们的无私付出，我们的家乡才变得愈加美好。这些英雄的故事感染着我们每个人。现在，让我们模仿中央电视台的"点赞中国"栏目，用简单的赞美来点赞我们身边的英雄。

预设一：崇尚英雄才会产生英雄，争做英雄才能英雄辈出。

预设二：你是我们的英雄，也是我们的榜样，致敬英雄，向英雄学习。

预设三：伟大出自平凡，平凡造就伟大。你用自己平凡的行动，诠释了不平凡的人生……

育德理念解读：联系之前创设的一系列活动，以及学生的活动经验，引导学生交流、讨论，便于学生有根据地理解天下家国的内涵，突破活动重难点。同时，学生也会因此增强活动感悟，形成责任意识，触发爱国之情。学生用点赞的方式对家乡的英雄人物进行赞扬，进一步感受英雄身上的家国情怀，深化情感认知，尤其树立为家乡建设做贡献的意识，为在生活实践中践行良好行为打下坚实的基础。此外，学生对课前搜集到的信息进行灵活的应用，便于锻炼、发展有效处理信息的能力。

活动五：温经典，铭记责任

师：责任、担当、奉献……是对我们殷殷的家国情、拳拳的赤子心的诠释。新时期的青少年应当如何诠释家国情、赤子心呢？早在百年前，梁启超先生在《少年中国说》中给出了答案："故今日之责任，不在他人，而全在我少年。少年智则国智，少年富则国富；少年强则国强，少年独立则国独立；少年自由则国自由；少年进步则国进步；少年胜于欧洲，则国胜于欧洲；少年雄于地球，则国雄于地球。"下面，大家一起伴随着音乐诵读《少年中国说》这篇文章，边诵读边思考，将理想、责任铭记在自己的内心深处，学会用实际行动诠释家国情。

全体学生起立，配乐诵读《少年中国说》。

育德理念解读：配乐诵读可以使学生进入具体的情境。在体验情境的过程中，学生会对诵读的内容进行思考，自然而然地增强对家国情的认知，深化自身情感，有效地树立责任感，形成爱国意识，为践行爱国行为打下坚实基础。

活动六：再延伸，深化感悟

师：观看电视剧《觉醒年代》，阅读书籍《红岩》。

育德理念解读：利用作业将学生带入家庭生活中，使学生通过体验一系列的家庭活动（观看电视活动、阅读课外书活动），继续与天下国家内容互动，深化感悟。

六、育德反思

立德树人是教育的根本任务，以语文学科综合性学习活动为切入点，引导学生正确认知天下家国内涵，形成责任感，树立爱国情怀为育德目标。围绕此目标，教师创设多样活动，取得了预期效果。结合案例教学过程，总结开展综合性学习活动凸显德育策略如下：

（一）明确育德目标

明确的德育因素是教师在综合实践活动中渗透德育的基础。在实施综合性实践活动之前，教师联系单元主题和综合实践的内容，了解德育因素，确定语文学科育德点，为有效地在活动中渗透育德做好准备。在上述案例中，教师以单元主题"家国情怀"为指导，结合综合实践性活动中的家国相关学习内容，根据班级学生实际，确定育德目标。

（二）无痕润心导行

"文以载道"，课文是思想内容的载体，两者密不可分。本节课上，家国情怀教育以综合性实践活动为主要开展途径。在开展综合性实践活动的过程中，以凸显育德行为为指导，创设多样的活动，引导学生发挥自主性，与家国情怀育德因素互动，自然而然地建立德育认知。

1. 学习情境中凸显

"提到爱国主义精神，相信大家的脑海中首先会浮现出很多爱国人物。"以此句为导入，不仅营造了热烈的课堂氛围，还给学生奠定了本堂课的感情基调，让学生初步意识到爱国是中华民族的传统美德，为培养学生的爱国情怀奠基。在小组合作讲述英雄故事的过程中，教师按照时间顺序将课本呈现的人物划分为不同的小组，再由学生选择，引导他们讲述不同时代的爱国故事。从不同时代的英雄人物身上感受爱国之情，激发学生产生自豪感，树立热爱家国的情怀。

2. 生活链接中凸显

引导学生带着对天下国家内涵的认知，联系生活实际情况，挖掘身边的英雄故事，赞美英雄，宣扬爱国精神。缩短和学生的心理距离，使家国情怀内化为学生的情感体验。尤其当学生讲到自己家乡的英雄人物时，更是兴趣盎然，激情满怀，身边的英雄激发学生产生强烈的自豪感。但教师按照自己设计的具体流程引导学生时，在一定程度上影响了学生自主性的发挥，当学生积累了一定的活动经验之后，教师边扶边放，将活动权利还给学生，引导学生自主设计活动，育人效果更为明显。

3. 评价活动中凸显

道德发展是人的精神生命整体提升的过程，对它的评价也应关注学生知情意行各个方面的和谐发展。在语文教学的过程中，教师要善于创设道德情景，让学生自主感受和体验，并通过与同伴的交流、对同伴的评价形成自己的道德认识。

总之，培养学生高尚的道德情操，形成正确的价值观和积极的人生态度，是语文教学的重要内容。在语文课堂中，教师应把握育德要素开展育德活动，将育德渗透到活动的各个环节，驱动语文课堂育德活动有效、实效地开展。

专家点评

1. 特色和亮点

（1）立足学科，但不局限于学科。

利用古诗词和历史人物创设教学情境，学生自主吟诵诗歌，借助诗歌内容初步感受古人的家国情怀，为有效探寻天下家国的内涵，形成浓厚的爱国精神打下坚实基础。密切语文学科与现实生活的联系，在语文教学中融入生活，做到语文课堂中有家国生活，渗透家国情怀中升华语文教学。

（2）发动学生，但不失控于学生。

本案例以学生活动为主代替以教师讲授为主，学生自主、合作、探究学习充分体现，学习主观能动性得到最大调动。教师在课堂上隐居幕后又无处不在，教师为激发学生主体地位服务，引导学生从崇高的层面体验生活，逐步形成正确的道德认知，将语文教学和家国情怀教育有机结合起来。

（3）大道无痕，又无处不留痕。

本案例能联系生活实际情况，挖掘身边的英雄故事，赞美英雄，缩短德育和学生的心理距离，使家国情怀内化为学生的情感体验。尤其当学生讲到自己家乡的英雄人物时，更是兴趣盎然，激情满怀，身边的英雄能够激发学生产生强烈的自豪感。

2. 建议

本节课上，家国情怀教育是以综合性实践活动为主要途径次第展开的，在开展活动的过程中，以凸显育德行为指导，引导学生发挥自主性，与家国情怀育德因素互动，自然而然地建立德育认知。但活动设计有 6 个，从时间节奏、活动安排等方面考虑可能略嫌多了，可以少一两个，这样可以将活动开展得更透彻、更有效。

点评专家：孟炳忠

案例四："图"说家国情怀

一、内容选择

本课内容选自苏教版数学三年级下册第六单元第 1 课"认识面积"。

二、育德点分析

1. 显性内容

平面图形具有德育价值的素材：奥运会奖牌、荣誉证书等物体的面，凸显拼搏进取、为国争光等爱国爱家乡的集体荣誉感；擦黑板、洒水等劳动的场景，再现劳动光荣、无私奉献、爱岗敬业等正确的价值观取向；航天员的太空行走、火星探秘等科技前沿，凸显祖国富强、文明、和谐的现状。

2. 隐性资源

教学中充分利用教材进行教学，同时注重德育的无痕渗透：比如仔细摸一摸，爱护素材，锻炼认真做事的态度；凝神看一看，比较异同，培养分析概括能力；仔细听一听，学会倾听，友善待人，学会尊重；真心赞一赞，学会欣赏，悦纳自我，培养信心。

3. 生成因子

数学文化中蕴含着丰富的德育因子，数学史的挖掘展示一代代数学人不断研究的开拓精神，数学小故事将数学知识变得更加形象、富有现实意义，数学家的故事饱含了"强国有我"的献身精神。本课引用"面积的由来"这段数学史为数学教学与品德渗透的融合增色，让学生体验数学文化的魅力，感受不断求知的进取精神，增强学好数学的信心，注入献身数学研究的因子。

三、育德目标

1. 道德认知

在自主学习与平等交流的过程中知道数学强则国强，世界强国的背后都有强大的数学实力作为支撑。

2. 道德情感

合作学习增强师生之间、生生之间的情感，正向评价引导学生对集体的认同。

3. 道德行为

用数学学习的严谨态度沟通数学与生活的联系，引导学生培养社会责任感。

四、育德策略

紧扣时代背景，适时再现具有浓郁德育意义的物体或平面图形，在整体生活情境的真实感召下，抽象提取出严谨的数学信息。在细致、严谨、耐心、互助的操作过程中不断感受、概括面积的意义，学会使用比较的方法。教学过程中充分利用"精选情境"的育人价值，开展生生、师生的平等互动与自由交流，感受同伴互助式合作学习的快乐，感受数学知识包裹下浓郁的家国情怀因子，实现数学教学与德育渗透的深度融合。

五、育德过程

活动一：关注热点问题，引出数学知识

【播放全国人民众志成城做好疫情防控的短视频】

谈话导入：全国人民众志成城，不断打赢抗击疫情攻坚战。我们身边就有很多这样的抗疫英雄。【出示海门本地医护人员防疫抗疫荣誉证书照片】瞧，这张是我们学校四（4）班小范同学的爸爸获得的荣誉证书。老师想把这张证书的复印件裱起来，张贴在教室里，你能帮忙一起设计一下吗？

小组合作，每个小组提供一张复印件，动手设计，准备张贴在教室的墙壁上。

【学生进行小组合作，教师进行巡回指导】

学生介绍设计方案。

预设一：四周用水彩笔描红，背面用蓝色卡纸衬底。

预设二：四周用彩色纸条包边，背面用心形图案衬底。

预设三：四条边上用几个爱心贴纸点缀，旁边画上一些简单的人物简笔画。

……

小结：大家的设计都很用心，这也是对抗疫行动的最大支持，说明大家都有一颗爱心，并且都愿意将这种爱心不断传递。老师为你们的这份心意点赞。

归纳预设一和预设二的共同点。在一周的边线上装饰，一周边线的长度之和是图形的周长。在背面用图形衬底，衬底的图形都要比证书本身大，这考虑的是图形的面积。【板书课题】

师：那什么是面积呢？请大家自主学习，再小组合作交流。

小组合作学习 5 分钟，全班汇报交流。

预设一：我们小组自学了数学书，上面有很多关于面积的介绍，每个人还自己补充了具体的例子。

预设二：我们小组还查阅了《现代汉语词典》（第 7 版），上面解释说，平面或物体表面的大小叫作面积。

预设三：我们小组也是看数学书的，组长还概括了一句话：物体表面的大小就是它的面积。

预设四：我们自学后在周围找了一些物体，指出了它们表面的面积是哪部分。

师：大家的合作让我们获得了这么多知识，真是太棒了，现在请你在教室内仔细找一找，说一说，什么的大小就是什么的面积。

教师用PPT演示，将生活中的物体表面抽象成平面图形，如长方形、正方形、三角形、圆形、五角星、任意不规则图形等。

师：谁来选一个平面图形，一边指一边说，这个平面图形的面积是指什么？

【完善板书：物体表面或平面图形的大小叫作它们的面积】

教师小结与评价：数学来源于生活，每一个简简单单的平面图形都有着丰富的内涵，它可能就是我们生活中的一面鲜艳的五星红旗、一枚光荣的共和国勋章、一片水平如镜的湖面……同学们，刚才大家是在团结合作的过程中经历了知识的积累，在交流汇报中实现了概念的凝练。没有精诚合作，没有每个人的努力，就不会有同学们满满的收获。所以，学习一定是集体合作的结果。

育德理念解读：通过观看视频，学生感受中国防疫的力度和效果，看到世界为之赞叹的中国力量。通过为身边英雄的证书装裱，将刚刚升腾起的爱国心化为实际行动，化为对班级的热爱，对平凡英雄的敬仰，用自己的双手为班级文化的缔造贡献自己的力量。在对面积意义的逐步抽象过程中注重将生活的元素融入其中，让每个平面图形都有丰富的生活内涵，拉近数学与生活的联系。小组合作学习方式明确了多渠道获取知识的方法，充分的交流与合作、最后数学知识的完美呈现让学生获得了学习的成就感，团结友善拉近了学生之间的距离，让人与人之间的关系变得更加和谐、友好。

活动二：多层动手操作，深入研究知识

PPT出示下面四个平面图形：

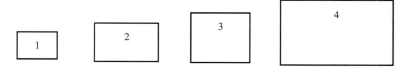

根据以下导学单自主完成练习。

排一排：将这四个图形按照从小到大的顺序排列。

想一想：这样排列的依据是什么？

理一理：小组内交流你的结论和比较的方法，小组内整理比较方法。

小组交流，教师巡回指导、倾听、参与。

全班交流，重点交流图形2和图形3面积大小比较的方法。

预设：方法一——重叠法。

鼓励评价：首先，我们来评价一下这种方法……为想出这种方法的同学送上热烈的掌声。

预设：方法二——数格子法。

鼓励评价：现在评价一下这种方法……同样送上真诚的掌声。

周长和面积是两个容易混淆的概念，让我们一起走进东京奥运会，去赛场上辨认一下面积和周长。

视频展示东京奥运会中一个个夺冠的场景，最后停留在一个个有代表性的画面。

说一说：你从画面上找到了哪些物体表面或平面图形的周长和面积？

出示学生平时劳动的场景（扫地、擦黑板）、我国宇航员太空行走的场面、火星探测观察到的火星地面。

说一说：从这些场景中你又能发现哪些周长和面积？

小结：周长和面积就存在于我们的生活中，在我们平时为家庭为班级做出的一点一滴的努力中，也蕴藏在祖国的日益强大中。

育德理念解读：数学德育不同于其他学科，它有其自身的学科特点，比如数学的严谨性。要实现数学学科德育，必须将数学教学与德育渗透进行有效对接，让德育"润物细无声"。在本段教学中，需要挖掘数学的严谨特征，将学生的比较从模糊比较引向精准比较，从知其然引向知其所以然。原本枯燥的素材也化为对学生进行爱劳动、爱科学、爱祖国情感渗透的载体。这种德育素材在教师有意识的引导下能够将德育与数学教学进行无痕融合，在传道授业解惑的同时达到"此时无声胜有声"的育人效果。

活动三：多元个性评价，溯源文化因子

说一说：生活中你喜欢的一个物品，说一说它的一个面的面积和周长分别是指什么。

比一比：四个同学举的例子，谁的面积大？谁的面积小？

自主评价：哪个小组觉得你们组员在今天的学习中思维踊跃、合作高效、知识掌握特别扎实？

教师评价：从课堂表现来看，有这样几个小组回答问题非常踊跃，展现了良好的合作精神，值得表扬；有这几个小组比以前更加认真，进步很大，同样值得表扬。

教师总结：数学肯定是有用的。古人为了消除危机、改善生活，动用了无上的数学智慧，解决了当时的一个个难题，推动了数学的发展，而数学的发展又推动着国家综合实力的发展。人民的智慧是不容小觑的，数学的每一次发展都是在这样解决问题的过程中有意无意开始的，只要你们留心生活，勤于思考，并拥有一颗不断进取的心，你们也可能成为推动数学发展的指挥者。愿大家不断地思考，不断地发现更多的数学知识。

育德理念解读：根据核心素养的培养要求，数学教学除了教会学生数学知识、培养学生的数学能力，更重要的是要培养学生的数学情感，包括对数学知识的喜欢和对数学学习的喜爱，当然还有乐观向上的心态和对生活的喜爱。本阶段，教师进行个性化的多元评价，主要采用了小组合作评价的方式及小组自评和教师评价，让更多的学生将关注的焦点放在小组合作这种有效的学习方式上。

六、育德反思

1. 用情建境，在融情的氛围中生长

美国教育学家杜威指出，教育即生活。有效的"生活情境"能让数学学习不再枯燥，让学生有更佳的学习体验，让数学德育拥有落地生根的磁场。就是一个简简单单的图形，我们也要赋予它丰富的生活内涵，赐予它良好的情感因素，让学生学到有情感、有温度、有生活味的数学。

数学学习的素材不能照搬书本例题与练习，要融入更鲜活的、具有德育意义的内容，如东京奥运会、残奥会、中国航天技术的发展、中国防疫抗疫的现状……"两耳不闻窗外事"的学习模式显然已经无法满足小学生日益增长的好奇心，在融情的学习情境中更容易调动学生的情感，激发学生自立自强的毅力、爱国爱家乡的情感、自我革新的勇气……

2. 用心导学，在共生的进程中生长

"学生是学习的主体"，这个主体地位的发挥不仅包括单兵作战的自学，更重要的是团结协作的共学。在数学教学中，教师要用心导学，引导学生经历完整的知识形成过程，生成深刻的学习体验。要让德育在共生的学习氛围中生长。学生独立自学，心中产生"我觉得应该这样"的感觉；小组合作，交流诞生"我们认为这样才对"的共识；全班汇报，智慧碰撞生成"只有这样才是合理"的正确认知。坚持合作式学习，改变学生获取知识的方式，能从根本上改变人与人之间的关系。因为人与人之间的合作不仅是知识上的合作，更有情上的合作，建立信任感，维护良好的班级学习秩序，有利于学生对班集体有归属感。

3. 用"新"评价，在反思的眸光中生长

以往的数学教学过程中，课堂小结往往只注重知识的归纳，忽略情感的体验。而情感的反思，能够有效弥补数学教学过于"冰冷"的表象，让学生经历有温度的学习之旅。这样的反思可以分成三部分进行：

（1）学生的自我反思。可以从学习的努力程度、做题的正确程度、上课的发言踊跃程度、作业书写的端正程度等方面进行评价，引导学生在自我评价中成长。

（2）小组的合作反思。包括组长组织合作的有效程度、组员发言的广度和深度、小组汇报获得的认同度的评价等。教师设计好组内评价单，从以上几个维度展开评价，并开展小组互评，引导组内集体向心力的生成。

（3）教师的个性化"点兵点将"——示范评价。在人人平等的基础上引导成员见贤思齐，包括上课的专注程度、回答问题的灵敏度和准确度、纵向比较的进步程度、教师上课时间的准确把控度等，让所有的学生获得学习过程的肯定。

将教师和学生、团队和个人一起进行平等评价，寻找学习的发光点，让"努力"成为数学学习的主流，让"专注"成为数学学习的品质，让"信心""兴趣"成为数学学习的内驱力，这不仅仅是教学方式的改变，更是对学生的有感情的关注，对数学学习过程的关注，让教学与育人更和谐地融合在一起。

教师在教学中，将数学内容与家国情怀教育深度结合，让学生在探索数学知识的同时，滋生对祖国的美好情愫；创生具有吸引力的数学情境，让学生乐于主动进入数学学习的环境，生长出对课堂的美好体验；挖掘数学学科学习过程的独特育人价值，渗透国情、环境、民生教育，注意培养学生的社会责任感和家国意识。

专家点评

1. 特色和亮点

（1）于学科文化中挖掘德育素材。

数学文化中蕴含着丰富的德育因子，案例通数学史的引入、数学故事的演绎、数学智慧的运用，挖掘了数学学科学习过程中的独特育人价值，渗透了国情、环境、民生教育，注意在渗透的反复性中培养学生的社会责任感和报国使命感。

（2）于活动参与中生成道德情感。

本课通过引导学生参与抗疫荣誉证书的装裱设计活动，将浓浓的爱国心内化为实际行动，化为对班级的热爱，对平凡英雄的敬仰，学生用自己的双手为班级文化的缔造贡献自己的力量。通过播放中国抗疫视频，展示学生平时劳动的场景（扫地、擦黑板）、我国宇航员太空行走的场面、火星探测观察到的火星地面、东京奥运会中一个个夺冠的场景等，在润物无声的融情活动中调动学生的思想与情感，激发学生自立自强的毅力、爱国爱家的情感、自我革新的勇气……

（3）于多元评价中培养核心价值。

数学教学除了培养学生的数学知识、数学能力知识，更重要的是培养学生的数学情感，包括对数学知识的喜欢和对数学学习的喜爱，还有乐观向上的心态和对生活的喜爱。案例通过个性化的多元评价，挖掘了本课学习的文化因子和育人价值，巧妙的点拨设计不断地将学生数学学习的兴趣引向了探寻更为深远的数学的文化之根。

2. 建议

对数学家精神引入不够，可以在数学史的介绍中切入数学家故事，能更好地加强家国情怀教育。

点评专家：孟炳忠

案例五：悯农·敬天·实干
——《农业区位因素》一课中的育德思考

一、内容选择

本课内容选自湘教版高中地理必修二第三单元第一节《农业区位因素》。

二、育德点分析

1. 显性内容

《农业区位因素》一课，旨在总结自然、经济、技术等要素对农业生产与发展的重要意义。探究和理解"因地制宜"、按照客观规律办事（"敬天"）的实干精神，这是显性的育德内容。

2. 隐性资源

教学中，结合学生的生活、社会、文化等经验，培养其感恩、奋斗、团结、文化认同等隐性德育内容。

3. 生成因子

农业的区位条件中，自然要素体现出客观环境的多变性、异质性，这需要人发挥主观能动性，通过积极适应、利用及改造，克服困难，实现自我的生存与发展；社会经济的发展的改善不仅需要人类发挥聪明才智，还依赖于沟通、协同、互助等条件，这些均是生成德育的重要因子。

三、育德目标

1. 道德认知

通过引领，自主学习、合作分享，了解农业在民生、民情、民俗中的重要作用，领悟"悯农"（艰苦奋斗的"老黄牛"精神）的伟大意义。

2. 道德情感

通过演讲、讨论等活动体验，体悟敬畏自然、实事求是（具体问题具体分析）、努力奋斗的情感价值。

3. 道德行为

感受实干精神在当下时代生活中的意义，有对大自然、对客观规律的敬畏之心。

四、育德策略

1. 回归经验，关注自主、自能

地理是一门来自实践的学科，所有知识、技能与价值观，均来源于生活，并服务于生活。"教育即生活"，以生活经验来"复现"或"还原"知识的建构过程，当是最为有效的。本课的教学坚持做到"生活化"：从案例甄选、语言表达、活动形式、效果评价等诸多方面，均紧紧围绕可感、可悟、可言说的基本原则展开。同时，教学中的学生经验必须是真实而普遍的，这就要求课堂能针对真问题，形成真讨论、真研究、真办法。在此意义上，课堂中学生的自主、自能就显得格外重要，亟需被充分激发；教师则成为组织者、引导者，甚至"旁观者"。

2. 文化搭台，关注深度、广度

在中华传统文化中，一直存在一种古老、纯粹而智慧的人地观念——"天人合一"。这种根深蒂固且影响深远的人地观念，为一代代的中国人所认同和传承，它表现在日常的起居生活中，融通于言谈举止里，可以说，人们生活的方方面面都不乏这种观念的痕迹与影响。地理知识具有较强的稳定性、传承性，且往往与地域文化形成紧密相连的关系。充分发掘文化中的地理要素，往往会收到意料之外的效果；同时，课堂的立意与深度、广度，将得到显著提升，其德育效果也优于普通课程。

3. 合作共建，关注动手、动脑

现代认知理论发现，"知""行"的科学组合，尤其是学生教学生、学生启发学生等形式，对提升教育教学效果大有裨益。坚持在课堂中设置操作性较强的实验、观摩活动、小组合作与展示，让学生用自己的语言、思维与表达方式，去解构知识、消化知识、再建知识。这一策略，有助于学生对"农业区位"的深度理解，实现"学习对生活有用的地理"的学科目标。同时，这一策略对于增进学生的表达能力、协作能力，提升团队精神、友爱精神等，也具有显著效果。

五、育德过程

活动一：交流分享——农业自然区位与民族精神

1. 谈话导入

师：同学们，我们都自称"炎黄子孙"。从上古时代开始，炎帝与黄帝即在黄土高原一带逐鹿，当时气候温暖，水草丰盛，畜牧业发达，氏族以"羊"为图腾——证据就是汉字中的"美""祥""善""鲜"等字，凡有美好寓意的，多始于此。部落生育儿子的，即姓"羌"（"羊"+"儿"），生女儿的，即姓"姜"（"羊"+"女"），这两个古老的姓传到今天已经将近 5 000 年了。【板书：农业自然区位与民族精神】

2. 分享经验

师：你知道自己姓氏的起源吗？老师给大家整理了一部分，如张、李、曹、蒋、蔡、郭、邱等。大家不妨分享：自己的姓氏与农业区位有关系吗？若有，具体表现在哪里？

预设：（1）教师以"邱"（此姓氏在南通市通州区金沙镇北较为集中，具有一定代表性）为例，给学生以启示。"丘"表示的是低缓起伏的地形，显现出农业对自然条件的要求，同时也体现出人类对其艰苦的改造，透露着无畏、果决、吃苦耐劳的民族精神，并在一定程度上达到"悯农"的德育效果——尊重广大劳动人民。

（2）"羌"代表着牛羊成群、水草肥美，说明气候、植被等要素对农业有不可替代的重要价值。【板书：地形、植被、气候、水源——因地制宜、艰苦实干】

育德理念解读：学生对农业的直接体验是比较少的，但我们可以从姓氏、传说等文化角度出发，引发学生的兴趣与共鸣，激发他们认识到"人地相关""天人合一"等中华传统文化中的朴素价值观，引导他们发挥智慧，积极改变世界。

活动二：小组讨论——南北地区农业区位的差别

1. 活动提出

我国南北方的自然条件差异很大，它们对农业的影响十分明显。试从你所拥有的知识出发，谈一谈南北方的差异在何处？我们的先祖又如何去一步步克服、改造的？

2. 提炼主问题

背景材料：我们的祖辈在文字中透露了许多世人恍然不觉的细节。比如，从省级（或等同省级）地名简称来说，浙、沪、渝、湘、港、滇、澳等都带水旁，可见当地近水，气候较为湿润，一个"苏（蘇）"字更是点明了当地乃水草肥美的鱼米之乡，上述皆系南方；北方省份，如晋、鲁等，多带"日"旁，可见当地气候略干，而陕、陇之地，虽看不出干湿状况，但可知地形势必崎岖。相反，地名中含有"原"或"塬"（两字相通，本意是广袤的平地）的，则表示地势平坦，如山西的太原、陕西的五丈原、洛川塬、甘肃的董志塬等。

请思考：在不同的自然条件下，如何发挥实干精神、科学精神？

3. 合作探究

以小组为单位，每组选择一个方面，研读材料，思考问题，讨论展示方式。

4. 交流展示

预设一：一组学生从"气候"的角度，分析南北方农业的差异。

评价点拨：请同学们在课本第57页找到"热量"的相关作用，交流自己的生活中是否有过类似经历、认知。

预设二：一组学生从"水源"的角度，分析南北方农业的差异。

相机追问：我们北方地区最缺水的是华北吗？南方地区就一定不缺水吗？

相机评价：合理用水、科学用水、杜绝浪费和污染水源。【板书：百折不挠 勇往直前】

预设三：一组学生从"农作物"的角度，分析北方种小麦、南方种水稻的原因。（无论是哪一种，均引导学生体会"艰苦实干""因地制宜"的精神）

5. 知识链接，总结提升

（1）过渡：相对来说，自然区位对农业的影响比较强；但是，人类在研究客观规律、尊重客观规律的前提下，发挥聪明才智，是可以改造大自然区位的。比如梯田和大棚温室。

（2）思考：梯田、大棚温室各是改变了什么区位因素？人类的改造是可以无限制、无休止的吗？

【板书：自然区位的改造】

（3）总结：自然区位对农业的影响不言而喻，古语云，农业"靠天吃饭"，需"风调雨顺"，便是明证。但在实事求是、百折不挠、实干进取的精神感召下，自然区位也是可以改造的，甚至是可以创造的。

（4）拓展：你还知道哪些改造自然区位的农业案例呢？不妨查找资料，与大家分享吧！

请学生现场展示自己搜集的相关材料，并予以评价。

育德理念解读：学生探究精神、合作精神的建立，必须基于真实的情感需求和反省性思辨之上。学科德育的课堂不应是灌输的、专断的；相反，须尽可能多地呈现不同"可能性"及其背后的育人价值。通过对比南北农业区位的不同，学生可以了解不同自然区位的作用及功能。再进一步以区位为引，帮助学生自主合作、积极展示，分析出地形、土壤、水源等要素的具体角色及其相互作用关系。

活动三：设计填表/图——农业经济区位与观念转型

1. 引导思辨

农业的经济区位有哪些？人类在其中扮演了什么重要的角色？有什么需要反思的地方？

2. 点评小结

随着生产力水平的逐步提高，人类开始狂妄自大，不断地乱砍滥伐、毁林开荒、围湖造田、滥捕滥杀，产生了极大的负面效应，环境质量倒退，人类也付出了极大代价。【填表并引导：不同的历史时期，我们可以用不同的文字，总结人类在利用和开发大自然时的误区，思考背后的原因是什么】

3. 讨论设计

农业在城乡布局中的空间差异，反映了什么？请在合适的地方填上合适的名词。

【填表并引导："郭"是象形字，像两座相望的城楼，写作"🗝"，表示几个城门之间的围墙（城市的护城墙），引申为"外城"，城市的内城叫作"城"，城市的周边称作"鄙"，城乡之间为"郊"。从生产上看，城市多手工业（如"邛"字），郊外多农业（如"鄙"字，所谓"鄙人"即是城外农事生产者的谦称）。从空间上看，农业主要分布于离城市距离较远的地方，这反映出地价等经济要素在发挥重要作用，如图 2-12 所示】

图 2-12

4. 情感升华

我们需要尊重客观规律，严格按照客观规律办事，才能走得更远、看得更高。

育德理念解读：本环节意在通过学生自主学习，来完成图表填充。地图是地理学科的第二语言，加强对图的理解、运用，意义不同寻常。本环节让学生真切体悟到地理是为生活、生产服务的，只有提升了思维品质，才能促进对吃苦耐劳等民族精神的理解。

六、育德反思

本课设计跨越了"知识"层面的单纯教学，充分挖掘学科知识、技能中的道德生长点，引领学生在探究知识、丰富技能的过程中，提升道德情感，汲取精神力量，形成文化认同感，助力生命成长。

1. 丰富修养促认知，自主体验育情感

学养是底气之所在。今天这个时代是信息时代，大数据、云计算等充斥在每天的各种资讯中。教师不再是知识垄断者。教师的话语权和尊严感，来自他深厚的学科素养。本质上，学养是一种学习力。

在此意义上，教师要充分地信任学生、鼓励学生，让他们成为课堂中真正的主人，用自己的独特情感、认识、思维来重新建构知识。教师以个人的教学经验，巧妙地推动学生自我体验、自我实践、自我认识。本课教学中，教师用地名、姓氏、农业区位论中人的观念来界定"自己"，并用某种象征物，如象形文字作为标识，引导学生形成对祖国文化的认同感，共同汇聚民族的凝聚力。如此教学，才能真正起到学科德育的效果。

2. 倾注热情引思辨，尊重规律促成长

如果教师善于发现，看出了学生的"增长点"，就必然会看到学生将来的前途和成功。正是从这个意义上说，我们对待自己的教学必须充满热情，尊重孩子的成长规律，唤醒他们的同理心、同情心，使他们对广大劳动人民有着朴素而真诚的热心、爱心，能够全面认识事物，具有基本的常识、逻辑。只有这样，地理课才是师生彼此的福音，也是公共成长的宝贵机遇。教师的热情及其背后的坚韧、关爱、不放弃，将会改变很多学生的人生，也必在"立德树人"的道路上，书写下自己的华丽篇章。

专家点评

1. 特色和亮点

借力传统文化，加强对中华民族精神的教育。我国是农业古国，中华民族在世代劳作中所产生的中华传统文化与农业的区位因素紧密相连，案例充分发掘地理区位中的文化元素，让中华民族精神的文化因子共情于学生的情感和思想之中，使课堂的立意有深度，情感有温度，育人有厚度。

践行知行合一，渗透科学的价值观教育。尝试在课堂中设置操作性较强的实验、观摩活动、小组合作与展示，让学生用自己的语言、思维与表达方式去解构知识、认识自然、创造生活，在培养学生正确的实践观的基础上，引导学生形成正确的自然观、人地观、生态观，培养学生热爱劳动、热爱劳动人民的意识，增进学生的协作能力，培养团队精神和创造精神等。

2. 建议

　　课堂教学固然重要，课外活动也必不可少。可以设计实践性作业，引导学生走出教室，融入自然，真正感受天人合一。通过对特定地区进行考察和参观，不仅可以形成对知识的深刻认知和理解，在实践中促交流与合作，帮助学生了解自己所生活地域的经济、政治、文化等的发展，还可以发现发展中的难题，激发好奇心和求知欲，锻炼信息收集能力和动手操作能力，培养乡土情怀，增强家国责任感。

点评专家：孟炳忠

第三章

在学科教学中筑牢理想信念

> 英雄模范们用行动再次证明，伟大出自平凡，平凡造就伟大。
>
> 只要有坚定的理想信念、不懈的奋斗精神，脚踏实地把每件平凡的事做好，一切平凡的人都可以获得不平凡的人生，一切平凡的工作都可以创造不平凡的成就。
>
> ——摘自2019年9月29日习近平总书记在国家勋章和国家荣誉称号颁授仪式上的讲话

 主题解读

让理想信念之花在学科课程中绽放

坚定理想信念是时代的召唤。经济全球化、政治多极化、文化多样化、价值多元化是当今世界的显著特点。我国仍处于社会转型时期，必然会发生各种价值观念的碰撞、冲突、迷失甚至嬗变。青年还处于世界观没有完全建立的阶段，很容易受到外界的熏染和影响，所以在学校学科育德的过程中，浸润思想观念、价值取向十分重要，只有全员参与、全学科育德，才能在新时代培育起有理想信念的学生。

当今时代，确立了全面贯彻"立德树人"的根本任务，同时教育部继续推进深入落实"双减"政策，高举"五育并举，德育为先"的理念，所以有着指引作用的理想信念，在学科育德中需要持之以恒地贯穿始终。在新时代，坚定理想信念是培养有先进理念、有国际视野、全面发展的时代新人的重要保证。

一、风好扬帆展未来，理想信念拓人生

（一）政策引领，坚定理想信念

《中小学德育工作指南》中有关于"理想信念"教育解读。理想信念是"开展

马列主义、毛泽东思想学习教育,加强中国特色社会主义理论体系学习教育,引导学生深入学习习近平总书记系列重要讲话精神,领会党中央治国理政新理念新思想新战略。加强中国历史特别是近现代史教育、革命文化教育、中国特色社会主义宣传教育、'中国梦'主题宣传教育、时事政策教育,引导学生深入了解中国革命史、中国共产党史、改革开放史和社会主义发展史,继承革命传统,传承红色基因,深刻领会实现中华民族伟大复兴是中华民族近代以来最伟大的梦想,培养学生对党的政治认同、情感认同、价值认同,不断树立为共产主义远大理想和中国特色社会主义共同理想而奋斗的信念和信心。"

（二）心理理论,支撑理想信念

1. 需要层次理论,为理想信念提供理论

心理学家马斯洛的需要层次理论将人的需要归纳为生理需要、安全需要、归属和爱的需要、尊重的需要和自我实现的需要。生理需要是最低的需要,而自我实现则是最高的需要。满足自己的口腹之欲,是低级需要,不需要付出太多。越高级的需求,越需要持之以恒的专注,需要屏蔽各种各样的诱惑,坚定自己的理想追求。平凡的人之所以能做出不平凡的业绩,是因为他们有理想信念,把平凡的岗位干到了极致,使他们拥有更高级的需要层次。

2. 道德发展理论,为育德培养提供帮助

科尔伯格道德发展六阶段理论（表 3-1）是对皮亚杰儿童道德认知的接受和发展。

表 3-1 科尔伯格道德发展六阶段理论

三水平	六阶段
前习俗水平（0—9 岁）	惩罚和服从的定向阶段
	功利性的相对主义定向阶段
习俗水平（10—20 岁）	人际协调的定向阶段
	维护权威或秩序的定向阶段
后习俗水平（20 岁以后）	社会契约定向阶段
	普遍道德原则的定向阶段

皮亚杰道德认知发展分为三个阶段：前道德阶段,主要特点是儿童只能直接接受行为的结果；他律道德阶段,他律是指道德判断的标准受儿童自身以外的价值标准支配；自律道德阶段,自律是指儿童的道德判断受其自己的主观价值标准所支配,即外在的道德标准内化于己。

要想让学生建立自己的理想信念,教师首先要尊重学生所处的年龄特点和生理规律,其次,研究他们道德发展阶段的主要特点,依照马斯洛需要层次理论、科尔伯格道德发展六阶段理论和皮亚杰的心理理论,具体问题具体分析,针对不同学段学生,运用不同的教育策略和育德方法,加以正确的引导,从而在科学的基础上,将理想信念沁润在学科育德的始终。

（三）概念解读，内化理想信念

1. 内涵解读，明确理想信念的范畴

理想信念是青年通过有意识的生命活动，从内而外塑造自我，在自然和社会中达到一种完美的追求。理想信念是青年爱党爱国，爱岗敬业，爱人爱己；理想信念是青年志存高远，追求不凡，面向未来；理想信念是青年顽强拼搏，迎难而上，砥砺前行；理想信念是青年坚定共产党领导，坚定社会主义道路，努力实现中国梦和中华民族伟大复兴的理想。

2. 外延展开，实现理想信念的依据

在学生成长过程中，理想信念是在变化中成长的。它一般受到家庭环境、学校环境、社会环境的影响。学生在多元因素的影响下确立自己的理想信念，在动态变化的过程中坚定自己的理想信念。

作为教师，我们的理想信念首先是热爱教育，爱护学生。树立坚定的理想信念，演绎精彩的人生。要用自己的行动实现理想信念的追求，用信念支持行动的决心。理想信念让我们从挫折与失败中坚定执着，理想信念让我们在迷惘中披荆斩棘。理想信念让我们在民族危亡中不折不屈、无私奉献。理想信念是新时代激发学生奋发向上的精神力量，是团结和睦青年的精神纽带，是着眼于增强青年人的凝聚力的重要保障。

3. 主体资源，发展理想信念的基石

理想信念是符合事物发展规律的积极的理念。理想信念的实现需要以学生的知识为基础，这是形成理想信念的基本条件。理想信念需要学生情感的积蓄，情感的积蓄是维持理想信念的重要条件。理想信念需要学生心理的基础，心理基础是坚定理想信念的重要保证。

语文学科以文育人，具有人文性和思想性。《义务教育语文课程标准》（2022年版）指出，在语文学习过程中，培养爱国主义、集体主义社会主义思想道德，逐步形成正确的世界观、人生观、价值观。统编语文教材的"综合性学习"板块，主要包括传统文化、家国情怀、理想信念、传承美德等内容。教师在教学过程中要积极融入思想品德教育，在提升学生语文综合素养和文化品位的同时，也能提高他们的思想品德修养，使他们逐步形成正确的世界观、人生观和价值观。

《普通高中数学课程标准》（2017年版）明确指出，普通高中的培养目标是进一步提升学生综合素质，着力发展核心素养，使学生具有理想信念和社会责任感，具有科学文化素养和终身学习能力，具有自主发展能力和沟通合作能力。数学学科的核心素养是数学课程目标的集中体现，是具有数学基本特征的思维品质、关键能力，以及情感、态度与价值观的综合体现，是在数学学习和应用的过程中逐步形成和发展的。

二、探阡陌育德之路，开万亩育德良田

（一）春风化雨育桃李，润物无声洒甘霖

1. 以趣怡情，理想信念共育

学校教育本着"为了一切学生，一切为了学生，为了学生的一切"的理念。同时，学校要充分考虑学生个性化的差异，关注学生的个性发展，关注学生兴趣及其他特长的培养，不能过于重视学习成绩和升学率。家长要成为好榜样，起到示范作用，给予孩子适当的表扬和鼓励，促进孩子保持积极向上的生活态度和学习态度，增进对生活和学习的信心。社会文化经营单位也要积极打造有利于激发学生学习主动性，增强学生的自我教育，保护学生的学习兴趣，让更多的学生对自己有信心、有信念，从而共育学生的理想信念。

2. 诗教渗透，理想信念同行

孔子特别强调文和道德的联系，提出"有德者必有言"的看法；他很重视文学的社会作用，说"诗可以兴，可以观，可以群，可以怨"。当代社会仍然重视"诗教"对人的重视，"诗教"对人的启蒙教育、文化底蕴熏陶、理想信念的形成等诸多方面都有至关重要的作用，目前，中小学校是"诗教"氛围最集中的地方，重视"诗教"文化的建设，陶冶性情，传承中华文化，达到立德树人的教育目标，是摆在我们面前的使命。

"诗教"课程如何引导学生建立理想信念，首先需厘清"诗教"教育的理论，为中小学美育工作提供立足于本民族的文化理论依据；再构建"诗教"的课程理论体系，为当代中小学美育课程提供丰富的传统文化资源，避免美育工作开展的碎片化、零散化，总体提高"诗教"育人质量，促进"五育并举"，完善人格教育。"诗教"与人的关系如图 3-1 所示。

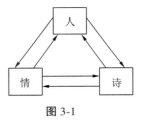

图 3-1

（二）链接深入析教材，情境铺设育理想

1. 精心设计，点燃理想信念

脱离实际背景、空洞的问题情境，不会使学生有真实的代入感，往往变成就事论事，成为"语录式"的一节课，貌似完成了德育任务，但其实收效甚微，不利于学生长久的发展。在课堂上，教师应精心设计教学活动，通过实际操作，展现学生内心的真实想法，展示学生的思维过程，能够使课堂"活起来""动起来"，点燃德育的火花。

要围绕课程目标，联系学生生活实际，挖掘课程思想内涵，充分利用时政媒体资源，精心设计教学内容，优化教学方法，发展学生道德认知，注重学生的情感体验和道德实践。但是，生活情境不能局限于教师的生活经验，而要在学科育德中引入学生的生活情境。这既需要教师对学生生活的观察了解，也需要教师对学生生活的指导。学科育德的过程中，课堂的真实情境，容易与学生产生"共情"，激发学

生真实的生命体验，实现课堂育德真实的生命流动。

2. 情境支架，探索理想信念

引入学生的生活情境后，教师要为学生提供多种学习支架，引导助力学生的成长。在五年级"历史的足迹"这一主题下，李竹平老师和学生共同选择了《射雕英雄传》来阅读。为了让学生能够坚持读完长篇小说，他还设计了四个工具。

时间表：在课上记录读完一回的时间，以此来制订自己的阅读计划。

批注：随时在感兴趣的地方写下想法、疑问等。

概括：借助回目概括了解每回的内容，保证阅读质量。

聊天：随时用随意的姿态，聊一聊自己对人物和故事的想法及感受。

学习支架是学生在学习中情境深入的方法，是学生在学习过程中习得理想信念的保障，也是学生在潜移默化中收获理想信念的有力工具。情境的设计要尊重学生生活、循序渐进的过程，情境设置好后，将学习支架对接学习情境，这是深入学习的重要保障。

(三) 体会参与真共情，对话感悟思信念

1. 赋能体验，思悟理想信念

在学习《海伦·凯勒》《沁园春·长沙》等文学类文章中的英雄人物或者在画一幅你最钦佩的人物图之前，教师设计学习活动，学生规划自己的人生目标，并制订实施计划，"一日之计在于晨，一年之计在于春"，我们只有趁早规划自己的人生，确定人生目标和梦想，才能早早地在起点眺望终点，踏踏实实地向自己的目标走去。再将"我的人生规划"与学习的文章、所画人物相比较，才能懂得伟人的人生规划、伟人的理想信念，进而从中寻找差距，理解平凡选择后的不平凡，从而设身处地地体会他们的伟大心灵和远大理想。

2. 适切选择，遇见理想信念

学科育德中的"境遇"不仅包括学习内容和目标的情境铺垫，还有知识背景、扩展视野、激活思维。所以，设置符合学生的生活情境，不是教师给出资料，而是让学生自己在图书馆、网络搜索海伦·凯勒、毛泽东等风流人物的图片、文字、视频等资料，并通过自己录制视频等形式引导学生与伟大人物对话。设置的生活情境不是教师课堂现场提供的，而是教师提出建议，学生自己动手、动脑选择的。只有学生亲自参与、主动挑选，才会避免课堂上有"境"无"遇"的尴尬。

三、育德学科通汇融，同行同进共发展

(一) 挖掘资源，渗透理想信念

1. 理科育德，融体验忆历史

以真实的情景为抓手，寓德于景，借景传德，引导学生将生活中的问题抽象成学科问题，激发学生探究世界的兴趣。通过对问题的分析解决，学习学科知识，领悟人生哲理，强化育人意识，培养正确的人生观、价值观，形成崇高的理想信念。

无论是数学、物理，还是化学、生物等学科，它们都拥有悠久的历史发展。无

数伟大的学者在探究原理、公式、定律的过程中都留下了许多令人难以忘怀的故事，挖掘理科课程中动人篇章，就是在了解公式、定理的发展过程，也是润物无声的品德教育。除此之外，理科教学还可以围绕社会政治情境、生活情境、榜样示范情境，设计出具体的德育例子，作为参考与示范，同时还要对每一类理科问题情境与德育的联系进行分析。

2. 文科育德，关思辨重表达

文科学习，教师注意引导学生结合当时的社会背景与当今的时代需求，以思辨性阅读的方式，去粗取精、去伪存真、古为今用，形成对文化经典的再认识，并结合当今世界的发展变化，特别是社会主义核心价值观的要求，对文化传统进行必要且合理的当代阐释。特别是对古人的观点，随着时代的发展会有不同的理解。如《宰予问孝》一章，对于宰予和孔子关于"孝"这一问题的争论，真实的个人体验情境和学科认知情境有效地促成了深度学习的发生，实现了中华传统文化教育的时代价值。

（二）抓住本质，共育理想信念

1. 抓住特点，精准育理想信念

把握学科本质，体现学科思想与方法，是学科德育实施的必要基础。挖掘学科思想的育人内涵，运用学科方法，围绕学科育人目标，将学科教学的明线与德育的暗线自然融合，整体提升课堂教学品质。以语文学科为例，"文以载道""教文育人"本身就是语文学科重要的思想方法。在语文课上，"道"通过"文"来承载，"育人"的价值通过"教文"来实现。

2. 共融共生，携手展理想信念

教学与德育相融共生，是学科德育的应有形态。学科德育不是在学科教学中植入德育，而是挖掘学科教学本应具有的育人要素，充分发挥学科教学的育人功能。学科德育绝不是简单的"学科+德育"，决不能在学科教学上"贴德育标签"，而应立足学生实际，使学科教学方式和学科育人要素在具体的学习活动中有机融合。语文学科教师可以在革命文学阅读中，引导学生感受诗文作者在作品中抒写的以天下为己任、改造旧世界的理想抱负；数学学科教师可以在"不等式"相关问题的学习中，引入"塞罕坝造林"等情境，帮助学生理解数学知识在生产生活中的实际应用……这些尝试均立足本学科，挖掘本学科固有的学科思想和德育内涵，实现学科德育的无痕教育，最终实现学科与育德同向同行，协同发展。

案例赏析

案例一：最受尊敬的人

一、内容选择

本课内容选自人教版美术四年级上册第6课《最受尊敬的人》。

二、育德点分析

1. 显性内容

该课旨在让学生对不同职业的特征有所了解,体会劳动人民的可敬之处,并使学生通过观察,在进行创作时能抓住人物的外貌、衣着等特点,大胆地运用绘画的方法进行表现。在创作的过程中体会与感受对尊敬的人的热爱,培养学生的感激之情。让学生了解职业各有不同,但无论哪一种职业,都是闪闪发光的,都是受人尊敬的。

2. 隐性资源

坚定理想信念,补足精神之钙。最受尊敬的人,也是自己心中坚信想要成为的那类人。理想指引方向,信念提供动力。作为祖国的花朵,社会主义事业的接班人,学生肩负着实现中华民族伟大复兴的历史使命,要树立自己的理想目标,并坚守自己的信念,为理想为抱负而不停奔跑。在教学中,让学生树立理想信念,坚定前行,具有爱国情怀,为实现伟大复兴的中国梦而奋斗,这是需要挖掘的隐性德育内容。

3. 生成因子

在教学过程中,教师应通过结合生活情境和身边熟知的人物故事,让学生感受到对他人的崇敬之情,并以他们为榜样。用榜样的力量激励学生坚定理想信念,并不懈努力,成为最好的自己,这是生成的德育因子。

三、育德目标

1. 道德认知

通过视频导入、交流分享,学生对不同职业有所了解,能够描述出自己心中最受尊敬的人的形象特征,并且明白各行各业都值得尊敬。

2. 道德情感

通过欣赏、交流、创作、评价等活动形式,学生能抓住最受尊敬的人的职业、外貌等特征并用绘画进行表现,对敬业的劳动者产生尊敬之情,自己也想成为那个被尊敬的人,坚定理想信念,激发爱国情怀。

3. 道德行为

用榜样的力量让学生坚定理想信念,从力所能及的小事做起,不断进步。

重点:学生能够抓住心中最受尊敬的人的职业或外貌的主要特征进行创作,表达对劳动人民的可敬之情。

难点:学生在绘画中融入自己的感情,把心中最受尊敬的人作为目标,坚定理想信念,用理想之光照亮奋斗之路,用信仰之力开创美好未来。

四、育德策略

1. 立足生活,以美引德

美术源于生活又作用于生活,与生活紧密相连。美术课堂引领学生走向社会生活，在生活中观察、欣赏、体验、感悟和创作。通过生活气息来捕捉瞬间的美，学生已有的生活经验对于理解美术知识是非常重要的。本课《最受尊敬的人》以学生身边默默付出的熟悉的劳动者形象、熟悉的生活场景为引入点，更能引起学生的共鸣。学生通过观察描绘不同行业劳动者的特征、给人的印象，明白各行各业的劳动者都值得尊敬。

2. 欣赏感受，以美载德

为让学生进一步感悟最受尊敬的人有哪些特征，选取书中案例，如《雷锋》《父亲》及学生作品进行赏析。教师鼓励学生大胆表述对画作的看法，肯定学生的想法，并适当评价。通过师生互动的方式，有效提高学生的学习热情，在突显学生主体性的基础上达到培育学生健全人格的目的。了解绘画要抓住人物特点，可以对其面部特征、服饰特征及所处环境进行刻画，同时要带入自身情感于画中。学生通过欣赏画作，体味作品中丰富的人类情感。例如，欣赏画作《雷锋》，作品是刀刻木版画，手握钢枪的雷锋刚毅不屈。以群山为背景，左侧的山峰顶天立地，右侧的山峰一前一后、一高一低，宛如铜墙铁壁，更加强了纪念碑式的庄重感，体现了雷锋精神巍然矗立。通过欣赏作品，学生感悟到雷锋是时代的楷模，雷锋精神是永恒的。雷锋精神，人人可学。任何人在任何时间、任何地点、任何岗位都可以学雷锋。坚定理想信念，从工作生活的点滴入手，立足实际，脚踏实际。欣赏画作《父亲》，该作品以纪念碑式的宏伟构图，饱含深情地刻画出中国农民的形象。通过浓厚的色彩、细腻的笔触，塑造出感情真挚、淳朴憨厚的父亲形象。画中淳朴的农民形象也是作者对父亲及其终年耕作土地的默默感恩。学生能够通过作品感悟到，自己身边的亲人也在默默付出，为家庭为生活做出自己的贡献，值得我们尊敬。

3. 积极创作，以美促德

四年级的学生已经掌握了一些基本的绘画技巧，有了一定的造型基础，能简单地构思人物的肖像，本课主要是为了训练学生对造型的观感，理解作品是如何表现人物肖像的。所以教师应要求学生在创作时抓住被表现者的职业或外貌等主要特征进行绘画，同时了解到创作作品是需要蕴含丰富的情感的。小组在合作中需要相互协作完成作品，营造出让学生有竞争合作意识的课堂氛围，以利于思想的碰撞，擦出艺术的火花。

4. 评价引导，以美育德

对学生的评价是为了促进学生的发展，通过自评、互评、教师评价等多种评价方式，充分肯定学生的进步和发展。《最受尊敬的人》这一课，从前期的生活导入欣赏作品再到积极创作，学生是对劳动者们有着浓厚尊敬之情的。最后让学生谈一谈自己的收获，不仅是说一说学到的美术技巧方面的知识，更是启迪学生认识自己，要做那个最受尊敬的人，并以此为标杆，坚定理想信念，走好人生的每一步。

五、育德过程

活动一：视频导入，贴近生活

师：同学们，今天老师给大家带来一段小视频，同学们看看，在视频中你们都有怎样的发现呢？

师：同学们发现视频记录的都是在我们生活中默默付出的人，有保安爷爷早早站在校门口维持秩序，有食堂阿姨辛辛苦苦为我们准备餐食……那你们觉得在这些人中，有没有值得你们尊敬的呢？你们最尊敬的是谁？为什么尊敬他？

学生发表意见……

生1：我最尊敬的是老师，老师传道授业解惑。

生2：我最尊敬的是医生，医生救死扶伤。

生3：我最尊敬的是军人，军人保家卫国。

生：……

教师小结：同学们说的人都很值得尊敬，他们在我们身边默默奉献，让我们感动。每个人在我们的社会里都起着不一样的作用，只要是为我们的社会做出贡献的人都值得我们尊敬。今天，就让我们一起走进第六课，一起来学习《最受尊敬的人》。

育德理念解读：学生通过视频导入，在生活中发现有哪些值得尊敬的人，不要仅限制于做出突出贡献的名人等，要学会感激身边默默奉献的人。运用谈话式教学引导学生说出自己最尊敬的人是谁及为什么尊敬他，引起学生的共鸣，让他们看到不同职业的闪光点，为接下来的授课做铺垫。

活动二：自主探究，生成知识

（1）欣赏感知。

师：我给大家带来了两幅画，大家认真观察，看看画家是如何抓住人物特征进行刻画的。

欣赏图一《雷锋》。

师：这幅画中的人物，想必大家都特别熟悉，是谁呢？

生：雷锋。

师：我们都知道雷锋是一名军人，请你说一说，你从哪些地方看出他是雷锋的？也就是说画家是如何表现人物特征的？【小组讨论】

生：我看到这个人身穿军装，五官勇敢坚毅，手拿钢枪，背后是巍峨的大山，可以确定他是一名保家卫国的军人，感觉崇高又朴实。

师：这位同学说得非常好，他从穿戴和面部表情上推断出他是雷锋。

欣赏图二《父亲》。

师：我们再来看一下这幅画，这是著名油画家罗中立为他的父亲画的一幅肖像画，谁来说一说，你从这幅画中看到了什么？请你试着从我们刚才说的穿戴、五官、表情等方面分析一下。

生1：我猜测画中的人物是一个农民，因为他戴着头巾，皮肤很黑。

师：谁还想说？

生2：我也认为他是个农民，黑是因为常年下地干活晒的，黄色背景像是稻田。他的脸又黑又粗糙，还有许多皱纹，手也很干枯，碗也很破。我看到他的额头上的高光，说明他每天都在烈日下工作。我想到自己的父亲也很辛苦，为我们一家人的生活而努力工作。

师：罗中立的油画作品《父亲》用超写实的手法把头裹着白布，手端着旧碗且在阳光照射下满脸黝黑的农民父亲形象刻画了出来。

师：通过以上的学习，谁来试着总结一下，肖像画应该从哪几个方面来表现呢？

生：五官、表情等方面。

师：也就是说要抓住人物特点，对其面部特征、服饰特征及所处环境进行刻画。

【板书：肖像画　　面部　　服饰　　环境】

（2）欣赏学生作品，说说自己最尊敬的人的特征。

解放军：人物的衣着和庄重威严的表情表明了其特殊的身份。

科学家：和蔼的笑容、花白的头发、手中的书籍等表现出他的身份。

…………

师：这些作品都抓住了人物的特征，把握得很精准。说了这么多，同学们是不是已经迫不及待地想要一展身手了？老师先来示范一下。

育德理念解读：学生通过欣赏大师的画作，自己总结出表现人物有哪几个重要因素。教师在欣赏中授以基本知识与技能，更重要的是体现情感态度价值观，激发学生对尊敬之人的热爱。让学生感受作品中创作者用真实情感所传达的深远意境，提升学生的感悟能力。通过对画作《雷锋》的欣赏，培养学生的爱国主义情怀，使学生以雷锋为榜样，坚定理想信念。通过欣赏画作《父亲》，教会学生要怀着一颗感恩的心去生活，积极向上。欣赏同龄学生的作品，其表现技巧和思想深度尽管不及著名大师的作品，但更贴近儿童生活，天真烂漫，富有童趣，激发学生发现生活之美的兴趣。通过对优秀作品的欣赏领悟，学生懂得是深刻的感情成就了优秀的作品。

活动三：示范指导，创作渗德

画脸型。发现大致可分为国、目、田、由、申、甲、用、风八种脸型。

教师在示范画作的上面勾画脸型。画五官及表情。

画出代表人物职业特征的服饰。

教师再展示两张作品，让学生通过服饰猜职业。

强调可以添加和职业相符合的背景，并示范。

育德理念解读：学生通过观察教师绘画的过程培养观察能力与感悟能力，并且进行小组合作讨论，开发思维。

活动四：学以致用，尝试表现

教师鼓励学生大胆想象创作，并提出创作要求：

（1）小组合作，自由选择绘画材料，画出你们心目中最受尊敬的人。

（2）从脸型、表情、服饰等方面抓住人物的外貌特征。
（3）适当添画背景。

教师巡回指导学生创作，提醒学生注意画面构图，要保证主体物的突出地位，整体要有美感。

育德理念解读：创作是一种情感的宣泄和对美好的渴望。作品反映作者的内心，在画最尊敬的人时，通过绘画表达敬佩之情，同时更清晰地认识自己。小组协作完成作品，利于思想的碰撞，擦出艺术的火花。学生在此过程中能够学会顾全大局、团结合作，树立集体主义的观念。在小组交流合作中，学生能获得不同的想法，激发自身创作热情。

活动五：展示评价，鼓励提升

（1）展示学生的作业，讲评学生作业中的人物特征、画面安排及涂色。
（2）引导学生参评、互评。

育德理念解读：通过相互评价，认知自我，树立自信。鼓励学生大胆评价他人的作业，用自己的眼光和思维欣赏他人的作业，也能进一步使学生掌握所学知识，逐步提高自己的能力。教师在评价中鼓励学生，提高学生的自信心，激发学习兴趣，让学生在评价中学习、反思、成长。

活动六：全课小结，升华主题

师：说一说今天你有什么收获。

生1：学会画肖像画，一幅完整的肖像画可以从面部、服饰、环境等方面来表现。

生2：我学到了只要是为我们社会做出贡献的人都值得我们尊敬。

生3：我向我心中的榜样致敬，今后我会坚定理想、发愤图强。

…………

师：同学们说得都非常好，用自己的勤劳勇敢为社会做出贡献的人都值得尊敬。无论是辛勤的农民、坚守岗位的军人、救死扶伤的医护人员，还是我们身边起早贪黑的环卫工人，他们都在为祖国奉献着自己的力量，都是值得尊敬的人。同学们看，黑板上放映的照片就是我们开学第一课看到的一个个真挚动人的故事。从坚持真理、坚守理想的李大钊、毛泽东、陈望道到不怕牺牲的革命烈士方志敏、蓝蒂裕，从立志用知识建设祖国的核动力专家彭士禄到三代传承为国守边的拉齐尼一家，从不忘初心的闽宁第一批移民谢兴昌到用教育改变大山女孩命运的张桂梅校长，以及奋力拼搏、为国争光的航天员、飞行员、奥运健儿等，都是值得我们尊敬的人。我们每位同学也要做对社会有用的人，做受他人尊敬的人。坚定理想信念，让理想照亮未来！

育德理念解读：在课程的最后，谈一谈自己的收获，不仅是绘画的技巧，还有自己内心的感悟。师生相互交谈，产生共鸣。教师结合时事，从学生熟悉的事件开始总结，侧重教化、感知作用，教育学生在成长中要明确方向，坚定理想信念，从小事做起，脚踏实地，用实际行动画下自己的青春之色，为社会做出自己的贡献。

六、育德反思

1. 教师的教

在美术课教学中渗透德育，犹如"春雨润物细无声"。教育的首要目的是育人，整堂课通过"思考""欣赏""创作""评价"等方式，陶冶学生情操。在提高学生的创作及审美能力的同时，让学生对不同职业的劳动者有所了解，对敬业的劳动者产生尊敬之情，各行各业都值得尊敬，自己也以他们为榜样。榜样的力量使学生感受到对信仰信念的坚守，坚定理想信念，脚踏实地，用自身的智慧、力量帮助社会发展，成为最受尊敬的人。

2. 学生的学

谁是最受尊敬的人？学生通过对日常生活的观察，通过对不同职业特征的了解，相互讨论，体会劳动人民的可敬之处。然后通过观察画家作品及学生作品，小组讨论，看看可以从哪些方面来表现最受尊敬的人。学生从外貌、衣着、环境等方面进行思考，从画作中感悟深刻的情感，并通过绘画表达敬佩之情，在创作的过程中更清晰地认识自己，坚定理想信念，做新时代奋斗好青年。

专家点评

这是一堂"大思政"视域中的小学四年级美术课。本案例通过显性的人物绘画与隐性的道德人物示范相统一的办法陶冶学生情操，以美术育美德。

按照科尔伯格的道德发展理论，义务教育阶段四年级学生已具有道德发展"尊重权威"的"前习俗水平"，榜样的示范是教师可以追求的一种适合该学段学生道德生长的课堂生活。《义务教育道德与法治课程标准》（2022年版）明确提出要"注重案例教学，选择、设计和运用个人和社会生活中的典型实例"，在感染和共鸣中培养学生的道德。本案例中，教师通过引领学生画最尊敬的人、评最尊敬的人、说最尊敬的人的活动潜移默化地育德，这是通过示范或案例来培养"尊重权威"阶段学生道德水平的有效方式。教师组织学生画最尊敬的人的活动意在引导学生学习人物画的技能，并尝试正确的价值选择；组织学生评价"最尊敬的人"作品的活动，意在引导学生分析人物画的特征，尝试正确的价值评判；组织学生"谈谈本堂课感受"的活动意在引导学生归纳人物画的特征，尝试正确的价值观的表达。

本案例设计符合学生的认知规律，着眼于学生的认知导向，着力于学生的认知活动，让学生在自主探究中提高专业技能、发掘潜在意义、生长道德品质。在整堂课中，隐性的价值引导寓于显性的画画、评画和说画过程之中，在有形的教学活动中发挥无形的育人功能。

点评专家：沈雪春

【专家简介】沈雪春，江苏省苏州市吴江中学原党委书记，江苏省特级教师，正高级教师。

案例二：点燃信念之灯　照亮生命之路
——《海伦·凯勒》（第1课时）

一、内容选择

本课内容选自苏教版小学语文五年级下册第三单元第9课《海伦·凯勒》。

二、育德点分析

1. 显性内容

《海伦·凯勒》以感人的笔触向我们介绍了一位与生命抗争的英雄——海伦·凯勒。文章主要选取了海伦·凯勒一生中最重要的两件事来写：如饥似渴地学习盲文；夜以继日地学习说话。作者通过对这两件事的详细描写，表现了海伦·凯勒不屈不挠地与命运作斗争的精神。海伦·凯勒用自己奋斗的一生告诉世人生命的价值、人生的意义。她已成了一种精神的象征，永远激励着人们"扼住命运的咽喉"，勇敢地面对挫折与不幸。

2. 隐性资源

通过教材提供的故事情境和具体的语言文字，体会海伦·凯勒不屈不挠的奋斗精神和坚忍不拔的生活态度。她生在黑暗中，却将生命锤炼成万道光芒，让我们在幸福中痛惜她的黑暗，在气馁中感召她的力量，在逆境中升腾起她的顽强。这是需要挖掘的隐性德育内容。

3. 生成因子

引领学生置身文本环境，让学生在文字与情感中走个来回，在反复的朗读中与海伦·凯勒的精神相遇，从而感悟一种精神，领会一种人生，汲取一份力量。这是生成的德育因子。

三、育德目标

1. 道德认知

借助课文具体的语言材料，体会海伦·凯勒的不幸遭遇与不屈不挠的精神，充分感受海伦·凯勒的人格魅力。

2. 道德情感

通过体验、感受、对话交流，感受海伦·凯勒非凡的毅力，不屈不挠的奋斗精神，同时也能从她的经历中感受到理想信念的力量。

3. 道德行为

走进人物心里，产生情感共鸣，充分感受海伦·凯勒的人格魅力，达到语言与精神的共生成长。

教学重点、难点：凭借语言材料，感受海伦·凯勒强烈的求知欲望、与厄运不屈不挠进行抗争的感人精神和乐观的生活态度。

四、育德策略

1. 以读促讲，读中感悟

"不屈不挠"是这篇文章的灵魂，也是这节课的灵魂。本节课要抓住核心问题，直奔重点语段。课上老师进行了激发、引导和组织交流，形成对海伦·凯勒品质进行研讨的教学场。学生都能关注重点词语、重点句子，透过语言想象画面，反复有感情地诵读。这样的设计使学生的思想形成了碰撞，进而提升学生对于语言本身和人物形象的认识。在反复的朗读中与海伦·凯勒的精神相遇，使有血有肉的人物从文本中走出来，形成对人物的立体认知。

2. 积淀情感，情志交融

细读文本，我们不难发现，字里行间充盈着深沉的情感。教学中，学生结合文章的空白，展开合理想象，想象世界的美好，想象海伦·凯勒对生活的热爱，与命运的抗争。如：这是一个早晨，太阳还没有升起，可是海伦已经在——；早过了吃午饭的时间，海伦还在——；夜很深了，万物进入梦乡，海伦——；一阵倦意袭来，海伦打起精神，她仍在——；食指摸麻了，就换中指……左手的五个手指都摸麻了，都摸破了，血一滴滴滴在书上，海伦忍住疼痛，她就用——右手……让学生置身情境，内化文本，重塑形象，与文中主人公产生心灵的共振，体会海伦·凯勒如饥似渴的学习品质和不屈不挠的奋斗精神！课堂弥漫着知识与情感的芬芳。

3. 拓展延伸，关注生命

"立德树人"最终指向人的生命成长关怀。培养热爱生命、不屈不挠、有理想、有信念的人是语文课程的终极目标。而语文课程丰富的人文内涵对学生精神的影响是深广的。学完课文，引发学生思考：这么一个对生活如此热爱，对生命如此厚待，对世界如此憧憬的海伦，假如生命给她三天光明，她的心灵又会达到怎样的巅峰？巧妙地带入了课外阅读——《冲出黑暗》《假如生命给我三天光明》，引领学生既立足文本，又超越文本。他们在穿越时空的漫游中，达到"人"入我心的效果。这样的课堂是感性的、厚实的，同时也是学生精神的栖居的"家园"。

五、育德过程

活动一：导入课题，激发情感

激情导入：她是一个平凡而又伟大的女性，她是一个享誉世界的作家、演说家、教育家，她的名字震撼着世人的心灵；她是一个普通而又特别的女性，她以自己不屈不挠的精神抒写着自己精彩的人生，她的名字响彻世界，她的精神激励着世人。她的名字是——海伦·凯勒。

师：请同学们伸出手，和老师一起工工整整地写一个名字，一个曾经感动世界的名字——海伦·凯勒。

美国著名文学家马克·吐温曾经说过：十九世纪出现了两位了不起的人物，一位是拿破仑，另一位就是海伦·凯勒。请同学们分享课前搜集到的有关海伦·凯勒的资料。

时隔100多年，当我们穿过悠长的时光隧道，回眸凝视这位度过了87年无光、无声的孤独岁月的女子时，我们不由得惊叹：生命的奇迹究竟是如何诞生的？今天，就让我们一起走近海伦·凯勒，去品读懂她传奇的人生。

育德理念解读：海伦·凯勒自小双目失明、双耳失聪，但是她勇敢地面对这个世界，如饥似渴地学习，不屈不挠地奋斗，就如同一位坚强不屈的勇士，令人敬佩。教师充满激情的导语，自然地渗透了情感的熏陶，让学生会写并读好这个名字，在心里印下海伦·凯勒这个非常了不起的人物，再通过资料的交流，加深对海伦这个人物的印象，为更好地理解人物形象做好铺垫。

活动二：触摸心灵，感受"痛楚"

师：大家读课文的第一自然段，从哪些文字可以感受到海伦·凯勒的不幸？

师："双目失明，双耳失聪"这意味着什么？【学生想象：她看不见什么？她也听不见什么？】

出示文字："天哪，谁能想到，当时她才是一岁半的娃娃呀！"

指导朗读，抓住"天哪""才"和"！"，读出人们的痛心。

体会"隔绝"。

出示文字："从此，小海伦与有声有色的世界（　　　　）了。"

师：这里能把"隔绝"换成"隔断"吗？为什么？

师："隔绝"就是完完全全地隔断，就是彻彻底底地隔断。从哪些具体的文字里感受到"完全、彻底"地阻隔？

补充《假如给我三天光明》文字："有一天，当我睁开眼睛，发现自己竟然什么也看不见了，眼前一片黑暗。我像被噩梦吓倒一样，全身惊恐，悲伤极了，那种感觉让我今生永远难以忘怀。"

师：是啊，看不见美丽的颜色和图案是不幸的，听不见优美的音乐是不幸的，而不能与亲人和朋友交流，不能表达自己的愿望和需求，这是更加不幸的。让我们再次读一读这段让人伤心的文字。【播放音乐】

师：此刻，你好像听到海伦在说些什么？

小结：这正是幼年的小海伦发自内心的呼唤。她期待着爱与被爱，她期待着表达，期待着交流，期待着把这个无色无声的世界彻底打破！

育德理念解读：以感受海伦命运的不幸为全文的情感铺垫，是体会海伦不屈不挠精神的基础。但是，海伦的生活世界与我们现在的孩子相距实在是太遥远了，如何让孩子走近她，与她产生心灵的共鸣？教师以充满激情的话语唤起孩子的生活经验，让孩子在教者的引导下能进入小海伦的生活世界，体会小海伦的痛苦与绝望，与小海伦产生心灵上的共鸣。

活动三：前后对比，感叹变化

此时，家庭教师安妮·沙利文来到了海伦的身边，小海伦的世界发生了什么变化呢？

快速浏览课文第三自然段，海伦学会的第一个单词是"水"，她是怎样学会的呢？

出示：她心中充满了前所未有的喜悦，感到生命有了新的开始。

补充《假如给我三天光明》文字："水井房的经历使我的求知欲望油然而生。啊！原来世间万物都各有名称，这些词使整个世界变得花团锦簇，美不胜收……"

育德理念解读：从海伦·凯勒的自传《假如给我三天光明》中摘取与课文主题密切相关的精华语言，既能帮助学生多角度、多层面地了解主人公，丰富对人物形象的认识，又有机渗透了人文教育，给予学生很深的思想启迪，引导孩子体会一个崭新的人生画卷在海伦面前铺展开时带给她的欣喜。而对美好生活的憧憬迫使她如饥似渴地去获取知识，这也正是她能克服万难的动力所在。

活动四：精讲点拨，感悟"顽强"

师：默读课文第四、五自然段，你看到一个怎样的小海伦？请让我们的心与海伦的心贴得近些、再近些，抓住重点的词做好批注。

师：现在，同学们的书本上留下了一道道充满智慧的波浪线。谁来说，你找到的第一处句子是什么？

出示：她不分昼夜，像一块干燥的海绵吮吸着知识的甘霖。她拼命摸读盲文，不停地书写单词和句子。她是这样地如饥似渴，以致小小的手指头都摸出了血。

师：这段文字仅仅读一遍是不够的。读一读，你发现有哪些词语值得我们注意？用笔将它们圈出来并谈谈感受。

【根据学生回答，用红色字体强调："不分昼夜""吮吸""拼命""不停地""如饥似渴"】

师：请大家读读这些词，你会有什么发现？

师：此时知识就是维持海伦生命的精神食粮，如果这时夺去她学习的知识，那就是夺去她的生命！"不分昼夜""拼命""不停""如饥似渴"……这些词语会让我们的眼前浮现出一幅幅感人的画面，你的眼前出现的是一幅怎样的画面呢？

音乐声中，师语言描述，点拨学生想象：

① 也许这是一个早晨，太阳还没有升起，你看到海伦在做什么？

② 早过了吃午饭的时间，但海伦呢？她又在做什么？

③ 夜很深很深了，一阵阵倦意袭来，海伦打起精神，她仍在做着什么？

无论是在白天、中午、黄昏、深夜，也不论是春天、夏天、秋天、冬天，海伦她不分昼夜——【配乐练习朗读，读出体会】

过渡：海伦不仅学会了用手指说话，她还学会了真正开口说话。你从学说话这一部分内容的什么地方体会到她的不屈不挠？

出示："为使我的伙伴——即使是最亲密的伙伴——能听懂我的话，我夜以继日地努力，反复高声朗读某些词语或句子，有时甚至要读几个小时，直到自己觉得读对了为止。我每天坚持练习、练习、练习……"

思考：海伦学说话，难在何处？

① 在对比和想象中体会艰难：正常人学说话，听声音；聋人学说话，看口型。而海伦又聋又哑，她既听不到说话的声音，又看不到说话的口型，所以是难上加难。

师：她是怎样练习说话的？

出示：沙利文发音时，要海伦把手放在她的脸上，用感觉来判断沙利文舌头和嘴唇颤动的情况，以此体会怎样发音。这种完全靠触觉学习说话的方法，其艰难程度可想而知。

师："可想而知"是什么意思？请你想象一下，这种完全靠触觉学习说话的方法难在哪里？

② 从海伦自己的描述中体会艰难：海伦强调"即使是最亲密的伙伴"意味着什么？为什么连用三个"练习"？

感悟：又有哪些词跳入你的眼帘？【根据学生回答，突出："夜以继日""反复""甚至""每天坚持"】

育德理念解读：适度展开想象，填补文本空白。充分利用文字空间，拓展文字的张力。让学生紧密结合文本，展开丰富的想象，走近海伦的内心世界，心灵受到强烈震撼。让学生在自主学习中与文本对话，领会海伦取得成就的不易和艰辛，感受她坚持不懈、奋斗不止的惊人毅力。在语言情境的描述中，学生走进海伦的世界，笼统的文字渐渐灵动起来，鲜活起来。

师：我们一起来看一段海伦在一次盲人集会上的演讲。【视频播放】同学们，尽管她的发音还不够清晰，甚至还需要别人来翻译，连她的表情都不够自然，但是，为了这样的演讲，海伦又付出了多么大的艰辛呀！请大家再来读一读这段话，让老师倾听你们内心的感动，感受海伦的不屈不挠。

师：学到这里，同学们一定被海伦·凯勒的这种不屈不挠的精神深深地震撼和鼓舞着。如果此时海伦·凯勒正站在你的面前，你想对她说什么呢？

育德理念解读：体现立德树人思想，是一种建设开放而有活力的大语文课程的新理念。语言有温度，字词知冷暖。教学中，充分组织学生展开与文本对话，凭借具体的语言文字训练提升情感体验，起到积极的渲染和催化作用。在想象和练说中，学生真切感受到海伦成了一种精神的象征，她的这种精神永远激励着人们面对挫折与不幸时如何做一个强者，做一个永远"凌驾于命运之上的人"。

活动五：深入体悟，提升认识

师：靠着不屈不挠的精神，海伦获得了丰富的知识，增强了生活的勇气和信心。于是，生活再也不是无边无际的黑暗，一个有声有色的世界在她的面前铺展开来。让我们一起来看看她心中"看"到的世界吧！

出示："我常常感觉到一阵微风吹过，花瓣散落在我身上，于是我把落日想象成很大很大的玫瑰园，园中的花瓣从空中纷纷扬扬地落下来。"

师：多么美的世界啊！什么让海伦触摸到了美丽的世界？（坚定的信念　不屈不挠的精神）

说话训练：知识就像一道彩虹，照亮了她内心的五彩世界。海伦从无边的黑暗和死一般的沉寂中走出来，她_____，她_____，她_____……

育德理念解读：知识改变着海伦·凯勒的生活态度，改变着她的人生，给了她生活的勇气与力量，使她享受到无声黑暗世界中独有的美：她在想象中感受世界，感受像"玫瑰园"一般美好的生活，她用坚定的信念告诉我们奋斗的力量及生命的美好。

六、升华情感，拓展延伸

师：让我们一起来听一听，海伦文章中那些感动世界的文字。【生读，音乐渐起】

育德理念解读：从主人公的几篇代表作中摘取与课文主题密切相关的精华语言，既能帮助学生多角度、多层面地了解主人公，丰富对人物形象的认识，又有机渗透了人文教育，给予学生很深的思想启迪。

诵读诗歌：

我还有一只脚

贝多芬双耳失聪，郑龙水双眼失明，

我还有一只脚，我要站在地球上。

海伦·凯勒双眼失明，郑丰喜双脚畸形，

我还有一只脚，我要走遍美丽的世界。

——周大观

师：在我们的身边，还有许许多多像海伦·凯勒一样身残志坚的人，让我们去了解他们，走进他们吧！收集有关逆境成才的事例，准备开一个故事会。

总结：让我们记住一种精神——不屈不挠、战胜命运的精神；让我们记住一种信念——热爱生命、执着追求的信念。

课外阅读：《假如给我三天光明》（海伦·凯勒）、《钢铁是怎样炼成的》（奥斯特洛夫斯基）。

育德理念解读：生活中这种自强不息、身残志不残的人给学生以启迪，激发学生面对生活的勇气，使他们知道怎样成为生活的强者；通过课外阅读，积累内化，加深对课文的理解，把自己的感受体验、思维成果内化为个人的人文素养。

七、育德反思

1. 从学生学习的原点出发，设计自主学习的活动

学生通过学习，能认识到海伦的精神品质，但对于文章怎样表现海伦品质和海伦奋斗的艰辛历程没有更深刻的体验。于是，根据文本内容，设计了以"不屈不挠"这个点来辐射全文，带动深入理解的教学策略。学生拥有了自主阅读、批注的空间，教师所要做的就是激发、引导和组织交流，形成研讨海伦品质的教学场。当然，海伦的品质不难理解，关键是文章语言的表达，引导学生关注重点词语、重点句子，透过语言想象画面，反复有感情地诵读。通过设计这样的学习活动，学生的思想形成了碰撞，进而提升对于语言本身和人物形象的认识。

2. 从班级实际出发，创设与文本对话的平台

学生的认识需要表达，而展示需要教师精心搭建平台。在表达的过程中，学生会整合自己原有结构中的认识，进行创造性的描述，给更多的伙伴以启发。课堂上，教师让学生把想对海伦说的话写在书中的空白处，学生有了与文本、与主人公的深入对话，有了对海伦不屈不挠的深刻体验，在表达时也不由自主地沉浸其中了。

3. 从语言和体验情感出发，激发学生学习的情境

细读文本，我们不难发现，字里行间充盈着深沉的情感。教学中，教师善于发现，努力把这样的情感变成课堂的氛围，形成一种情境，使学生浸润其中，带动他们的朗读、理解，强化情感体验，语言学习达到高效内化的目标。当学生想象海伦学习盲文、学习说话的情境时，教师适当拓展诸如盲文的知识、成千上万次练习使喉咙出现血泡等画面，以此来感染学生，激发学习的情感，进入文字所创设的情境中。当海伦学会说话高声呼喊父母的时候，泪水真的会湿润眼眶，教师告诉学生真实的感受，以情牵情，在充满情感的声声呼唤中，课堂上洋溢的真情令人动容。注重情感的激发，以情激趣，学生会徜徉在语言艺术和人文精神的世界里，流连忘返。

4. 从文本拓展出发，感悟名人精神的伟大

课堂中再现海伦的语言，补充《假如给我三天光明》语段，引导学生从课内走向课外，走出文本，阅读与之相关的背景材料，把积极的学习状态和渴求知识的心境带到课外，开阔了学生的视野。书林漫步，徜徉于海伦《假如给我三天光明》《冲出黑暗》等作品中，学生进一步走进海伦的世界，感受她不屈不挠的精神，并从中汲取前行的力量！

专家点评

阅读是了解人生、获取知识的重要手段。哪怕在学生纯粹自主阅读的情况下，《海伦·凯勒》依然是一篇能给人以生命启示的好文。本案例的亮点不在于采取何种阅读方式让学生感悟生命的意义，而在于组织多样化的阅读活动让学生多维度地感悟生命的真谛。

对于五年级学生来说，海伦·凯勒无疑是一位懂得并活出生命意义的"权威"，也是一个具有生命意义的符号。如何采用多种方式让海伦·凯勒这一具有生命意义的"权威"力量成为学生道德的生长因子？这是小学语文教师对本课教学方式的应然思考。案例设计了教师范读、全班速读、分组精读、举办故事会等多种形式，让学生在品读和分享课文中感悟生命，形成了助力学生道德生长的多种方式，读书育人之意跃然纸上。教师通过范读海伦·凯勒的颂词来引领学生感受生命的意义，通过引领全班速读来整体感知生命的意义，通过组织分组精读来深度理解生命的意义，

通过举办故事会来迁移学生对生命意义的理解，整个案例形成了多样化阅读和应用的教学体系，统筹规划，匠心独运。

多样化阅读能为学生创设"横看成岭侧成峰"的多种内化知识的路径和外化知识的契机。本案例通过多样化的阅读活动为学生理解生命的意义、塑造美好的心灵设置了多维通道。

点评专家：沈雪春

案例三：数风流人物　还看今朝
——初中语文主题学习《英雄情结渗透教育》案例设计

一、教学内容

本课内容选自统编版初中语文九年级上册《沁园春·雪》相关主题学习。

二、育德点分析

1. 显性内容

《沁园春·雪》一课教学，旨在以毛泽东的经典诗词《沁园春·雪》为主，以相关文本为辅，对学生进行革命传统教育和爱国主义教育。通过全文阅读，探究《沁园春·雪》等文本背后的英雄精神，这是显性的育德内容。

2. 隐性资源

教学中，结合学生的生活实际、新时代习近平主席对英雄的殷切呼唤、南通区域经济社会的发展要求、家长对更高质量教育的客观需求，引领初中学生传承和发扬新时代的英雄精神。这是需要挖掘的隐性德育内容。

3. 生成因子

在师生互动中，结合青少年心身成长的发展规律，关注学生生活，帮助青少年认识到人生需要英雄情怀，人活着应该追寻生命的意义，让自己变得更加美好，让周围的人因为自己的存在而受益，为时代、为国家尽可能做出奉献。奉献才是最快乐的，我们理当积极进取，乐观向上。这是生成的德育因子。

三、育德目标

1. 道德认知

通过自主学习、合作分享，学生知道什么是英雄情怀，并积极传承和发展。

2. 道德情感

通过讨论交流、分享学习等活动，学生体悟英雄情怀，激发学习英雄、成为英雄的情感。

3. 道德行为

学生感受英雄情怀在新时代生活中的意义，弘扬英雄精神，走好"敢于担当，勇于卓越"的人生路。

重点：了解英雄情怀，知道英雄情怀的内涵。

难点：探究英雄情怀的普遍意义，磨炼砥砺自我的英雄情感及行动。

四、育德策略

1. 胸怀时代，在时代背景与现实要求下感受英雄意义

2019年4月3日，当第六批在朝中国人民志愿军烈士遗骸被接回国时，习近平总书记抒怀：天地英雄气，千秋尚凛然。此情此景，令人动容。井冈山革命烈士陵园、红军长征会师纪念碑、华东革命烈士陵园、金寨县革命烈士纪念塔……伟大的抗战精神均可归纳为"天下兴亡、匹夫有责的爱国情怀""视死如归、宁死不屈的民族气节""不畏强暴、血战到底的英雄气概""百折不挠、坚忍不拔的必胜信念"。正是这些民族的脊梁，这种浩然长存、勇于担当的英雄气，铸就了中华人民共和国的根基。

一个时代有一个时代的英雄。课前，引导学生收听新闻，阅读评论；课上，在"认识风流人物"这个阶段，观看电影《英雄》片段，真正认识到古代社会、革命时期、当今社会，英雄一直不可或缺。一个没有英雄的时代是悲哀的，一个没有英雄的民族是孱弱的。在古代英雄的感召之下，在时代英雄的感染之中，让英雄情怀借助语文学习，在青年学子当中落地生根，这正是我们的追求。

2. 立足文本，在工具特性与人文情怀中认识英雄内涵

立学课堂，立德树人。语文课堂，更应做到人文性与工具性的统一，做到语文素养的提高与思想品质的提升。学生已经有了一定的思考能力，他们在读报过程中、思品学习过程中、社团学习过程中，对英雄已经有了一定的了解。在名著《西游记》《水浒传》的阅读过程中，已经感受到英雄形象，对英雄形象有了初步的了解。考虑到本课是一节语文课，不是纯粹的思品课，所以先重点突破，引领学生学好《沁园春·雪》，"数风流人物，还看今朝"既是课文的眼，也是本次群文阅读的眼。南通市"立学"课堂倡导"限时讲授、合作学习、踊跃展示"，在这一理念指导下，引领学生"走近风流人物"，认识英雄的内涵，可谓水到渠成。

3. 牵手学生，在身心特点与生活实际中培植英雄情结

青少年正处在身心发展的关键时期，虎虎生威，充满朝气，"初生牛犊不怕虎"，此时此刻，用英雄情结来引领青少年成长，可谓善莫大焉。本课设计，依托青少年的身心发展的特点，借助青少年的生活经验，针对青少年的成长障碍，明确教学起点，以学定教，凸显"学"的主体性。这样更符合学生特点、学生实际。学生在"学"的过程中得到"随风潜入夜，润物细无声"的滋养，为成为"敢于担当，勇于卓越"的人奠定思想基础。在"凝视风流人物"这一阶段，借助讨论展示，提炼英雄的现实意义，拉进与英雄的时空距离、心理距离，为最终每个人跃跃欲试去成为一个英雄，释放出内心的英雄情结打下坚实的基础。

4. 着眼未来，在个人成长与家国召唤下养成英雄行为

"谁说站在光影里的才是英雄？"本课教学，主要的是塑造新时代学生的形象，

始终指向学生的精神成长。最后的"学做风流人物"环节，通过诵读、品味古代诗歌中的经典名句，将学生的目光再度聚焦英雄：英雄并不遥远，英雄就在身边，每个人都可以成为英雄。帮助学生立志成为一个勇于卓越、敢于担当的人，帮助学生立志成为更好的自己，并为此而不懈奋斗。

五、育德过程

（一）教学内容分析

本节课意在多角度、立体化地凸显"敢于卓越，勇于担当"的主题，从毛泽东指点江山评判英雄开始，归结到"数风流人物，还看今朝"的主题学习。课堂上，通过归纳、判断、比较、辩论、看视频等方法，学生能够学会群文阅读。激发学生"敢于卓越，勇于担当"的新时代力量。

（二）教学目标

认知目标：使学生认识到应该有担当精神，增加学生的社会责任感。

情感目标：使学生充分体验敢于卓越、勇于担当的必要性。

行为目标：尝试去做一个英雄，用实际行动回报家人、学校、社会。

（三）教学策略选择与设计

聊美文，体会还看今朝、舍我其谁的魄力。

悟真情，感受为民担当、忧国忧民的情怀。

树理想，传承敢于卓越、勇于担当的精神。

（四）教学重点及难点

以《沁园春·雪》为突破口，借助群文阅读的形式，通过作品的组合、提炼，感受风流人物"敢于卓越，勇于担当"的英雄本色。

（五）教学过程

1. 经典导入，认识"风流人物"

欣赏张艺谋电影《英雄》。

师：刚才我们欣赏了《英雄》，有哪位同学可以告诉大家，"英雄"在你心中是怎样的？

学生发言。

师归纳：是不是英雄都特别厉害？

师反问：有个强盗，会飞檐走壁，但他做的全部都是烧杀抢掠的事情，你会觉得他是英雄吗？你只会觉得他是个大坏蛋。

2. 文本解读，走近"风流人物"

"俱往矣，数风流人物，还看今朝。"这是伟人毛泽东的豪情，这是革命先辈的担当。

师：今天这堂课，除了要学好这首词，我更想跟同学们一起分享几个故事，读几段诗词，向大家推荐几本好书。

活动一：闲聊历史，了解中华民族最危险的时刻

出示《沁园春·雪》，学生自由朗读，以自己喜欢的方式朗读。

讨论时代背景，了解中华民族已经到了最危险的时候。

这首词风格豪放、气势磅礴、令人振奋。齐读一遍再来感悟一下。

生齐读。

师（指名一位同学）：你认为你们刚才读出感情了吗？

生：没有，读起来缺乏力度，没有读出感情。

师：理解这首词的感情，还要从写作背景谈起。本词写于1936年抗战前夜。当时毛泽东同志率领长征部队到达陕北，日本帝国主义加强对中国的侵略，而国民党反动派奉行不抵抗主义，中国处在生死存亡的危急关头。1936年2月，毛泽东率领抗日先锋队准备东渡黄河，开赴抗日战争最前线。渡河前，适逢大雪，毛泽东曾于雪后来到海拔千米、白雪覆盖的高原上观察地形，面对祖国的大好河山，诗人满怀战胜敌人的坚强信念，豪情激荡地写下了这一气吞山河的壮丽诗篇。

师：同学们想象一下，诗人站在海拔千米的高原上，祖国河山的壮丽景色展现在眼前，心中会涌起一种怎样的感情呢？

育德点解读：展示资料，老师归纳，意在让学生了解中华民族困难的历史，为学习《沁园春·雪》这首词以及拓展延伸打下基础。

活动二：阅读材料（图3-2），感受革命先辈舍我其谁的豪情

图 3-2

（1）先学提示。

① 这首词的上下阕，分别写了什么主要内容？（上阕描写北国雪景，下阕评论历史人物）

② 上阕如何描写的？有引出诗句的字吗？分为几个层次？用了什么手法？

（"望"字引出以下七句；分为三个层次：总写、具体描写、写想象；手法：动静结合）

③ 作者面对"千里冰封，万里雪飘"的北国风光，想象到的却是雪后初霁的艳丽美景，想要表达的是怎样的感情？（赞美祖国大好河山，对祖国的热爱。还表达了坚信中国革命必胜的情感）

④ "江山如此多娇，引无数英雄竞折腰"在词中起什么作用？（承上启下。正因为祖国的江山如此多娇，才引得无数英雄竞相为之倾倒）

⑤ 诗人又是如何评价这些英雄的呢？有引出诗句的字吗？（"惜"引出下面诗句："惜秦皇汉武，略输文采，唐宗宋祖，稍逊风骚。一代天骄，成吉思汗，只识弯弓射大雕"）

⑥ 你了解这些帝王吗？能否介绍一下业绩？在伟人眼里，他们的缺憾表现在哪些方面？（业绩略，缺憾：文学才华、治国本领）

⑦ 一个"惜"字，首先肯定了帝王们的丰功伟绩，但作者没有盲目拜倒，这正是作者的自信！从诗歌中的哪些句子可以看出来？（"俱往矣，数风流人物，还看今朝"）

（2）互动点拨。

（3）归纳提炼：毛泽东在青年时代就有"自信人生二百年，会当水击三千里"的鸿鹄大志。1925年，毛泽东分析了当时的革命形势后，面对生机勃勃的辽阔大地，感慨万千，在《沁园春·长沙》中写下了这样一句："怅寥廓，问苍茫大地，谁主浮沉？"11年后的1936年，诗人同样面对祖国的壮丽山河，审时度势，在《沁园春·雪》中给出了有力的回答，道出了自己的心声。

师：同学们想一想：谁主浮沉？毛泽东？无产阶级领袖？人民群众？无产阶级及其领导下的人民大众才是真正的风流人物。

活动三：拓展延伸，感受祖国大地翻天覆地的变化

点拨：同学们，毛泽东是一代伟人，他带领中国人民推翻了三座大山，建立了社会主义新中国。中华民族是一个英雄辈出的民族，中国人在一代又一代领导人的带领下，走进了新时代，创出了举世瞩目的业绩，你能说一说吗？

邓小平实行改革开放的政策，领导中国人民走上了富国强民的道路。

邓小平还提出"一国两制"的伟大设想，在江泽民同志的领导下，香港、澳门相继回到了祖国的怀抱。

2008年成功举办奥运会。

我们历尽艰难，于2001年11月10日加入了世界贸易组织。

还有"神舟五号"飞船飞天。

…………

"江山代有才人出，各领风骚数百年"，同学们，十几年后，你们也会成为新世纪的主宰者，会成为新时代真正的风流人物！让我们满怀这种豪情，齐读《沁园春·雪》。

出示毛主席手迹并配乐。

育德点解读：本环节，师生通过《沁园春·雪》的深入学习，了解一代伟人的气魄胸怀，懂得"风流人物"就是英雄，英雄就是要"敢于卓越，勇于担当"，成为时代的弄潮儿。

3. 群文阅读，凝视"风流人物"

活动一：讲故事

师：我来分享几个英雄的故事。

① 文天祥，抗击元兵，忠于大宋朝廷，被俘后敌人劝降始终不屈。真的是"人生自古谁无死，留取丹心照汗青"啊！（忠诚，为了民族）

② 曹操与刘备，煮酒论英雄，他们是怎样评价英雄的？（胸有大志，曹操想要统一中原，结束战争；刘备心怀苍生）

③ 周恩来，"为中华之崛起而读书"。（勤奋刻苦，为了中华民族鞠躬尽瘁）

④ 谭嗣同，"我自横刀向天笑""我以我血荐轩辕"。（一腔热血，视死如归）

师：同学们，英雄是怎样的？

归纳：忠诚、勇敢、胸有大志、奋发有为、视死如归，这是打动我们的一方面；他们所作所为的出发点，都是为国家、为人民、为他人，这是打动我们的另外一方面。所有的英雄，都是敢于卓越的人，都是勇于担当的人！

活动二：讨论与课件展示

讨论：为什么我们每个人都要努力成为英雄，成为"敢于卓越，勇于担当"的人？

课件展示：富强美好的新江苏，更高质量发展的新南通。

讨论：建设家乡，我们需要怎样的本领？

活动三：结合最近的语文课表现，进行鼓励性分析

课前三分钟展示表现优秀的，课堂回答问题踊跃的，作业特别端正的，《海贝》社刊文章发表的；进步明显的——都是英雄！都是"风流人物"！

育德点解读：本环节主要通过了解初中语文读本中的"风流人物"及学生的生活，进一步认识"风流人物"，明白我们需要"风流人物"，英雄无处不在；我们也可以成为英雄。

4. 品味诗歌，学做"风流人物"

活动：在我们学过的诗文中，又有哪些能体现担当精神

师述：花木兰，女扮男装，代父从军，既是对部落民族的忠诚，也是出于对家人的担忧，于是——

生诵：阿爷无大儿，木兰无长兄，愿为市鞍马，从此替爷征。（为了家人）

师述：杜甫，自己的茅屋被秋风所破，他想到的不是自己，而是天下百姓的生活。他大声疾呼——

生诵：安得广厦千万间，大庇天下寒士俱欢颜！（为了百姓）

师述：文天祥，一生读书为国、起兵护国，兵败被俘的时候，念念不忘的仍然是——

生诵：人生自古谁无死，留取丹心照汗青。（为了国家）

师述：辛弃疾，身处险恶的边塞战场，毫不畏惧，内心想的只有为国尽忠——

生诵：了却君王天下事，赢得生前身后名。（为了民族）

六、育德反思

不管将来在怎样的岗位上，我们都要追求卓越，勇于担当。本次语文活动不是为了颂扬单个的人，而是想传播一种思想，就是激励每一个普通的学生成为英雄。

一个时代需要一个时代的楷模，一个民族更需要凝聚人心、鼓舞斗志的英雄。无论是在硝烟弥漫的战争年代，还是在全民创业的和平岁月，都需要一大批立志报国的英雄模范，他们是民族的脊梁！

立德树人需要一个具体的抓手，用五千年中华民族历史长河中的先哲事迹感染人，用统编初中语文课本中一句句燃烧的语句熏陶人，必能起到"润物细无声"的神奇效果。

"百年未有之大变局"的时代，召唤着具有英雄情结的栋梁之材的涌现；南通市区域经济社会发展的内在要求，也在召唤着优秀人才发挥中流砥柱的引领作用。更加卓越，更有担当，是我们学生应当成为的那个美丽的样子。

专家点评

该课案中的"倒过来"思考给我留下了深刻的印象。比如，在同学们描述心中的"英雄"模样时，教师追问：是不是英雄都特别厉害？由此启发学生对平凡岗位上也有英雄的思考和认知。在布置《沁园春·雪》阅读任务时，教师设计了如下的设问：作者面对"千里冰封，万里雪飘"的北国风光，想象到的却是雪后初霁的艳丽美景，想要表达的是怎样的感情？由此引发学生对英雄的气魄、眼界、格局的思考和认知。

在热议之时进行冷思考，在正向之处进行反向思考，"于无声处听惊雷"，这是教师教学过程中一种可贵的逆向思维方法，有利于发现新认知，开拓新领域。案例中的"倒过来"思考让学生对于英雄进行了深度的思索和辨析，有助于学生全面而深刻地认识英雄，进而生发英雄情怀。本课的教学对象是九年级的学生，按照科尔伯格的理论，他们刚进入道德发展的"维护权威或秩序"的定向阶段，教师通过富于启思的问题引领学生深刻认识英雄的本质和特征，对于学生认同社会理想楷模具有重要的作用。

点评专家：沈雪春

案例四：Our dreams（Story time）

一、内容选择

本课内容选自译林版英语六年级下册 Unit 8 Our dreams（Story time）。

二、育德点分析

1. 显性内容

Unit 8 Our Dreams (Story time) 是一节以梦想为主题的课，Miss Li 和她的学生以对话的方式讲述了各自的梦想职业及原因。从对话教学中体会师生们的美好梦想和仁爱之心，这是显性的育德内容。

2. 隐性资源

结合学生的生活实际，谈论自己的理想，激发学生心怀梦想，树立正确的理想信念并为实现理想付诸努力。理想信念是学生成长发展道路上的指明灯。提高理想信念教育的实效性，必须打造有温度的课堂，在教学资源的挖掘、活动的设计等方面走向综合化，使理想信念教育成为让学生产生共鸣、让学生乐于亲近的事情。这是需要挖掘的隐性德育内容。

3. 生成因子

梦想如果只存在头脑中，就只是梦想；只有付诸行动，才有可能让梦想实现。本课文本的对话只谈论了梦想和产生梦想的简单原因，没有涉及如何实现梦想。教师在教学中应当引导学生讨论如何实现梦想，在开放性问题"如何使梦想成真"的激发下，学生不断思考，自由地讨论着梦想实现的方法，创造性地组织语言，表达着自己的想法，这是育德的生成因子。

三、育德目标

1. 培养学生的职业认知能力

培养职业认知，为学生思考自己的理想职业做出正面引导。旨在促进学生对拥有梦想、追逐梦想和实现梦想的理解和感悟，学生能深切体会"追梦人"的理想与目标，坚持与奋斗。学生需认识到自己的梦想不能单凭空想意念，而要落实到行动上，付出才会有回报，从而产生更积极的学习态度。

2. 培养学生的高阶思维能力

通过设置具有启发性和深度的问题，引发学生进行深层次的思考，重塑理想信念，做对社会有益的事。通过对梦想的探讨，引导学生进行深度思考，找到恰当的实现梦想的途径，形成文化品格，使学生获得文本阅读的独特体验。

四、育德策略

1. 关注育德内容的现实性

结合具体的教学内容及其特点，与班级学生的实际紧密联系，从存在的现实问题入手，恰到好处地、敏锐地抓住育德契机。逐步提供教材内容，从开始的对"dream"这一主题的解读到快速阅读，完成人与梦想职业的图文配对，再到细读选句子，补充梦想理由，最后探讨如何才能实现梦想，在一系列的师生互动中，图文建构成完整故事并进行拓展，丰富文本内容。书本内容与学生实际问题互相连接，直击学生心灵，真正有效地将育德落到实处。

2. 重视育德成果的生成性

课堂育德不应牵强附会，而应该是水到渠成、润物无声。巧妙地将文字阅读转化为真实生活场景，给学生提供身临其境的感觉，流畅地完成课堂育德的任务。以文本为依托，在教师的指导下了解文中孩子们和老师的梦想，体会这些梦想的不平凡之处，并把这种情感内化为自己的体验，再以诗歌、小练笔的形式把每位学生的梦想职业及对这种职业的情感写出来，最后对"dream"进行释义，总结提升学生对如何实现梦想的认识，再次提升学生的情感、态度、价值观。不能机械地照本宣科，而要根据学生的反应、课堂事件等这些动态生成性教学资源，巧妙生成。

3. 推进评价机制的科学性

落实效果评价反馈，构建"英语学科知识能力"与"道德价值引领"双评价模式，综合考评学生的行为习惯、道德品质、理想信念与英语知识能力等，引导学生树立正确的理想信念，努力成为担当民族复兴大任的时代新人。

五、育德过程

活动一

（1）Watch and say.

欣赏关于梦想的歌曲并让学生提出疑问。

S1：What does "dream" mean?

S2：Whose dreams are they talking about?

S3：What are their dreams?

学生提出关于"梦想"的诸多问题，观看文本动画后试着解答这些问题。

T：You have many good questions. Dream means "What do you want to be in the future?" It also means "What do you want to do in the future?"

S4：They are talking about Mike, Wang Bing, Liu Tao's dreams.

T：Yes, they are dreams of the boys.

S5：Su Hai, Nancy, Yang Ling are talking about their dreams too.

T：They're the dreams of the girls.

S6：They are also talking about Miss Li's dreams.

T：Yes, you're right. Miss Li is talking about the dreams with her students.

（2）Read and underline.

学生仔细阅读男孩们的梦想，并画出拥有这些梦想原因的句子。

师生对话如下。

S1：Mike wants to be a dentist because many children don't care about their teeth. He wants to help them.【适当拓展如何保护牙齿的建议】

S2：Wang Bing wants to be an astronaut because he wants to fly a spaceship to the Moon.【提供关于 spaceship 的图片、视频，学生更直观地感受】

S3：Liu Tao wants to be a football player because he wants to play football in the World Cup some day.【展示有关世界杯的图片、视频并进行讨论】

育德理念解读：紧扣标题"dreams"，按照"引出话题—话题释义—话题发问"的顺序，层层深入，展开对主题的解读。首先通过播放视频导入话题，激发学生阅读兴趣，接着通过对主题内涵的多元释义，使其获得对主题含义的感悟。引导学生围绕主题进行自由发问，预测文本内容，为后面的阅读做铺垫，降低阅读难度。通过标题"dreams"引导学生快速了解文本主旨，预测文本，教师不必迫切纠正他们的错误，可以引导其在后续的阅读中自主验证预测的内容。当学生了解了文本主旨、文本框架结构后，会迅速搜索到解释标题的线索，给标题以清晰的解释，促进学生后续展开指向主旨的针对性文本阅读。话题"dreams"（梦想）是源于人物生活实际，能对应到学生的学习和生活。如果学生的生活认知和语言交际不对等，那么语言交际的意义就体现不出来，只是为了对话而对话。教师可就单元话题进行立意的提升，引发学生思考、解惑，触发学生的情感共识。引导学生读文本第一段有关内容，找出男生拥有这些梦想的原因，在情境中学习生词。在解决问题的同时，与学生讨论如何保护牙齿，适当渗透航天方面的相关知识，以及中国在航天方面取得的成就，拓宽学生的知识视野，加深他们的职业认知。

活动二

（1）Read and create.

学生已经掌握了男孩们的梦想及相关的原因。仔细阅读文本中三位女孩的梦想，小组合作创作小诗并丰富小诗内容。

Read and make poems in groups：

A dream, a _____ dream. I have a _____ dream.

I want to _____.

_____ makes people _____.

_____.

学生展示小诗并给出评价。评价标准如下（图3-3）：

You can finish the poem and read it. 你们能完成并朗读小诗。(6分)

You can enrich the poem and read it fluently. 你们能丰富小诗，并能流利朗读。(8分)

You can enrich the poem and read it emotionally. 你们能丰富小诗并能有感情地朗读。(10分)

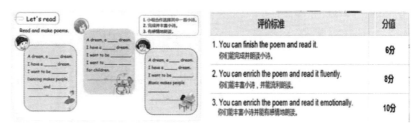

图3-3

Students show the poems and evaluate.

（2）根据图片和关键词复述文本内容（图3-4）。

图 3-4

育德理念解读：在详细分析男孩梦想后，关于女孩的梦想，就放手给学生合作学习，在适当的时候帮助学生释疑，以培养学生的阅读能力。学生结合自己的生活谈一谈对音乐或舞蹈的认识，教师呈现郎朗练琴的时间表及杨丽萍脚受伤的图片，让学生充分认识实现梦想的不易。教师布置阅读文本再创作小诗的任务，将课堂自主权交给学生，在有意义的合作学习中提升学生的综合语言应用能力，使他们学会对他人进行客观公正的评价，实现课堂教学评价的多元化。

活动三

（1）Write the dream card（写梦想卡片）。

Miss Li knows the dreams of her students, now I want to know your dreams. Please write down your dreams.（Give students key words to help them finish writing）

学生写下各自的梦想，教师提供相关词汇，帮助学生完成写作。

（2）Share your dreams in class.

（3）Talk and say.

T：It is easy to have a beautiful dream. But making it come true is more important. What should we do to make our dreams come true?

学生为了实现我们的梦想，应该怎样做呢？

S：Work hard, read more books, listen to the teachers, keep healthy, do more sports…

T：We should be diligent every day. We should review our work every day.

We should do our work efficiently. We should analyze our work from time to time.

Then we will be the master of our work.

And our dreams will come true.

（4）Think and debate.

辩题：Is it easy to make our dreams come true?

学生分正反两方展开辩论。

正方：

S1：If we work hard, we can make our dreams true easily.

S2：If we make our dreams small and real, then our dreams will come true easily.

反方：

S3：There are many difficulties when we make our dreams come true. That's why many people give up their dreams

S4：Sometimes our parents don't support our dreams…

T：Now everyone has a dream, remember always keep trying and practicing, you will make dreams come true some day.

育德理念解读：学生对文本有深层理解后，把"梦想"话题从课本迁移到现实，让学生通过书写梦想卡的方式，实现从读、说再到写的过渡，实现文本迁移。教师进一步启发学生思考如何才能梦想成真，让学生联系实际，有话可说，提升语言综合运用能力，训练他们的发散性思维同时渗透情感教育。

学生对自己的未来都有着美好的憧憬，但如不付诸实践和行动，不踏踏实实地走好每一步，梦想就会变成泡沫，一吹即散。本节课末，教师通过相关首字母单词的引入及歌曲的播放，升华本课的主题。

六、育德反思

《中小学德育工作指南》提出，要围绕课程目标，联系学生生活实际，挖掘课程思想内涵，充分利用时政媒体资源，精心设计教学内容，优化教学方法，发展学生道德认知，注重学生的情感体验和道德实践。坚持"五育并举，德育为先"，着力培养担当民族复兴大任的时代新人是当代教师的责任与使命，发挥课程育人的功能，有计划、巧妙自然地将德育渗透于学科知识并融于一体，达到良好的育人效果。

（一）丰富教师的教学资源，拓宽育人渠道

语言来源于生活。学生学习语言，是认识世界的一种方式，教材的资源显然不足以满足学生认识世界的需要。这就需要围绕主题，寻找更加丰富的教学资源作为辅助，拓宽育人渠道。

1. 寻找与课堂教学内容匹配的辅助教学资源

在课堂教学中，我们能够通过声音、图片、视频、文本等资源为我们完成教学目标服务。生动而立体的资源，会帮助学生更好地理解育人元素。文本中提到宇航员、宇宙飞船等生词，可让学生了解搭乘"神舟十三号"载人飞船的三位中国航天员。展示图文并茂的资料，观看精彩的太空科普课，孩子们展现出对浩瀚太空的无限遐想和美好憧憬。我国的空间站建造取得阶段性成果，中国人首次入驻自己的"太空家园"，历史在辛勤的奋斗者手中不断刷新纪录。正如首位女航天员王亚平所说，只要有梦想，只要去奋斗，就一定会心想事成。

2. 寻找与学生学业水平匹配的拓展性教学资源

在严格落实国家课程的基础上，鼓励开发形式多样的拓展类课程，比如绘本阅读、戏剧教育等。这些课程的实施都为体现学科育人、落实核心素养提供了更宽广的渠道。英语教学是一片充满人文气息的天地，作为教师，我们应该重视对人文内容的发掘，重视对学生人文精神的教育培养，引导学生感受语言背后的育人价值和思想，体会学习的乐趣，使学生的文化品格、思维品质等学科素养得以落实。

（二）优化教师的教学设计，发掘育人元素

教材以话题来编排内容，涉及学生的个人、生活、交往等方方面面，教材就是很好的育人素材。在进行教学设计前，应仔细研读课标，充分解读教材，从单元的立意出发，根据教材内容，梳理本单元的语言知识和育人元素，关注育人价值的目标达成情况，最后考虑环节的设计，形成单元整体备课思路。遵循这种思路，我们就能发现教材中隐藏的育人暗线，并通过教学设计使这些育人的元素显现出来。明暗两条线互相交织，逐步递进，最终达到学科素养提升的目标（图3-5）。

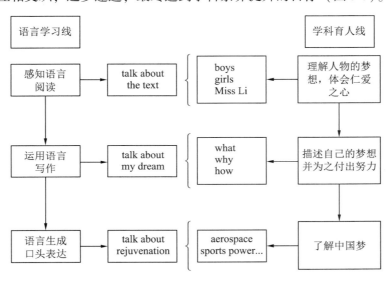

图 3-5

教学设计时巧用教材中的留白，不但能提高学生的口语表达和写作能力，而且能将多角度思考问题的方法无痕地渗透在教学活动中，培养学生的育人品质。围绕本课主题创设"问题场"，将学生引入问题情境中，引导学生主动思考、全面看待问题，使学生更加清晰、深刻地认识问题。教学活动中的德育实现可以是全程体验，可以是思考的触动，还可以是留白的感悟。教师让学生在对话学习的基础上，巧妙地设计留白式的德育情境，不仅能使语言交际实现拓展运用，更能留给学生实践的机会。

（三）增强学生的文化自信，学会综合运用

学生需要具备用英语传播中华优秀文化的能力，这不仅符合当今社会发展的趋势，同时也是青少年个体发展的需要。新的时代使命要求学生积极主动地担负传播民族优秀文化和讲好中国故事的重任。教材提供的对话虽然没有直接呈现德育元素，但学生通过对话交际逐步走进生活场景，初步感受人物在语言交际中包含的思想情愫。学生通过综合运用阅读策略，根据图片或关键词，复述文中六位同学的"梦想"及拥有该梦想的原因，明白对梦想的追求因人而异。能用"I want to be…, I want to do…"的句式表达自己的"梦想"，并说出为梦想所采取的行动。

（四）坚定学生的理想信念，学会质疑思辨

自由辩论给学生思考并质疑的机会，激发学生的情感体验，给学生提供机会表达自己的观点，为相应的改变做充分准备。由于学生的知识储备、词汇等方面的局限性，辩论环节的开展成为小部分同学展示的舞台，大多数学生并没有较好地参与进来。学生通过感受引发情感上的共鸣，有感受、有思考、有表达，一节课下来，学生的思考满满，道德教育摆脱了教师说、学生听的苍白无力，学生在读中思、思中悟、悟中改、改中行，真正从内心深处受到了教育。学生对情感、态度和价值观有更深的领悟。学生在具体的情境中，学会模仿课本中所学到的对话语言，再加上认知和生活经验等，合理创编对话，在情境中充分思考实践、感悟提升、明辨是非，很好地实现德育的内化和迁移。

立德树人是教育的最终目标，培养学生正确的价值观是小学英语教学中育人价值的良性体现，英语教师不能因育人价值短期难以见效而不为。要把英语教育的工具性和人文性真正有机地结合起来，充分挖掘教材的情感教育内涵，激发学生学习英语的兴趣，培养他们良好的思想品德。"才者，德之资也；德者，才之帅也。"教师应当思考如何充分利用各种信息资源，精心设计并组织开展主题明确、内容丰富、吸引力强的课堂活动，如何用正确的价值导向引导学生，如何用积极向上的力量激励学生，促进学生形成良好的思想品德和行为习惯。这需要我们在实践中不断反思，不断改进。让学生欣赏英语之美，让课堂绽放德育之花，实现立德树人，全面发展核心素养已成为教学工作的重心。

专家点评

道德的本质是认知。自主建构是发挥学生主体作用进行主动学习，认识道德本质的重要方式。本案例的教育对象是六年级的学生，他们的思维处于皮亚杰所说的"形式运算阶段"，能够用逻辑推理、归纳或者演绎的方式来解决问题，实现自主建构。本案例贯彻了新课改活动型学科课程精神，充分注重学生主体作用的发挥，在第二语言的学习中渗透理想信念教育。

本案例贯穿了在活动中自主建构的思维。首先，教师设计具有层进式的填空任务，让小组在竞赛中进行小诗填空，了解语篇中人物"梦"的美好；其次，教师组织学生填写梦想卡并分享，描绘和展示自己的"梦"的美好；最后，教师组织学生进行梦想之路的自由辩论，理解筑梦的艰辛和不易。从知别人之梦，到绘自己之梦，再到筑自己之梦，执教者在提升学生的英语语用能力中有意识地融入理想信念教育。当然，在描绘和辩论的过程中，师生肯定能够对个人梦进行延伸和拓展，使之和中国梦相关联，实现小梦与大梦的衔接。

本案例设计触摸了新时代的脉搏，体现了新课改的精神，闪耀着活动型学科课程的光芒，体现着建构主义的思想，呈现了活泼的学习样态，是一种立德树人情怀的舒展。

点评专家：沈雪春

案例五：坚定理想信念　实现人生价值

一、内容选择

本课内容选自人教版思想政治必修4第二单元第六课第三框"价值的创造和实现"。

二、德育点分析

1. 显性内容

"价值的创造和实现"这一框是哲学部分最后一课的最后一框，是情感态度价值观的升华。本框从"弘扬劳动精神，实现人生价值""在个人与社会的统一中创造和实现价值""在砥砺自我中创造和实现价值"三个维度，阐明人生的真正意义，让学生明白只有努力为社会做出贡献的人生才是真正有价值的人生。这是显性的德育内容。

2. 隐性资源

教学过程中，贴近学生生活实际，利用学生身边榜样人物的先进事迹让学生切实感悟什么样的人才是我们学习的榜样，怎样的人生才是有意义的人生，从而从理论认知上升为自觉行动。这是需要挖掘的隐性德育内容。

3. 生成因子

高中阶段正是学生世界观、人生观和价值观逐步形成的特殊时期，科学理论的正确引导是不可或缺的，所以本节课通过榜样引领的方式，解决部分学生缺乏理想信念的问题，增强学生实现理想的信心，鼓励学生努力奋斗、勇于追梦，在提高自身素质的前提下，为他人和社会服务，从而实现自身的人生价值，创造幸福人生。这是生成的德育因子。

三、德育目标

1. 道德认知

明确实现人生价值的条件和途径，理解真正有价值的人生是要为社会做贡献的。

2. 道德情感

通过张桂梅校长的感人事迹，学生领悟和认识实现人生价值的正确途径，提高创造和实现人生价值的自觉性。

3. 道德行为

（1）政治认同：树立正确的价值观、崇高的理想与坚定的信念。

（2）科学精神：充分利用有利条件，克服不利条件，创造必要条件，在个人与社会的统一中创造和实现价值。

（3）公共参与：积极投身于为人民服务的实践，创造美好幸福的人生。

重点：实现人生价值的途径。

依据：在劳动和奉献中实现人生价值是本课的落脚点，对于培养学生正确的世界观、人生观、价值观有重要意义。

难点：在个人与社会的统一中创造和实现价值。

依据：很多学生认为，人生价值的实现是完全可以脱离社会的"个人奋斗""自我实现"。但其实人生价值的实现除了要靠个人的努力，也离不开社会为我们提供的客观条件。如何处理好个人与社会的关系，对于高二学生来讲，在理解及行为选择上存在一定的困难。

四、育德策略

南通市课改提出了"立学课堂"的教学理念，所谓"立学课堂"，即"立人之学""立根之学""立身之学"，它们分别回答了"培养什么人""为谁培养人""怎样培养人"的问题。"立学课堂"形式上让学生从原来的"坐"着学到现在的"立"着学，实质上"是一次教育的回归：回归到落实'立德树人'的根本任务，回归到培育学生发展核心素养上来，回归到'以生为本，学为中心'的课堂教育理念上来，从而实现由'追求效率'到'育人为本'的根本转变"。因此，为了充分调动学生的学习积极性，提高课堂教学的时效性，更好地实现本课的德育目标，我们选取了贴近学生生活的素材，用学生生活中熟悉人物的事件为背景材料，一例到底、层层深入，采取情景导入、合作探究、宣读誓词等多种教学方式，让学生在合作中探究，在探究中学习，在学习中解决问题，充分发挥了学生的学习主动性，培养了学生的团队合作精神及探究解决问题的能力，在探究和活动中树立正确的三观，做到知行合一，实现人生的真正价值，探寻生命的意义。

五、育德过程

师：2021年是我国建党一百周年，在这个特殊的时刻，中共中央为了表彰全国优秀共产党员、全国优秀党务工作者和全国先进基层党组织，首次以中共中央名义向29名同志颁授"七一勋章"。让我们来一起走进现场，领略他们的风采。

导入：播放2021年29名"七一勋章"获得者授勋仪式的剪辑版视频，引出今天的主角：张桂梅，并介绍其先进事迹。（张桂梅曾获全国先进工作者、全国五一劳动奖章、全国三八红旗手、中国十大女杰、全国优秀教师、全国优秀共产党员、时代楷模等多项荣誉称号）

材料1：张桂梅扎根边疆教育一线40余年，默默耕耘、无私奉献，为了改变贫困地区女孩失学辍学现状，推动创建了全国第一所免费女子高中，2008年建校以来已帮助近2 000名女孩走出大山，走进大学，用知识改变了贫困山区女孩的命运，使她们成了对社会有用的人，用教育阻断了贫困代际传递。

活动一：榜样引领，探寻幸福人生的路径

播放视频：张桂梅代表"七一勋章"获得者发言。

结合材料1与视频思考：张桂梅是如何实现"阻断贫困代际传递，改变三代人命运"的梦想的？

学生合作讨论。【以6人学习小组为单位，分组讨论2分钟，每组派代表发言】

教师归纳总结：步入花甲之年的张桂梅可以说为山区教育事业奉献了自己的一切。她用真实感人的行动（劳动）和无私的奉献精神，感动着所有人，创造了自己的人生价值，成为我们每个人心目中真正的偶像。

育德理念解读：用29名"七一勋章"获得者的事例，让学生明白不论何种岗位、何种身份，都能在为人民服务的奋斗中实现自己的人生价值，让学生体会人生的真正价值在于奉献。接着选取张桂梅的感人事迹，试图用贴近学生生活的人物和真实案例，增强他们对劳动与奉献的认识，培育学生热爱劳动和奉献社会的品德。

【板书：1. 弘扬劳动精神，实现人生价值】

材料2：张桂梅为了创办免费女子高中，2002年开始四处筹钱，她拿着自证"优秀"和"靠谱"的奖状去"化缘"，因为个人力量有限，五年间仅筹集到1万元。后在各级党委、政府和社会各界爱心人士的关心支持下于2008年建立华坪女高，并一步步使华坪女高成长为丽江市最好的高中，帮助许许多多贫困山区的女孩子飞出大山，改变了她们的命运。

辨析：有人认为张桂梅的成功完全是她个人努力的结果，对此你怎么看？

学生合作讨论。【以6人学习小组为单位，分组讨论2分钟，每组派代表发言】

教师归纳总结：女高从无到有，不断发展壮大，张校长付出了自己的艰辛劳动，她的成功离不开她个人的努力，离不开她对信仰十年如一日的坚守，同时也离不开党和国家这个坚强后盾，离不开社会各界爱心人士的支持，离不开学校全体教职员工的辛勤付出。

育德理念解读：在价值冲突中让学生明白完全脱离社会的"个人奋斗"是不存在的，个人价值的实现离不开社会为我们提供的各种条件，因此，个人也要努力为社会做贡献，回馈社会，做一个对社会有用之人。我们要处理好个人与社会的关系，在个人与社会的统一中创造和实现人生价值。

【板书：2. 在个人与社会的统一中创造和实现人生价值】

材料3：巨大的压力和长时间高负荷的工作，让张桂梅的身体每况愈下，她患上了肺气肿、肾囊肿、颅骨骨瘤等23种疾病。因为关节痛，手指伸展不开，她的手上贴满膏药，每天靠吃止疼药坚持工作，但她拒绝住院治疗，她要把时间留给学生。

2018年4月的一天夜里，张桂梅疼得失去了意识，通过一系列的抢救，张桂梅终于苏醒了。她醒来问的第一句话就是："能不能把我的丧葬费提前预支了，我要看着这些钱用在孩子们身上才放心。"

64 岁的张桂梅，身体已经大不如从前，连爬楼梯都十分吃力，但每天清晨，她都会坚持做同一件事，即 5 点 15 分起床，来到教学楼为学生们开灯，她要为孩子们树立榜样。

从教几十年，张桂梅一直保留家访的习惯，因为在她看来，只有家访才能充分了解孩子们家庭的困难，让孩子们放下心理包袱，安心学习。13 年里，张桂梅走过 11 万公里的家访路。

合作探究：在张桂梅老师的身上，有哪些可贵的品质值得我们去学习？

学生合作讨论。【以 6 人学习小组为单位，分组讨论，请用笔写下关键词，每组派代表发言】

教师归纳总结：张桂梅校长身上的许多闪光点不仅感动着我们，也引领者我们。从她身上我们懂得了实现人生价值，需要充分发挥主观能动性，需要顽强拼搏、自强不息的精神；实现人生价值，需要努力发展自己的才能，全面提高个人素质；实现人生价值，还需要有坚定的理想信念，有正确价值观的引导。

育德理念解读：通过材料学生真切感受到张桂梅的人格魅力，明白实现人生价值除了需要社会为我们提供的客观条件，还需要个人的主观努力。

（1）需要充分发挥主观能动性，需要顽强拼搏、自强不息的精神。

（2）需要努力增长自己的才干，全面提高个人素质。

（3）需要有坚定的理想信念，有正确价值观的指引。

【板书：3. 在砥砺自我中创造和实现人生价值】

活动二：红梅赞，悟榜样优秀精神品质

材料 4：张桂梅老师的发言词（节选）。

有人问我，为什么做这些？其中有我对这片土地的感恩和感情，更多的，则是一名共产党员的初心和使命。小说《红岩》和歌剧《江姐》是我心中的经典，我最爱唱的是《红梅赞》。受革命先烈影响，受党教育多年，我把党的声誉看得很重，把共产党员这个称号看得很重。我们所做的一切，不过是许多共产党员每天正在做的事情，而党和人民给了我们如此崇高的荣誉。戴着这枚沉甸甸的勋章，我受到莫大的鼓舞。习近平总书记说，"征途漫漫，惟有奋斗"。只要还有一口气，我就要站在讲台上，倾尽全力、奉献所有、九死亦无悔！

许多学生和我说，上大学后，第一件事就是申请入党，要成为一名光荣的共产党员，沿着革命先烈的足迹，哪里需要就到哪里去。我们在学生心中深埋一颗颗红色的种子，帮她们系好人生第一粒扣子，引着她们做共产主义事业的接班人。学生们远方有灯、脚下有路、眼前有光，在山沟沟里也能看到外面精彩的世界，看到美好的未来。

设计活动：张桂梅校长说她最爱唱的歌曲是《红梅赞》，她自己就像红梅一样虽历经风雪，但格外耀眼夺目。古人云："宝剑锋从磨砺出，梅花香自苦寒来。"张桂梅校长的感人事迹让人动容，她值得我们每一个人去尊重，作为"七一勋章"的获得者，请在座的各位学生结合她的先进事迹，为她写一段 100 字左右的颁奖词。【小组合作完成，6 人一组，每组上台展示，同时播放歌曲《红梅赞》】

教师总结升华：我们要向张桂梅学习，学习她的精神品质，将来成为一个像她那样对社会有用的人。2021 年是建党 100 周年，我们在天安门广场举办了一场厚重、温暖、昂扬、青春的盛典。回望过去，我们在中国共产党的领导下，在一批批优秀共产党员的带头示范下，实现了从站起来到富起来再到强起来的伟大飞跃。展望未来，我们紧密团结，撸起袖子加油干，创造属于我们中国人民自己的幸福生活。

育德理念解读：张桂梅作为一名优秀的共产党员，为了自己的梦想不懈奋斗，我们应该向她学习。通过给张桂梅写颁奖词可以加深学生对她的了解，把她的优秀品质刻在心里，用她的行为指引我们。让学生明确，要实现人生价值，就要肩负起强国使命，提高自身，朝着成为一名优秀的共产党员的方向去努力。

活动三：展望未来，使理想照亮现实

畅谈梦想：青春是美好的，青春是充满幻想的，成功从这里起步，理想在这里起飞。同学们，你的理想是什么？你打算如何去实现自己的梦想？

育德理念解读：通过学生谈自己的理想，调动学生参与的积极性和主动性，激发学生的学习兴趣，在学生心中种下理想的种子，培育学生树理想、讲奉献的理念。实现对这堂课所学知识的迁移应用，达到知行统一。

师：每个人都需要树立自己的理想，并为了自己的理想不懈努力，同时我们还要把个人理想和国家的前途命运结合起来，实现人生的真正价值。为了让理想照亮现实，就请我们行动起来吧！

活动四：齐声宣誓

我们都是追梦人。

为实现第二个百年奋斗目标，

为实现中华民族伟大复兴的中国梦准备着；

为共产主义事业而奋斗！时刻准备着；

不忘初心，青春朝气永在，

志在千秋，百年仍是少年，

奋斗正青春！青春献给党！

请党放心，强国有我！

请党放心，强国有我！

请党放心，强国有我！

教师归纳总结：人民群众是历史的创造者，是社会历史的主体。作为青年学生，我们要立足这一庄严和自豪的历史时刻，肩负中华民族复兴使命，弘扬伟大建党精神，以史为鉴，开创未来。

新的征程上，我们继续坚持和弘扬社会主义核心价值观，努力提高自身素质，为国奉献。努力为党、为人民争取更大幸福。未来属于青年，希望属于青年。只要有我们每一位热血青年，中华民族伟大复兴的中国梦就一定能够实现！

育德理念解读：通过齐声宣誓增强理想信念，振奋斗志，树立为国家为社会奉献自己青春的理念，从而更好地投入当前的学习任务中，努力增长自身的才干，全面提升自身素质，为实现中华民族伟大复兴的中国梦时刻准备着。

六、育德反思

本课主题是探讨人生价值实现的问题。通过张桂梅的先进事迹挖掘其身上的优秀品质，探寻实现人生价值的路径，在探究活动中潜移默化地让学生明白，真正有意义有价值的人生是要在劳动中努力为社会做贡献，从而实现自身的社会价值。榜样人物的真实事例更具感染力和说服力，学生能够切身体会偶像的力量，明白什么样的人才是值得我们敬重的偶像。帮助学生树立正确的世界观、人生观和价值观，树立坚定的理想信念，学习榜样人物的精神品质，从而内化于心，外化于行，最终落实到自己的行动上。本课中的四个活动环环相扣、层层递进，基本完成了立德树人的育人目标，但在活动设计上还缺乏一定的新颖性，否则就能更好地调动学生的积极性、主动性，让他们更好地投入其中，实现内心情感的升华。

专家点评

本案例的亮点主要表现在两个方面。一方面，教学情境具有主题性和示范性。执教者以国家"七一勋章"获得者张桂梅的事迹作为主题情境，从张桂梅的获奖感言，到"化缘"办学，再到抱病工作，以感人至深的事迹营造了具有时代性和典型性的正面教育场域。另一方面，教学活动具有合作性和建构性。执教者按照循序渐进的教学规律，采用合作学习的活动方式，从讨论式的知识理解，到辨析式的知识应用，再到项目式的知识迁移，让学生在主动学习中逐层建构学科知识的意义。

具有示范性的情境和合作式的活动能够为学生的道德发展提供榜样示范和社会交往的生长方式。按照科尔伯格的道德发展六阶段理论，高中学生处于"维护权威和秩序的定向阶段"，因而，榜样示范和社会交往是该学段学生道德生长的重要影响因素。本案例中的张桂梅在学生的道德生长中具有榜样示范的作用，而小组合作在学生的道德生长中具有社会交往的作用。

当然，身边的真实情境和社会交往是高中段学生道德生长的大场域，组织学生在身边真实情境中进行社会交往，让学生走进社会大课堂去实现价值，是帮助学生"扣好人生第一粒扣子"的需要，也是思政人肩负的责任和担当。

点评专家：沈雪春

第四章

在学科教学中活化生态文明

> 生态文明建设是关系中华民族永续发展的根本大计。
> ——选自习近平在 2023 年 5 月 18 日全国生态环境保护大会上的讲话

 主题解读

立足学科教学　孕育生态文明之美

广义的生态文明教育，着眼民族未来，面向全体国民，调动一切积极力量，必然要走向法治化、全民化、系统化的发展道路。此处仅探讨狭义的、以学校为主体，以中小学学段为主要对象的生态文明教育发展。在学校教育的视角下，生态文明教育是指有计划、有目的、有组织地通过各种形式的教育教学工作培养学生的生态文明素养的活动。生态文明素养可以划分为生态文明知识、生态道德意识、生态保护行为、生态文明观念四个维度。

一、中小学生态文明建设的内容及目标

《中小学德育工作指南》中明确提出了中小学生态文明教育的内容，包括：加强节约教育和环境保护教育，开展大气、土地、水、粮食等资源的基本国情教育，帮助学生了解祖国的大好河山和地理地貌，开展节粮节水节电教育活动，推动实行垃圾分类，倡导绿色消费，引导学生树立尊重自然、顺应自然、保护自然的发展理念，养成勤俭节约、低碳环保、自觉劳动的生活习惯，形成健康文明的生活方式。

针对不同学段，《中小学德育工作指南》明确了生态文明教育的要求。针对小学低年级，要求教育和引导学生初步了解生活中的自然、社会常识，保护环境，爱惜资源，养成基本的文明行为习惯；针对小学中高年级，则要教育和引导学生具备保护生态环境的意识；针对初中学段，要树立规则意识、法治观念，培养公民意识；针对高中学段，要教育和引导学生增强公民意识、社会责任感和民主法治观念，初

步形成正确的世界观、人生观和价值观。

二、中小学生态文明教育的现状

我国的生态文明教育经历了七十多年风雨,"从探索走向规范,从小众走向主流,从局部走向全面,生态学学科发展与科研教育共同深入。生态教育得到了较快发展,基本形成了学校教育和社会教育共同发展、互相促进的局面"。学校生态教育正在蓬勃发展、有序推进。

得益于国家七十多年来对生态文明教育的重视和规划,当下我国中小学生态文明教育在主观上得到了高度重视。生态文明教育普遍和自然、生物、地理等学科课程相结合,大多数中小学生在接受学校课程的基础上,还参加过校内外组织的以保护生态环境为主题的实践活动,并且获得了家庭和社会的支持。学生可以通过网络、电视、报刊等多种媒体获取生态文明知识。中小学生积累了更多的生态文明知识,生态保护活动增多,生态意识萌生发展,生态文明观念初步形成。

欣喜的同时,我们也要清醒地认识到当下生态文明教育的体系还不够完善,缺乏独立的生态文明教育的课程建设和教材研发,缺少专门的生态文明教育教师,生态文明教育的内容也比较浅显、片面。人们对于生态文明的认知和观念虽明显加强,但只是达到了知晓生态价值观的知识教育浅层,尚未做到将生态价值观贯穿于教育全过程,系统化构建;保护环境,爱惜资源的文明行为习惯还有待于进一步养成;绿色环保的生活方式还未能成为社会的普遍共识;公民意识、社会责任感的培养仍有进一步提升的空间;此外,各地开展生态文明教育的时长、力度、方法不一,主客观条件存在差异,也造成了生态文明教育的地区发展存在明显的不平衡问题。

当下学校生态文明教育的深入推动,不能仅靠单纯灌输浅层的环境知识,还需要进一步加深和完善系统的知识教育,需要广泛地开展情感教育、体验教育,在学习生态文明相关知识的同时,更要让学生获得对应的情绪、情感体验,养成维护生态的意识,唤醒、引导学生对环境行为作出科学的判断,进行正确的决策,把内化的认识外显为良好的行为习惯和稳固、科学的生态价值观。

三、中小学生态文明教育的实施建议

(一)走向校外,拓展丰富的实践课程

学校生态文明建设要立足学校实际、地方特点,走向生活大舞台,主动积极地开展样式丰富的社会实践课程。引入"外援",将地方上的水利局、生态环境部、国家林业和草原局、农委、环境监测站、环保联合会等政府或者社会机构资源引入学校,邀请生态部门的专家为学生开设相应的生态课程,指导学生开展力所能及的生态研学活动;利用海量的网络资源,获取信息、资源,获得远程指导,因地制宜地开展各类丰富的实践课程。湖北省十堰市组织生态环保专家团队开展分阶段的"生态环境科普教育课程进校园"活动,2019年全年在城区试点中小学开展科普课程20余场次,参训学生超过10 000人次,授课内容包括环保科普、绿色生活等方

面，取得了良好的社会反响。

学校也可以主动出击，组建生态文明建设志愿服务队，定期进社区开展垃圾分类、生态制品义卖、环保知识宣传等行动，把校内外、理论和实践勾连起来，在普及宣传生态文明知识，弘扬倡导生态文明行为，提高他人生态道德认知水平的同时，加强自我教育，促进知行合一。

（二）融入校内，构建多彩的生态校园

学校生态文明教育和其他德育内容一样，要善于在活动中教育人、培养人。生态文明教育应当成为校园文化建设的重要组成部分。

校园的橱窗、宣传栏、校刊、广播站、电视台、微信公众号、多媒体学习机等丰富的媒体都可以成为生态文明知识的发声筒、展示台；校园的所有场馆、一草一木、一屋一舍、一抔土丘、一方池塘都可以成为生态文明的实践基地；校园的各类资源都可以不受学科课程的限制，跨界合作成为生态文明拓展课程的原材料。

以上海青浦区第一中学为例，他们以校园为阵地，开展"走进地理生态课堂——校园雨水资源的生态化利用"研究。他们以上海地区多涝灾为背景，打通地理、物理、化学、生物等多个学科界限，学生在分析上海地区气候特点的基础上，采集校园池塘水样进行水质测定，开展雨水净化实验，研究池塘水培植物的作用及栽培方法等，在小校园内践行大生态教育。

我们还可以在校园内组织开展植物身份挂牌、树木认养、垃圾分类、班级菜园、学校农场、雨水回收、微生态系统探究、气象观测等多样生态文明综合课程。打破学科教学的藩篱，把生态文明教育的内容点化成校园文明创建中的因子，渗透到校园生活的日常环节中去，使生态文明观得到自然的生长。

学校构建富有特色的校园生态文明课程，可以依托特色课程、社团活动、综合实践等开展"主题研究""项目化研究"，当然也可以开设跨学科的"融合课程"，聚焦生活场景，整合不同学科知识，锻炼学生运用生态文明知识解决实际问题的能力，培养学生对环境行为做出科学判断、正确决策的意识。

（三）依托学科，融入日常的教育教学

课堂是教育教学的主阵地，是学校生活最基本的构成部分，依托学科教学渗透生态文明教育是开展生态文明教育的基础出发点和关键所在。早在1990年，国家教委印发《现行普通高中教学计划的调整意见》提出，环保教育安排在选修课和课外活动中进行，或渗透到有关学科中结合进行。随后的十年间，教育部门调整了学校环境教育的教学计划、课程要求，对环境保护教育提出了更为明确、具体的培养目标。生态文明教育的课程建设在探索中不断推进，生态文明意识培养的基本路径也逐渐清晰。"充分发挥课堂教学的主渠道作用，将中小学德育内容细化落实到各学科课程的教学目标之中，融入渗透到教育教学全过程。"通过学科教学开展课程育人，成为中小学德育工作的首要途径、重要途径。

依托学科教学开展生态文明教育，需要教育主管部门、学校教育教学管理者、实施者达成高度共识。党的十八大以来，多地加强了环境教育的立法工作。天津、洛阳、哈尔滨、南京等多个地方政府出台环境教育条例、办法，标志着生态文明法治建设的水平普遍得到了显著提高。

在这样的大环境下，教育工作者务必高度重视、全面参与、深度投入"全员育人、全程育人、全方位育人"的思想道德建设工作中去，投入学科教育与生态文明教育互促共建的实践活动中去；务必摒弃单一、片面、狭隘的育人观，真正致力于培养德智体美劳全面发展的社会主义事业的建设者和接班人；务必认识到知识与能力、过程与方法、情感态度与价值观的三维课程目标是互相依存、不可分割、不能偏废的整体。

这种认识首先体现在生物学选择性必修2把生态文明教育目标纳入教学设计的学习目标中去。以人教版普通高中第4章第3节《生态工程》的教学为例，教师将目标制定为：通过"桑基鱼塘"的实例，组织学生学习生态工程原理，自主建构生态工程的概念；开展调查研究，分析人与自然和谐发展的生活模式，培养学生形成生物与环境相适应的生命观念；通过"生态农业县"建设的拓展探究，培养运用所学知识解决现实问题的能力，增强保护生态环境的社会责任感；通过了解我国近年来在生态工程方面的成就，增强学生的民族自豪感。做到了高度重视、充分发掘教材内容中的生态文明教育因素，将增加学生生态文明知识，培养学生生态文明意识，与指导学生生态文明行为有机融合在了一起。

依托学科教学开展生态文明教育，需要认真研读、系统把握教材，读懂教材编写者的良苦用心，贯彻每门学科课程标准、教学大纲中的德育要求。至今仍有不少老师存在认知上的误区，以为生态文明教育这样的德育内容是思想品德、道德与法治之类少数课程的教学范畴，至多在科学、语文这类课程上"露个脸"即可，缺少对学科教材本身蕴含的德育内容的足够重视、整体观照和系统把握。

以现行2013年审定的牛津译林版初中八年级英语教材为例，教材刊首语中这样写道："我们还会结识可爱的动物朋友，一起关注濒危动物，认识大自然的四季轮回和气候变换，了解自然灾害、意外事故以及基本的急救措施，远离可能遇到的危险。""作为学生的我们，同时也是社会大家庭的一员，文明礼貌要时刻谨记；奉献爱心要从点滴做起；我们要关爱社会，保护地球，建设美好的绿色家园。"教学内容上，八年级上册安排了第五单元 Wild animals（野生动物），第六单元 Bird watching（观鸟），第七单元 Seasons（四季），第八单元 Natural disasters（自然灾害）。八年级下册编排了第一单元 Past and present（过去与现在），第七单元 International charities（国际慈善机构），第八单元 A green world（一个绿色世界）。纵观整个八年级，编入了大量可供生态文明教育使用的显性内容。

教师敏锐地抓住了教材的特点，在教授 A green world 这一单元时，以保护环境为主线，组织开展师生对话、生生对话、师生活动，联系时代背景，起草英文倡议书，呼吁全世界一起保护生态文明。引导学生树立起尊重自然、顺应自然、保护自然的生态文明理念，培养人与自然和谐相处的生态价值观。这就是执教者对英语学科教材生态文明教育内容胸有丘壑、顺势而为的正确选择。

再如 2019 年最新修订的人教版和鲁科版高中化学必修教材，可梳理提炼出其中与生态文明教育相关的段落，人教版共 89 段，鲁科版共 63 段。两套教科书中出现的生态文明教育素材内容丰富，涉及清洁能源、污染治理等九个不同方面，个别内容反复出现，最高出现频次竟达到 36 次之多。两版教科书均在清洁能源、污染治理、资源国情、材料技术要素上涉及较多（详见图 4-1）。教师在使用各版本学科教材时，均可以充分依托课本研读已有内容，开展教育教学。

教师在使用人教版高中化学教材讲授第二册第五章"化工生产中的重要非金属元素"时，将教学目标表述为：能说出含硫物质进入大气的主要途径，知道二氧化硫进入大气能形成酸雨危害环境，关注人类面临的与化学有关的社会问题，增强环保意识，培养社会责任感。这个目标里包含了学科知识，也培养了学生的环保意识、现代公民意识。

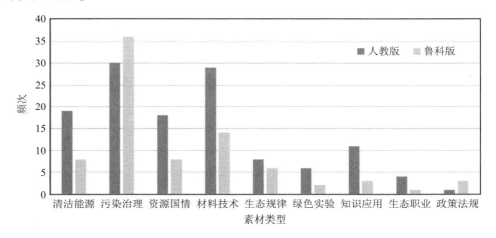

图 4-1

教材具有强烈的意识形态属性，是国家意志和社会主义核心价值观的集中体现，是落实立德树人根本任务的扎实地基。生态文明教育和其他德育内容一样，绝不是某几门课程才需要、才能够开展的德育内容。使用教材的一线教师，应当充分认识各科教材编写者在教材中渗透的德育意图，充分、全面地了解教材、使用教材。有意识地在各学科教学的日常过程中，正确地传授生态文明教育的知识内容，培养学生的生态文明意识，指引学生的生态文明行为，形成正确的生态价值观，培养现代社会需要的良好公民意识。

依托学科教学开展生态文明教育，需要充分发掘各门课程蕴含的道德内涵，充分利用好时政媒体资源。发挥不同课程的德育功能，各学科教师不能局限于教材中直接呈现的显性生态文明教育素材，还要有生态文明教育意识加持下的"慧眼仁心"，去充分挖掘各门课程中潜藏的德育资源，去适时引入生活中关联的德育材料，去及时关注时政媒体信息，把握时代的脉搏。

以统编版小学语文教材为例，通过对低中高三个学段的课文文本、活动设计及插图的整理与分析，可以发现在教材中与"保护生态环境"直接或明显相关的内容相对较少，但是可供挖掘、拓展的隐性素材的内容十分丰富，分散在小学学习的整个阶段，且隐性素材内容篇目数量达到显性素材内容的四倍多（表4-1）。小学语文教师在教授这部分隐性内容时，可以激发学生热爱自然、敬畏生命的情感，培养保护环境的意识。也可以依据课文内容引导学生联系实际、讨论探究、辨析是非，为形成绿色环保的生活方式，养成健康的生活习惯奠定基础。

目前我国中小学开设了大量丰富、生动的课程。不同的课程有其自身特点，在教育教学的过程中，我们要依据课程本身选择适宜的德育内容。就生态文明教育而言，语文、历史、地理等学科教材中的动植物世界、山川河岳、古今变迁，往往本身蕴含着适合开展生态文明教育的潜藏因素，稍作加工，即可为我所用；数学、物理之类的学科，更注重学生科学精神、科学方法态度、探究能力、逻辑思维能力的培养，在这些学科开展生态文明教育，可以相机进行，随堂渗透；在道德与法治、科学等这些学科教学的过程中，应当密切关注时政资源、科技的进步与发展，将生活引入课堂，用时事丰富课程。

表4-1　统编版小学语文教材中的"生态文明教育"素材分布情况

		一年级/个		二年级/个		三年级/个		四年级/个		五年级/个		六年级/个		合计/个	
		上册	下册	上册	下册	上册	下册	上册	下册	上册	下册	上册	下册		
显性素材	保护生态环境					2								2	15
	人与自然				1	2	2	2		1	1		4	13	
隐性素材	动物	5	3	2	4	3	3	1	5	3		1		30	87
	植物	2	2	2	2	3	2	2	2					17	
	自然	4	1	6	5	5	4	5	2	4		2	2	40	

如2022年1月汤加火山爆发，引发了海啸、火山灰、超远距离冲击波等，激起各界热议。教师可以带领学生了解汤加的地理位置、地貌特征等；了解包括中国在内的各国支援汤加的情况；模拟火山爆发实验，了解火山喷发对周边和全球国家已经和可能造成的影响；分析此次的火山爆发指数；了解火山喷发对气候环境可能造成的影响；了解历史上的著名的火山喷发……围绕这个时事热点，地理、历史、道德与法治、化学等多门学科的教师都可以展开主题探究活动，开展鲜活多样的生态文明教育。

依托学科教学开展生态文明教育，需要持续渐进，顺势而为，久久为功。

依托学科教学开展生态文明教育，充分发掘道德内涵，并不是以德育代替学科教学，以德育代替一切。生态文明教育的目标达成分解、渗透到各个学科多个学段的教学中，贯穿在教育成长的全过程中的。道法自然，生态文明教育也应该有机融入教学。如小学三年级数学课，教学内容是"万以内的加法"，本单元的主题图是湿地动物图，教师从图片入手进行新课导入，可简要介绍湿地是我国重要的土地类型之一，在湿地上生活着很多稀有的动物，随着湿地保护的加强，湿地动物数量迅速增长，生态环境更加优化，随后即可迅速进入主要学习内容，不必在此处过多纠缠，以免喧宾夺主。

不同学段开展生态文明教育，目标不同，做法自然也不尽相同。对小学学段，要使儿童了解生活中的自然常识，去感受体验、去思索探究自然的多彩、生命的奇妙，去培养良好的行为习惯。要开展生命教育、热爱自然的教育，唤起他们爱护自然、爱护环境的意识，从而培养他们对自然的敬畏之心。对初中生而言，在感性体验的基础上，可以随着更加细化的分科，补充更多的专业知识。引导学生观察生活现象，开展理性的思辨，逐步培养其生态文明意识。而高中生阶段，则可以增加哲学教育的内容，引导学生培养思辨的头脑，逐步领会人与自然和谐共生的真谛，感悟"天不言而四时行，地不语而百物生""万物各得其和以生，各得其养以成"的自然哲学。

德育目标的达成不可能一蹴而就，道德修养需要日复一日、年复一年，在潜移默化中涵养渐进。因此，在学科教学中实现生态文明教育，既要顺势而为、巧妙设计，也要因势利导、细水长流。实现生态文明教育有机融入学科教学需要有意识、有技巧、有梯度的精心设计，也需要因地制宜地制定评价方法，将学生的学习表现、学习结果纳入其综合素质评价。围绕学前、学中、学后三个方面，通过自评、互评、师评等多主体评价方法，全面评定学生在学习过程中的表现，从学科教学到生活日常，不断强化生态文明理念，有针对性地考查学生的行为习惯和生活方式，做好生态文明教育的水磨功夫，只有这样，生态文明教育的目标达成才能真正水到渠成。

生态文明建设是关系中华民族永续发展的根本大计，为了中华民族的生生不息，我们应当始终坚持立足学科教学，开展好生态文明教育工作，做到久久为功，善作善成。

 案例赏析

案例一：健康生命源　润泽一方土
——《小水滴的诉说》案例实录

一、内容选择

本课内容选自统编版小学道德与法治二年级下册第三单元第9课《小水滴的诉说》。

二、育德点分析

1. 显性内容

《小水滴的诉说》这一课，以小水滴的口吻，诉说水对地球上各种生物的重要作用及水资源被破坏的情况，突显水对生活的重要性，让学生进一步认识到地球上的淡水资源是有限的，感受水资源的珍贵，激发爱水、护水的情感。这是显性的育德内容。

2. 隐性资源

教学中，结合生活实际和低年级学生的认知特点，引导学生正确认识人与自然的关系，树立环保意识、法治意识，明确爱惜资源、保护自然的价值导向。这是挖掘的隐性德育内容。

3. 生成因子

采取多样的教学手段，让学生在看、说、做的过程中，体会水是生命之源，节约用水从我做起，从点滴做起，养成珍惜每一滴水的好习惯。这是生成的德育因子。

三、育德目标

1. 道德认知

了解地球上水资源的分布，知道水与人们的生活息息相关，认识水资源的重要。

2. 道德情感

知道地球上淡水资源是有限的，是珍贵的，激发学生热爱水、珍惜水的情感。

3. 道德行为

敢于劝阻日常生活中破坏水资源的行为，树立环保意识和社会责任感，初步养成节约用水、保护水资源的好习惯。

重难点：让学生体验水资源的珍贵和来之不易，激发学生热爱水、珍惜水的情感；感知水资源的匮乏，增强保护水资源的意识。

四、育德策略

本次教学的设计本着"生活性，开放性，活动性"的主要理念，探索学科育德的实施路径，落实立德树人的根本要义。从学生生活出发，引入儿童生活中的典型问题，鼓励儿童自己在探寻问题解决方案的过程中，展示多样化的个性和丰富的智慧。教学中采用情感陶冶法、问题牵引法、思辨探究法、品德评价法等多种策略，以活动为载体，情感为积淀，讨论分析、角色扮演、搜集调查等多种形式并存，加深对水资源的认识，具有水资源缺乏的危机意识。以景染情、以境触情、以行促情，从而实现育德目标：树立环保意识，培养节约用水就是珍惜未来的责任感和社会使命感，争做新时代的好儿童。轻松愉悦的学习，深刻清晰的明理，丰富情感的升华，处处彰显学科养德的育人功效。

五、育德过程

（一）创设情境，以境生情

1. 讨论秋游经历，畅谈自己的发现

师：今天，我们请来了一位旅行家，它走过了祖国的山川河流，猜猜它是谁？

大家一起跟它打声招呼吧！【出示：小水滴】

师：一路旅行，一路风景，让我们一起跟着小水滴去旅行。希望你们在旅途中用心感受和体验小水滴对我们说的话。

师：旅行中，跟着小水滴的介绍，你发现了什么？

师：小水滴可以滋润万物，灌溉农田……有了它，我们的世界充满了生机和活力，变得更美了。植物们喜欢它，动物们喜欢它，小朋友们喜欢它吗？

2. 小组交流

师：今天小水滴去你家了吗？你用它来——

师：假如没有了小水滴呢？

3. 小结

小水滴本领大，是我们亲密的小伙伴呢！生活中我们处处离不开它。

育德理念解读：创设了小水滴旅行这样一个主题大情境，把活泼可爱的小水滴请到我们身边，生动的画面，灵动的音乐，美妙的旋律，营造了一种生动、民主的气氛，触动了儿童的心弦，让教学内容接续"童真"，让课堂增添"童趣"，让情感自然流淌。主题设计聚焦儿童视角，走向生活化，关注儿童已有经验，拨动儿童"情"弦。孩子们通过敏锐的眼睛，观察自己的生活，感受到小水滴是我们亲密的朋友，作用大，本领强，生活中处处离不开它，初步激发孩子爱水、护水的情感。

（二）问题牵引，以境触情

活动一：听故事，知珍贵

师：小水滴又要开始旅行了，让我们跟上脚步，一起出发吧。走着走着路上的风景变了，我们来到了陕北爷爷家，我们一起听听发生在那里的故事《爷爷的洗脸水》。

师：故事听完了，小朋友有哪些发现呢？小脑袋瓜里有什么问题呢？

预设：（1）爷爷为什么只用这一点水？

（2）爷爷要用这盆水来干什么？

…………

师：听听小水滴在我国的分布吧，我们小朋友一定会找到答案的。

【微视频解说】

师：其实除了爷爷家缺水，祖国还有很多地方缺水。看，翻山越岭的挑水，干裂的土地，渴死的牛羊，枯萎的禾苗……喝上一口清凉的水，是多少小伙伴的梦想啊！

活动二：议惜水，懂节约

师：爷爷家的水这样的珍贵，可是，有些小朋友不以为然。我们这里有长江，有大海，还有河流，水多着呢！我们干吗要节约水呢？你瞧，我们每天用的自来水拧开就"哗哗"地流，不是取之不尽吗？

师：你同意上面的观点吗？说说你的想法。

探究焦点：① 我们水龙头中的水是哪里来的？

② 我们城市里的水是用不完的吗？

小结：小朋友说得很有道理，小水滴都为小朋友竖起大拇指了！我们这里，水也不是取之不尽用之不竭的，如果每人都节约一滴水，汇聚起来就能成为一条大河了，这对缺水的地区来说，多么珍贵啊。所以我们也要爱惜它，不能浪费它。

育德理念解读：我们地处江南水乡，水资源丰富，孩子们对水资源的认识比较匮乏，普遍认为水是取之不尽，用之不竭的，根本不能体会水资源的稀缺，节约用水的意识很淡薄。活动中通过观看水的分布图，了解缺水地区人们用水的艰难；认识自来水的生产流程，感受我们日常用水的制取工序复杂、来之不易。辨析中思维火花的碰撞，更激发了孩子们内心的情感，引发心灵的共鸣——惜水、节水非常重要，水资源如此匮乏，要珍惜身边的每一滴水。

活动三：细观察，除痛苦

师：今天，老师也把小水滴请到了我们的课堂，仔细瞧一瞧（一瓶有杂质的浑浊的水），你敢喝吗？为什么？你想问？

师：小水滴生病了，它痛苦地哭了！谁来当当它的代言人？【学生诉说】

师：是谁伤害了它？【小小组活动】

师：老师想请大家来当一回小侦探，小小组合作查一查，到底是谁伤害了我们的小水滴？找一找小水滴遇到了哪些不幸？

小侦探们开始行动吧！

——小水滴被污染了【板书】

——小水滴被浪费了【板书】

师：假如你是小水滴，遭到人们无情的伤害，你的心情是怎样的？你想对人们说些什么？

师：小水滴是我们的朋友，我们能这样伤害朋友吗？你想对小水滴说——

师：如果你发现了一些伤害小水滴的行为，你会怎么做？

育德理念解读：唐代大诗人白居易曾言：感人心者，莫先于情。只有让学生感同身受，情感上才能共鸣。望着那一瓶浑浊的水，确实难以下咽；再瞧一幅幅水资源被破坏的画面，触目惊心。让孩子直面水污染的可怕，这是视觉的冲击，心灵的震撼，引起孩子深深的反思——珍惜水、保护水必须从小做起，从我做起，良好习惯的养成，从现在做起！还水资源一片明净！

活动四：明是非，在行动

师：小水滴特别赞同小朋友们的做法，听说我们正在开展"保护水资源，我们在行动"的护水活动，小水滴也想加入，跟着我们小朋友一起去查查身边有没有伤害小水滴的行为。

师：课前我让小朋友们已经做了调查，现在请大家相互交流一下调查结果，然后请小朋友来汇报。

视频辨析：【照片：濠河里扔垃圾】护水小卫士们，你们怎么办？

师：听了大家的建议，你看他们马上行动起来了，知错就改，善莫大焉。咱们小朋友平时和爸爸、妈妈出去游玩时，也要做到不乱扔、不污染，保护水资源。

小结：《小学生守则》第十条就提醒我们，节约用水，保护环境，这是我们每个公民的责任。

育德理念解读："纸上得来终觉浅，绝知此事要躬行"，雄鹰不动自己的双翅，永远不会飞翔，孩子也如此。当孩子有了一定的道德认知和道德行为时，也就具备了一定自我行为的评价能力。水是如此珍贵，孩子们知道还不够，还得化身护水卫士，落实到行动中去爱护水，保护水，让德育之花落地生根。《小学生守则》的呈现不仅是在告诉孩子们节约用水、保护环境是一种良好的道德行为习惯，更是一种约束的标尺，让法治意识在孩子们的心田播种、萌芽。

(三) 升华主题，情境交融

师：希望我们大家共同努力，让小水滴告别脏乱，恢复往日明净、重拾快乐。其实我们还有很多的好方法可以帮到小水滴，国家也在保护水资源方面做了很多努力，下节课咱们继续来讨论。

总结：（世界水日）滴水成川，积水成渊。让我们节约用水，保护水资源，从我做起，从身边小事做起，一起来做个环保小天使吧！

师：让我们跟小水滴说再见吧！【播放歌曲《小水滴》】

育德理念解读：主题大情境"小水滴的旅行"的创设有始有终，构建了完整的课堂，满足了孩子们追求美好愿望的需要，引发了他们的思考，德育的熏陶水到渠成。

六、育德反思

"道德与法治"课程是一门以儿童的生活为基础，以培养品德良好、乐于探究、热爱生活的儿童为目标的活动型综合课程，更是小学德育实施的主要途径。它讲究有深度、有温度，能触动孩童的心灵。本节课以孩子们生活中熟悉的场景为切入点设计活动，目的就是要让学生树立环保意识，具有社会责任感，自觉养成珍惜水资源的好习惯。

1. 巧设驱动性问题，培养探究能力

古人云："小疑则小进，大疑则大进。"可见提出一个问题往往比解决一个问题更重要。因此，在教学设计中，教师始终紧扣一个"疑"字，以孩子们的好奇心为探究的基点，以已有的学习经验为载体，鼓励学生敢于发问、大胆质疑，引导学生在不断的提问中拉近与小水滴的距离，加深对水资源的认识。小水滴去哪儿旅行？旅行途中心情怎么样？为什么要保护小水滴？……在一个个问题中，激发情感、启迪智慧、层层推进、螺旋上升，学生由疑而解，形成生动的思想、良好的品质、正确的行为，德育无声，润物无痕。

2. 开展多元化活动，丰富道德情感

教学中以问题为牵引，活动为形式，努力为学生提供质疑机会。因为处于长江中下游地区，水资源比较丰富，学生不能理解和想象缺水的情景，不能产生共鸣。为了让他们了解我国西部地区严重缺水的状况，教师改用书上的绘本故事，缓缓的音乐，动情的叙述，关于"水"的故事在课堂上静静流淌。生动的图文视频，让学生明白还有很多地方缺水、少水。故事中的留白，激发起学生的想象，让学生独立思考，自主钻研。教师引导学生在故事中发现细节、感悟内涵，深切感知水的珍贵和缺乏。

南通通江达海，以"我们这里有长江、有大海、有河流，我们要不要节约用水呢?"这样的追问，直切学生内心的疑问，辩论会的形式让学生思维的主动性、流畅性、广阔性得到训练和发展，在情境对比、自我感悟中，明晰缺水地区的人们需要水、爱惜水，水源丰富地区的人们同样也要节约用水，这是每个公民的责任。

通过设计小侦探活动，引发学生主动探究，从对教材的图文辨析开始，结合日常生活中的调查，了解浪费、污染水资源的做法，加深对小水滴不幸遭遇的同情，为第二课时的保护行为打下良好的认知和情感的基础。

3. 采集生活化讯息，助力德性生长

生活体验是道德学习的基础，是德性生长的源泉和土壤。在教学设计中，教师尽量使课堂贴近学生的生活，把课堂学习与生活实践有机结合起来。通过收集与主题密切相关的生活素材，丰富课程资源，拓宽学生的视野，课堂穿插地球上水资源的分布视频，课外进行自来水生产过程的了解，小组讨论中引入水污染浪费的调查照片、视频等，拓宽了课堂的时间和空间，使德育课堂变得更加广阔、充实，激发了学生的情感，促进了学生良好道德行为的形成，彰显了德育的力量。

专家点评

《小水滴的诉说》是统编版小学道德与法治二年级下册第三单元"绿色小卫士"第1课时。丁老师将这节课分为四个活动单元：听故事—知珍贵，议惜水—懂节约，细观察—除痛苦，明是非—在行动，内隐的生态美德内化逻辑是"感悟中体认—认知中理解—换位中共情—行动中内化"。

1. 情境创设适切

《爷爷的洗脸水》是一个严重缺水地区的案例，设计者使用这个情境设计，目的是引起儿童强烈的认知冲突，引发儿童对水资源分布不均匀、水资源并不富足的思考，驱动儿童对水资源的全面认知。从学习论视角来看，儿童的知识结构受到挑战，会激发强烈的认知欲望；从心理学视角来看，引发儿童强烈的情感代入。

2. 认知活动合理

"自来水拧开就哗哗地流，不是取之不尽吗"，这个环节设计也具有强烈的"思辨性"，最大的冲击就是"身边的水资源如此易得，为什么要节约用水"，这个问题具有挑战性。设计者从两个角度进行破解，一是自然界的水成为人们生活用水的"艰辛"，体会水是"重要资源"的意义，我们使用的水已经负载"劳动价值和劳动创造"；二是每个个体的节约，其实就是给"他人和后人"带来方便，培植同理心，涵养善行。

3. 换位体验细腻

"小水滴生病了""小水滴被浪费了"这两个环节的设计，前者指向水资源短缺的原因是人为伤害，"变宝为废"，后者指向水资源短缺的原因是人类"缺乏敬畏心""贪奢"；前者指向行为矫正，后者指向价值观塑造。

4. 注重具身实践

"身边的行为"和"濠河里的垃圾"这两个活动设计，让儿童将自己换位"小水滴"，引发强烈共情。孟子认为，人皆有"恻隐之心、羞恶之心"，在儿童眼中，自然界万物与我共生、共长，它们也有"生活的期待"，这是人善良的本心，设计者利用共情体验，激起儿童的良知，进而引发儿童的"良能"。

天人合一是儒家生态哲学的基本原则，其中的天，是宇宙生生不息的"合目的性"，合目的性反映了世界运行的可期待性，"天地之大德曰生""生生之谓易"都是合目的性的表述。中国儿童的生态教育，需要回到中华文明之脉的传承上，即天地人合一的价值理解上追寻，从"止于至善"的良知追问上用力，从人类命运共同体上追寻。

点评专家：赵华

【专家简介】赵华，江苏省中小学教研室化学教研员，江苏省特级教师，正高级教师。

案例二：拒绝白色污染　拥抱绿色生活

一、内容选择

本课内容选自统编版小学道德与法治四年级上册第四单元第10课《我们所了解的环境污染》第一框。

二、育德点分析

1. 显性内容

本课旨在引导学生通过调查和研究，了解身边的污染，并通过实际行动，改善我们的生活，共同保护绿色家园。第一个话题"从'白色污染'说起"，重在通过对塑料的研究，了解塑料带来的便利及白色污染的危害，这是显性的育德内容。

2. 隐性资源

教学中，结合学生的生活实际、新时代的发展要素，通过自己的智慧和创造，改善生活环境，创造文明生活，这是需要挖掘的隐性德育内容。

3. 生成因子

在师生互动中，引导学生从日常生活经验出发，认识塑料给人们生活带来便利的同时，会给环境带来污染。通过这样的问题引发学生思考怎么办，从而激发学生自觉参与到减少塑料垃圾产生的行动之中，提升学生在日常生活中的环保意识。这是生成的德育因子。

三、育德目标

1. 道德认知

认识和了解塑料给人们生活带来的便利，以及塑料废弃品处理不当对环境造成的危害。

2. 道德情感

通过自身体验、阅读感悟、情境体验、制订减塑方案等教学活动，培养学生的动手实践能力和环保意识。

3. 道德行为

面对"白色污染"，提出合理建议，并能够采取行动减少"白色污染"，养成低碳环保的生活习惯。

重难点：了解塑料制品对环境的危害，树立环保意识。

四、育德策略

1. 生活起点，以学定教

立足学生的生活，关照学生的生活，引领学生在精心设计的"课堂生活"体验中，从"经验生活"走向"未来生活"，这是本课程实施的基本要义。在现实生活中，塑料制品随处可见。在课堂上，学生大量交流见过的塑料制品，再次感受塑料与人们生活的息息相关，并为探究塑料制品的性能做好准备。再现学生已有的生活经历，帮助学生运用一定的探究方法去了解塑料制品的性能，在探究典型的塑料制品活动后，学生能够感受到塑料制品的性能优良，符合"以学定教""先学后教"的教学理念，为本课的教学定了起点，而非"零起点"，符合学生实际。学生盘点、回顾已经了解的知识，这个过程本身也是在自我育德。以生活经验为起点，以学定教，真正让课堂回归到"以生为本，学为中心"的教学理念上来。

2. 合作探究，自主思辨

本课以皮亚杰、布鲁纳的"构建""发现"理论来进行教学设计，课堂中学生的学习不是被动接受的过程，而是主动构建的过程。学生通过看看、议议等自主探究活动求知，以体验性学习贯穿始终，在教学中再现生活，体验成功与受挫，在体验性学习中渗透自主性学习、合作性学习和探究性学习。采用学生亲自动手做实验的方式，在直观感受中展开思辨，让学生学习用辩证的方式来观察现象，认识到造成"白色污染"的重要原因就是人类的不合理使用，从而丰富学生认知，增强环保意识。

3. 创设情境，育人无声

教师在教学中灵活运用李吉林老师开创的情境教学法，用语言激发学生的尝试与探索欲望，紧紧围绕环境保护这一主题，通过组织学生观赏视频、图片，阅读资料创设情境，让学生感受环保的重要性和迫切性。这样的"学"，直观形象，学生乐于接受。

五、育德过程

活动一：交流探究——塑料制品用途广

猜谜和塑料知识导入。

教师引导：塑料在日常生活中随处可见。同学们，你们见过哪些塑料制品呢？

学生列举生活中的塑料制品。

教师相机出示一些塑料制品的图片，引导学生了解更多的塑料制品。

小结：吃穿玩乐，学习家用，到处都有塑料的身影。它应用广泛，与我们的生活息息相关。【板书：塑料制品用途广】

提问：塑料为什么被广泛使用？课前老师让大家每人带了一件塑料制品，现在请大家摸一摸、闻一闻、想一想，在小组里说一说，人们用塑料制成这个物品或其中的某一个部件，是因为塑料具有什么特点呢。

学生分小组探究，多角度汇报。

预设一：塑料很软，没有气味。

预设二：塑料有很好的隔水性。

预设三：塑料是绝缘体，有很好的隔电效果，所以人们用它来做电线的外皮。

预设四：塑料非常轻便，用塑料制作出来的物品非常轻，而且比较结实。

预设五：塑料制品相对于其他物品来讲，价格非常便宜，制作简单。

预设六：塑料很轻，而且还有弹性，掉在地上不容易断。

预设七：塑料有很多种颜色，看上去很美观。

小结：正因为塑料有那么多优良的性能，所以深受人们的欢迎。

育德理念解读：在现实生活中，塑料制品随处可见。在课堂上，孩子们大量交流见过的塑料制品，再次感受到塑料与人们生活息息相关，并为探究塑料制品的性能做好准备。本环节再现学生已有的生活经历，帮助学生运用一定的探究方法去了解塑料制品的性能，经过探究后，学生能够感受到塑料制品的性能优良。符合"以学定教""先学后教"的教学理念，为本课的教学定了起点，而非"零起点"，符合学生实际。

活动二：合作探究——塑料垃圾危害大

1. 鼓励质疑

师：塑料制品有很多的优点，给人们的生产、生活带来了很多的便利，可是塑料也给人们带来了很多的困扰，人们称塑料污染为"白色污染"【板书：从"白色污染"说起】你们知道其中的原因吗？我们先来读一读阅读角的《塑料袋漂流记》这篇文章，再联系自己的生活经验，谈谈塑料还给人们带来了什么。

2. 阅读思考

《塑料袋漂流记》这篇文章中的那只塑料袋给哪些东西带来了怎样的危害？

3. 学生自由交流

【师相机出示相关图片】

预设一：塑料袋落到农田里，影响农植物吸收营养和水分。

预设二：塑料袋落到江河湖海中，直接影响了水中鱼儿及其他生物的生存。

预设三：塑料袋被焚烧，会造成大气污染。

4. 合作探究

师：塑料袋被焚烧，会造成大气污染，咱们来做个实验亲自验证吧。

（1）准备实验用品：酒精灯，塑料袋。

（2）学生分组实验验证。

（3）小组分工合作，完成实验报告。

（4）学生汇报，师小结：目前商场、菜市场、早餐摊点等使用的塑料袋大都是不可降解的，如果用作垃圾袋，将严重危害环境。塑料袋埋在地下要过大约200年才能腐烂，并且严重污染土壤；如果采取焚烧处理方式，则会产生有害烟尘和有毒气体，长期污染环境。早餐摊点用的一次性塑料袋如果遇上刚出炉的热气腾腾的早点，会渗出有毒物质，对身体有害。【播放视频："白色污染"】

（5）交流：看了这个视频，你有什么感受？

预设：塑料制品污染环境，危害长久，伤害生命，"白色污染"的危害实在太大了。

师：塑料，曾经作为20世纪最伟大的发明，方便了我们的生产生活。现在却因为我们过度使用和随意丢弃等行为，最终泛滥成灾，成了最糟糕的发明。【板书：塑料垃圾危害大】

师：既然塑料垃圾的危害这么大，我们可不可以完全不使用塑料制品呢？如果完全不使用塑料制品，把塑料制品从我们的生活中剔除出去，我们的生活会变成什么样子呢？

5. 学生分小组讨论交流

联系生活实际说一说，如果生活中没有塑料制品会怎么样？会有哪些不方便的地方？

出示填空题：

如果学校里没有塑料制品，_____。

如果医院里没有塑料制品，_____。

如果家里没有塑料制品，_____。

如果工厂里没有塑料制品，_____。

生讨论交流。

6. 小结

如果没有塑料制品，那将会给我们的生活带来极大的不便。

育德理念解读：生本位的课堂不是教师一味讲授的阵地，不是灌输道德的讲坛，而是学生自主学习、探究质疑、展示交流的舞台。本环节引导学生通过亲自做实验，对"白色污染"的危害已经有了一定的了解，教师再适时补充相关数据、图片资料，把塑料垃圾的危害引向深入，尤其是动物受到伤害的图片资料、"白色污染"

视频的补充，更是将学生迫切想要减少使用一次性塑料制品的情感激发出来。对塑料制品不可或缺的认知，增强了学生的思辨能力，让他们学会用辩证的方式来看待现象，最终让学生明白造成"白色污染"的重要原因是人类的不合理使用，从而提升学生认知，增强其环保意识。

活动三：制定方案——环保卫士人人做

1. 过渡

师：塑料因它独有的特点被我们广泛使用，可是塑料垃圾又会带来如此多的危害，这该怎么办呢？这是一个很矛盾的问题，其实这个问题不仅困扰着我们中国，也困扰着世界上其他国家的人。我们来看一看世界各国是如何解决这个问题的。

2. 阅读

出示教材 74 页下面的相关链接，学生读一读，了解德国、爱尔兰、中国等国家为解决塑料制品问题而采取的措施。

德国——1991 年实施包装条例。

爱尔兰——2002 年实行塑料袋税。

中国——2007 年印发关于限制生产、销售、使用塑料购物袋的通知。2008 年正式启用限塑令。

3. 提问

师：很多国家都在为减少塑料的使用而努力，在这种情况下，我们必须合理地、有节制地使用塑料制品，只有这样，才能减少塑料垃圾的产生。为了解决这个问题，人们找到了很多塑料制品的替代品，这些替代品的推广可以有效地减少白色污染。同学们，你们在生活中发现有哪些塑料制品的替代品呢？

预设一：环保购物袋代替塑料袋。

预设二：纸袋子代替塑料袋子。

预设三：竹篾编织的篮子等器具代替塑料篮子等器具。

预设四：使用环保型塑料，可以回收，降解的时间比较短。

4. 发布任务

师：大家都在努力减少白色污染，我们作为小学生，也可以为减少白色污染作出贡献。下面请同学们分小组讨论，拟订一个家庭减塑方案，看看哪个小组的方案设计得最好。

5. 分组活动

学生分小组讨论交流，拟订一个家庭减塑方案，并把本小组拟订的家庭减塑方案写在课本 75 页"我家的减塑方案"栏目中。

6. 全班交流

各小组推选代表展示本小组的家庭减塑方案，评选出"最佳减塑方案"在全班推广。

7. 小结

师：同学们，白色污染问题迫在眉睫，需要我们每个人去努力，我们可以把刚刚拟订的减塑方案在家庭中执行，如果执行得好，还可以将这个方案在亲朋好友中推广。

师：减少"白色污染"，需要大家的热情，更需要大家的参与。希望你们从明天开始，对照着这些减塑措施进行每日打卡活动，做一名减塑小卫士，看看接下来我们使用一次性塑料制品的改善情况。【板书：环保卫士人人做】

8. 回顾总结，布置任务

师：同学们，学了这节课你有什么收获？

预设一：了解了塑料的性能。

预设二：知道了"白色污染"的危害。

预设三：制定了减塑的措施。

师：白色污染只是我们所了解的环境污染的一种。在我们的生活中，还有哪些环境污染呢？请你选择一个问题进行调查研究，完成教材76页上的调查表，我们下节课继续探究。

育德理念解读：学生的道德认知只有回到真实的生活中才能得到强化和巩固，转化为道德行为。让学生针对减塑自己该怎么做的问题自由交流，为设计"我家的减塑方案"做铺垫。出示一些塑料包装替代品，让学生明白现代社会正在不断地努力和进步，也激发学生为日后创造更多新型的塑料制品而努力的热情。组织学生交流制定减塑措施是个前奏，目的是更好地激发学生在日常生活中，每天执行自己设计的减塑方案打卡加星的实践积极性，并且带动家人一起将减塑理念落实到行动中去。

板书设计：

从"白色污染"说起

塑料制品用途广

塑料垃圾危害大

环保卫士人人做

六、育德反思

环境污染已成为人类面临的最严峻的难题之一，已经威胁到了人类的生存和发展。绝大多数学生对身边环境污染的了解仅处于感知层面，只是初步知道生活的环境出现了很多污染现象，但对环境污染的来源及其带来的严重危害缺乏认识。因而，本课确立了"在日常生活中增强环保意识，面对'白色污染'，提出合理建议，并能够采取行动减少'白色污染'"的目标。

在教学中，教师通过引导学生开展认识塑料制品、寻找身边塑料制品的活动，让学生意识到塑料制品在生活中无处不在。再以"塑料为什么会被广泛应用"这个问题引发学生更深层的思考。教师让学生将生活中的塑料制品带到课堂，通过"摸一摸""闻一闻""比一比"等活动，让学生清晰地总结出塑料制品具有轻、美观、防水、有弹性、相对便宜等特点。这样探究出来的结论是鲜活的，是充满生活气息的，是学生在自己的生活经验中获得的。

教师围绕教材中的《塑料袋漂流记》，联系学生生活实际补充了一些新闻、案例、科学小常识，引导学生思考："我们的生活离不开塑料，但塑料垃圾的危害又如此之大，我们该怎么做？"通过对这个问题的思辨，学生很快就认识到"减塑"是最好的办法，小组讨论后，学生总结出很多金点子。

整节课通过谜语，卡通人物化身学生的学习好伙伴，建立塑料与学生之间朋友般的对话关系，激发学生的共情心理和学习兴趣；再现学生已有的生活情境，帮助学生运用一定的探究方法了解塑料制品的优良性能；学生通过收集资料，对"白色污染"的危害有了一定的了解，教师再适时补充相关数据、图片资料，把塑料垃圾的危害引向深入，激发学生减少使用一次性塑料制品的情感；辨析媒体对塑料制品的评价，教会学生辩证看待塑料的优点和危害，让学生明白造成"白色污染"的重要原因就是我们人类的不合理使用；最终让学生的道德认知回归实践，交流设计"我家的减塑方案"，激发学生用打卡的方式执行减塑方案，并带动身边的人一起落实到行动中去。

总之，生态文明教育的内容要体现到日常教学中，应当立足学生的日常生活，在贴近学生已有道德认知的基础上，开展实践活动，引导学生主动探究发现，寻求解决问题的路径，再用提升的道德认知指导、改变学生的道德行为，最终达到学科育德的教育目标。

专家点评

本节课的主题为减塑，"拒绝白色污染，拥抱绿色生活"，包含的育人内涵：对"白色污染"的情感态度和生活的创造性设计，分别指向价值观根植和美的创造。"白色污染"通常指的是难以降解的塑料污染，塑料制品虽然给人们的生活带来了便捷，但是也造成了环境污染，甚至对生命体造成直接伤害。如何辩证且有创造性地认识这个问题，需要从"深刻认知—理解与思辨—实践与创造"入手，实现生态道德的知行合一。

一是认知塑料制品的特性，提高学生认知水平。本节课从认识塑料制品和了解塑料特点入手，这属于"知识属性"范畴，教师通过身边的物品、场境等，以图片形式让学生感知塑料与人类生活息息相关，感受塑料给人类带来的便捷；通过实验探究方式认识塑料的物理和化学性质，如可塑性、不导电、柔韧性、易着色等。这个环节的设计，能够培养学生对事物认知的客观性视角，对"物质本身的功过并不是它自己决定的"有初步了解，知道"人类的不当使用"才是产生问题的根本。

二是思辨塑料制品的功过，提升理性思维。教师安排了九个"微活动"，鼓励质疑塑料的困扰，产生认识冲突；阅读思考《塑料袋漂流记》，识别"危害种类"，产生共鸣；自由交流"塑料对植物、水源、生物的伤害"及焚烧的二次污染，形成系统结构；合作探究"塑料袋焚烧的大气污染"，检验生成的有害气体；小结塑的功过,思辨性认知;创造性设问"可否将塑料制品从我们的生活中剔除",激发思考;分组讨论交流"生活中没有塑料制品会怎么样",感受真实;师生小结,塑料制品的"便捷"与"污染"是一对矛盾,为创造性解决问题预设伏笔。

三是探索塑料制品的科学使用、替代与改良,深化德性思考力。教师安排了"环保人士人人做"的主题环节,设计三个驱动性任务,"世界各国的解决方案""身边的减塑方案""我家的减塑方案",让学生由"世界"到"身边",再到"自我创造",由大及小,既有时空伸展,也有近距离体悟。

马克思、恩格斯指出:人类的活动将自身的本质力量——才能、天赋、创造力、意志力等对象化,从而在自然界留下了人类的印记,才使得单纯的物质世界成为一幅丰富多彩、充满生机的世界图景。但从生态道德角度看,正是由于人类具备预见自身实践结果的能力,因此,人类应该对自身的行为后果担负起应有的责任。这节课基于"创造—理想创造—和谐设计—根植良善"的德性生长逻辑,对学生生态道德的养成具有引导意义。

点评专家:赵华

案例三:绿色世界　你我同塑
——Comic strip and welcome to the unit(第1课时)

一、内容选择

本课内容选自牛津译林版初中英语八年级下册第八单元第1课时 Comic strip and welcome to the unit。

二、育德点分析

1. 显性内容

A green world 这一单元的教学,以保护环境为主线,对学生开展生态文明教育,使他们树立尊重自然、顺应自然、保护自然的生态文明理念,培养人与自然和谐相处的生态价值观、人与自然平等的生态道德观。这是显性的育德内容。

2. 隐性资源

教师应充分钻研教材内容,将生态文明教育渗透到初中英语教学中,结合学生的年龄特点、认知水平、生活实际,在英语课堂体验中培养学生生态环境保护的责任意识,并将这份责任落实到保护环境的行动中来。这是需要深挖的隐性德育内容。

3. 生成因子

在师生对话、生生对话、生生活动后,结合分享交流所得,联系时代背景,学生小组合作起草一份英文倡议书,呼吁全世界的人们一起为保护生态文明贡献自己的一分力量。这是生成的德育因子。

三、育德目标

1. 道德认知

通过头脑风暴、新闻链接、图片欣赏，感受标题中"green"带来的安全、健康和希望。

2. 道德情感

通过课本剧表演、双人对话、小组讨论等活动，培养生态文明意识，拥有保护环境的责任心。

3. 道德行为

通过语言素材的学习和实践活动的语言输出，用规范的语言阐述一些环境问题和解决方式，并在课堂之后将生态文明的理念付诸实践。

重点：了解日常生活中哪些行为可以实现"绿色生活"。

难点：用规范的语言有逻辑、有层次地描述实现绿色生活的方式，并通过自己的行为去影响他人。

四、育德策略

1. 唤醒旧知，碰撞思维

本课以单词"green"（绿）为主线，向学生渗透生态文明的理念，倡导学生保护环境。对于八年级的学生而言，他们对五彩斑斓的世界已经有了一定的认知，对于不同颜色的象征意义都有自己独特的见解。当学生能从旧知联想到新知时，生生之间就碰撞出了思维的火花。一个"绿"字背后，传递的是自然、生长、安全、健康、希望……学生在这些关键词的引领下，自然地联想到绿色环保、生态文明等主题，进而萌生"保护环境，从我做起"的责任意识，教师也将"育德"做到了"润物细无声"。正如第斯多惠所说：教学的艺术不在于传授本领，而在于激励、唤醒和鼓舞。

2. 依托媒体，欣赏感悟

多媒体技术的有效应用，可以让学生直观地欣赏、感悟本课的学习内容，能够帮助学生进一步开拓思维。这一课的呈现中，围绕课题中的"green"一词，将PPT的主色调设置为绿色，从视觉上激发学生的情感体验，让学生感受到绿色的生机与活力。同时，借助图片、视频等多媒体教学手段，丰富课程资源，拓宽教材知识范畴，彰显育人活力，激扬学生智慧，引起情感上的共鸣、心灵的震撼。育德贵在潜移默化，不经意的一帧画面、一段影像，就有可能在学生心中生根发芽，使学生感知生态文明的育德内涵。

3. 合作学习，踊跃展示

本课的育德对象是八年级的学生，他们具有强烈的表演欲，期待与同伴合作，并在舞台上表现自己。针对这一特点，开展课本剧表演、小组交流展示等合作型的活动，让他们深入情境、进入角色、体会情感，畅谈如何实现绿色生活，理解环境保护的迫切需求。在这些活动中，学生不仅习得了环保话题的英文表达，而且在心中逐渐树立了尊重自然、顺应自然、保护自然的生态文明理念。作为一名中学生，一位生活在地球上的公民，应思考如何利用自己的知识、能力来践行环保的理念，带动家人、社区，甚至全社会为生态文明建设做出自己的贡献。这种深刻的课堂体验超越了时空，它会内化成学生健全人格的一部分，增强学生的社会责任感。

4. 立足现实，放眼世界

随着社会开放的广度和深度日趋加大，我国与世界的联系愈加紧密。我们与其他国家的人们同住地球村，面对日益严重的环境问题，谁都不能独善其身。青少年是祖国和民族的希望，是未来建设的接班人，担负着神圣的使命。他们必须认识到，保护生态文明并不是凭一己之力可以做到的，需要全世界的努力。作为世界上最广泛使用的语言，很多生态文明教育的语言素材都用英语来呈现。在英语学科的教学中，应将语言能力的培养放在首位，以手抄报、文章、演讲、视频日志、短剧等形式形成语言输出，在学科教学过程中加强生态文明教育，提升解决环境问题的能力，培养适应新时代要求的人才。

五、育德过程

活动一：头脑风暴——由"绿"引发的联想

1. 谈话导入

同学们，今天老师带领你们进入一个绿色的世界。当你看到绿色的时候你会联想到什么呢？【板书说明：用粉笔写下"green"，采用图 4-2 所示绿色"气泡图"这种思维导图鼓励学生进行头脑风暴，在气泡里板书学生说到的单词】

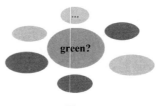

图 4-2

2. 新闻链接

这里有一篇新闻，是关于中国为绿色世界所做的贡献。我们一起来看一看。

预设一：中国为实现绿色世界做了些什么？

预设二：中国为什么要做这些努力？

育德理念解读：对于八年级的学生而言，他们早已领略到了不同颜色的独特魅力。在日常生活中，他们赋予各种颜色不同的意义。见到绿色，脑海中定会迸发出与之相关的英文单词，而这些单词正与本课的主题息息相关。该导入环节激活了学生的背景知识，实现了从"旧知"到"新知"的自然过渡，降低甚至消除了学生对未知的恐惧感，渗透了生态文明教育，使学生沉浸于"绿色环保"这一主题语境。此外，通过观看与中国有关的英语环保新闻，了解中国以实际行动践行人类命运共同体理念，感受中国展现大国担当的可贵精神。

活动二：交流讨论——种树的意义

过渡：通过刚刚播放的视频，我们知道中国近 20 年来种了大量的树木。那你们知道如何种树吗？

观图排序：观察三幅图，并按照正确的种树顺序排列。

看动画，思问题：为什么 Hobo 想种植更多的树呢？

合作表演。同桌合作，一人扮演 Hobo，一人扮演 Eddie，体会情感的变化，可以围绕"种树"这一话题适当增加口头语言和肢体语言，使对话内容更为丰富。

讨论分享：Hobo 说种树对我们有好处。那究竟有哪些好处呢？请同学们小组讨论。

评价点拨：正如这位同学总结的，种树可以保持水土，美化环境，净化空气，减少空气污染，为野生动物提供家园等。看来，种树确实对我们有很多的益处。我们中国近 20 年来积极种树，为世界的生态文明建设做出了巨大的贡献。

板书（图 4-3）：keep soil in place, make the place nice, keep the air clean, reduce air pollution, provide home for wildlife

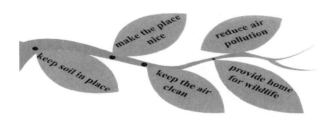

图 4-3

育德理念解读：学生在之前的头脑风暴活动中，与同伴碰撞出了思维的火花，已有了保护生态文明的意识。那如何将意识转换为行动？探究如何种树这一活动为学生创造了良好的条件。陶行知先生的"教学做合一"特别强调"做"在教学中的作用。对英语学科的学习，不仅要重视语言能力的提高，还要关注思维品质的培养。种树对人类究竟有什么意义？仁者见仁，智者见智，小组成员踊跃发言，甚至翻出地理课本寻求答案。本环节学生自己思考探究、合作交流、分享展示，充分发挥了主体作用。要想发挥课堂教学成为学生德育的主渠道作用，必须将主导权交给学生，用一个灵魂去唤醒另一个灵魂。

活动三：思考探究——践行"绿色生活"方式

1. 合作探究

以小组为单位，联系生活实际，结合教材和导学单，选择一个角度谈谈如何践行"绿色生活"方式。

2. 交流展示

预设一：减少空气污染（reduce air pollution）。

拓展延伸：How do we reduce air pollution in our daily lives?（在我们日常生活中，怎样才能做到减少空气污染呢？）【搭建语言框架：We can...by...】

预设二：节约用水（save water）。

拓展延伸：How do we save water in our daily lives?（在我们日常生活中，怎样才能做到节约用水呢？）【搭建语言框架：We can...by...】

(3) 节约能源（save energy）。

拓展延伸：How do we save energy in our daily lives? （在我们日常生活中，怎样才能做到节约能源呢？）【搭建语言框架：We can...by...】

(4) 保护环境（protect the environment）。

拓展延伸：How do we protect the environment in our daily lives? （在我们日常生活中，怎样才能做到保护环境呢？）【搭建语言框架：We can...by...】

【板书（图4-4）：reduce air pollution, save water, save energy, protect the environment】

图 4-4

3. 钻研教材

读：将图片与正确的句子连线并读一读。

听：听课文对话，捕捉造成空气污染的原因。

思：你如何评价践行绿色生活方式的人们？

4. 鼓励创新

还有哪些创新的方式可以帮助我们践行绿色生活呢？

5. 聚焦世界

其他国家正在采取哪些行动践行绿色生活呢？【出示图片，阅读，交流】

育德理念解读：本环节的设置旨在让学生关注日常生活中如何践行绿色生活，在语言框架已搭建好的前提下，用英语流利地表达出来。生活即教育，教育不能脱离生活，它必须与生活联系在一起，甚至与生活融为一体。让学生深深地体会到，保护生态文明并非遥不可及，完全可以从身边的一点一滴做起。小组的交流展示活动，强化了他们节能环保的意识和责任感。同时，鼓励学生大胆创新，用学过的知识和理论提出一些具有可行性的绿色方案。此外，补充国外相关的环保素材，既给学生打开了思路，也渗透了人类命运共同体的理念。

活动四：延伸实践——设计倡议书，呼吁人人环保

背景链接：6月5日是世界环境日，联合国环境规划署需要征集倡议书来号召大家共同节能环保。同学们能否根据今天所学的知识来完成一份倡议书？

任务分工：以小组为单位，一名同学负责倡议书的起草，一名同学负责slogan（口号）的设计，一名同学负责插图的绘画，一名同学负责上台演示。

合作交流。

点评小结：大家在倡议书的开头都提到了全球当前糟糕的环境形势，这就意味着践行绿色生活方式刻不容缓。你们从减少空气污染、节约用水、节约能源、保护环境等方面呼吁全人类共同节能环保，为大家描绘了人与自然和谐共生的宏伟蓝图。让我们与世界各国携手共建生态良好的地球美好家园！

育德理念解读：中学生生态文明意识的培养是新时期学校德育的重要内容。在英语学科的教学过程中，教师应有意识地渗透生态文明教育，积极鼓励学生开展与保护生态文明有关的一切活动。最终，学生能利用课堂上学到的规范语言，有逻辑、有层次地描述实现绿色生活的方式,并通过自己的行为去影响他人。英语课堂不仅是知识获得的平台,更是思维品质、文化品格提升的重要渠道。英语教学潜移默化地培养具有责任意识、全球视野的新时代人才。

六、育德反思

在设计本课时,教师充分意识到德育不能与学科割裂,它不是教学的附加任务,而应该依据英语学科特点开展育德活动,应该被细化落实到英语学科的教学目标中,融入渗透英语教学全过程。通过课堂教学活动,激励、唤醒学生的责任意识,促使学生形成健全人格,培养担当民族复兴大任的时代新人。

1. 紧扣标题,层层深入

聚焦标题中的"green"一词,联想与"绿"相关的词语,思考种树的意义,探究践行绿色生活的方式,最后通过倡议书的形式实现英语教学和生态文明教育的双赢。在这一系列的活动中,始终遵循着"限时讲授、合作学习、踊跃展示"的基本理念,开展小组合作学习,调动学生的学习积极性和主观能动性,引导学生在学习和生活中发现保护生态文明的重要性,意识到生态文明是实现人与自然和谐发展的必然要求。

2. 拓展补充,相得益彰

在充分利用现有英语教材的基础上,补充与本课话题相关的文字、图片及视频资料,使课堂内容更加丰富,使育德效果更为显著。一则关于中国环保的新闻,让学生了解我国对生态文明建设的高度重视,并取得的举世瞩目的成效。中学生不仅要有身为中国公民的自豪感,更要具有强烈的责任感和使命感。补充的图片资料让学生大开眼界,了解到其他国家也正在以不同的方式积极探索如何践行绿色生活。环境问题是全球性的挑战,任何一国都无法置身事外,中国需要积极参与国际对话与交流合作。当代中学生要敢于担当,善于作为,让青春在为祖国、为人类的不懈奋斗中绽放绚丽之花。

3. 责任内化,课后实践

一堂英语课的结束,并不意味着英语学习的结束,也并不意味着育德的结束。深刻的课堂体验在学生心中生了根、发了芽,在悄无声息中浸润学生的心灵,培育学生的优良品德。保护生态文明的责任已内化成了学生的自由选择。在课堂之后,他们会倾向于选择绿色出行,他们会检查自己是否及时关闭水龙头、电视机,他们会关注垃圾分类,他们会通过电视、报刊、互联网等媒介了解生态问题的时事报道……他们更可能利用自己所学的英语知识,在国内外的社交平台上为中国发声,并呼吁全世界的人们一起投身到保护生态文明的行动中来。学科育德依托课堂做到了全员育人、全程育人、全方位育人。

专家点评

这是一节英语生态育德课,属于跨文化视域下涵育儿童生态美德。教师将这节课设计为四个环节：表达绿、创造绿、实践绿和传播绿，表达激活认知、创造激发热爱，实践体悟和谐，传播升华理解。

"绿色"语言的力量，产生美的联想。设计由"green"引发的"词汇""场境""活动"等联想，具有较强的亲和力，符合认知心理学中关于"在场、语意、思维"的深刻关联。"语言具有产生幻觉的能力"，这种开放式设计激活了儿童的创造性，看似"不连贯""杂乱"，但对于每个个体来说，是"有价值、合逻辑、有体悟"的深度建构；将所有群体参与的"线路"相互勾连，成为一张"网"，就会找到许多相似或相同的东西，这就是儿童"美的表达"，因为它符合人追求"美善"的本性。设计另一个"关于中国为绿色世界所作的贡献"，则是让儿童感受国家的责任与担当，中国人作为人类群体一分子所做的努力，"碳中和""碳达峰"都是中国人作为地球成员所做的"绿的承诺"。

"植绿"行动的设计，体悟劳动创美。在"种树的意义"环节，采用种树技术认知、角色表演、小组讨论等形式，加深学生对劳动创造美的理解，在他们心中根植劳动观念：尊重劳动创造和劳动者。"中国在过去20年种了大量的树木，你们知道如何种树吗"，体验种树技术和种树之艰辛；"合作表演，体会情感的变化"，体验劳动合作之乐、劳动理解之趣；"说说种树对我们的好处"，体验树给人类、自然生态带来的好处。从认知"绿的行动""绿的创造"到"绿的赞美"，儿童生态观得到初步升华。

"绿色生活"方式，理解人与自然和谐共处。"绿色生活"方式中设计四个环节：减少空气污染（reduce air pollution）、节水（save water）、节能（save energy）、保护环境（protect the environment）。前三个环节分别指向"空气资源""水源""能源"，揭示了人类赖以生存的基础性物质，从"生存""生命""生活"的视角深刻认识绿色环境的重要性，从认知的源头上解决生态道德内化问题。最后，从"保护"这个可持续的概念出发，让儿童建立更系统、更科学理性的"护绿"思考与实践。

"绿色倡议"的传播，内化"绿色价值观"。采用"世界环境日，联合国环境规划署需要征集倡议书"的主题化活动设计，让孩子的生态理解在文字表达中深度关联；在"设计倡议书"环节，给儿童进行"口号的设计、插画设计、舞台展示"分工，在合作创享中内化"绿色价值观"。

阿尔多·尼奥波尔德的土地伦理把人类从土地群落征服者的地位改变为其中的普通一员，这意味着他对每个成员的尊重，也包括对这个群落本身的尊重。在这节课中，我们教师的设计逻辑清晰可见：儿童深刻认识"绿"是自然应有的样子，人类自己是地球家庭的成员，人类以及自然万物是一体的，涵育儿童生态德育本身就是唤醒儿童"绿的理解和尊重"。

点评专家：赵华

案例四：携手共建美丽家园

一、内容选择

本课内容选自人教版生物学选择性必修 2 第 4 章第 3 节《生态工程》。

二、育德点分析

1. 显性内容

高二学生已掌握生态系统的基本知识，了解生态系统能量流动与物质循环的重要作用，具备了一定的发现问题和解决问题的能力。教材内容与"生态文明"的国家战略相呼应，突显了"社会责任"的教育价值。教材从奥林匹克森林公园引入，先引导学生关注身边的生态工程实例，然后用理论性的语言简要叙述了四个原理的内容与应用。

2. 隐性资源

在高中生物课堂中融入生态文明教育，从生活经验、教材内容、社会实践等方面入手，合理组织和设计教学内容，结合情境创设、生活化教学等方式，激发学生学习兴趣，促使学生主动学习和形成生态文明理念，在无形中树立生态文明意识，为人类与社会、自然的和谐发展提供助力。

3. 生成因子

结合活生生的实例激发学生共鸣，随着社会发展步伐的加快，人类发展逐渐趋于先进，然而对于环境的破坏及能源的汲取导致生态危机，如在全球范围内逐渐扩大的土壤沙化现象，以及水质污染与生态物种灭绝等问题，日益严重。结合不同的教学方法将教学引向深入，在实际教学中，教师如果单一地讲述生物知识，可能不能让学生全面了解人类所面临的生态问题，可结合实际情况，提供不同的案例让学生分析，为学生营造良好的学习环境，强化生态文明教育的效果，最终达成共识。

三、育德目标

1. 道德认知

通过"桑基鱼塘"的实例，在查阅资料、调查研究的基础上，分析人与自然和谐发展的生活模式，举例说明生态工程原理的由来与内容。

2. 道德情感

通过"生态工程建设"的科学史，学生自主建构生态工程的概念，形成生物与环境相适应的生命观念。

3. 道德行为

通过"生态农业县"建设的拓展探究，运用所学知识解决生产生活的现实问题，提升解决问题的能力，增强保护生态环境的社会责任感；引导学生关注我国近年来在生态工程方面的成就，增强民族自豪感。

重点：分析人与自然和谐发展的生活模式，举例说明生态工程的基本原理的由来与内容。

难点：运用所学知识解决生产生活中的现实问题，形成生物与环境相适应的生命观念。

四、育德策略

1. 教师注重自身生态文明意识提高

简单来讲，"生态文明"就是在人类社会发展、生存过程中，对自然的适应与改造，让人类与自然实现共生，营造和谐的生态环境，是人类的行为、意识、思想、观念等与生态环境充分融合而产生的文明。生态文明建设是一项巨大且系统性的工程，而加强对高中学生生态文明教育，是生态工程中的核心内容，通过对新一代青年的教育引导，让学生具备正确的三观，从而推动生态文明建设不断发展。学生需要通过引导才能不断成长，这也就意味着，教师可以直接影响学生的生态文明意识。所以，想要最大化提升教学效果，教师就要注重自身生态文明意识的提高，在教学中积极结合讲解内容实现生态文明教育，强化学生对生态文明的认知。

2. 充分利用教材资源渗透生态教育

课堂是生物教学的重要场所，在课堂中，教师可以结合教学经验及教学目标等，将生态文明教育渗透到教学中，从而深化学生对生态内容的了解。在具体授课时，教师可以将生态文明知识与生物教材知识相融合，灵活运用案例、活动等方式，培养学生的生态文明意识。

3. 利用课外读物拓展学生认知范围

高中是学生较为特殊且极其重要的阶段，在这一阶段，学生的思想、身心等趋于成熟，但是因为个人认知范围具备一定局限性，所以各方面能力还不够完善。这一阶段，学生对于课本以外的知识有着更加强烈的渴求欲望，希望认识更多的事物，掌握更多的知识。所以，在具体教学中，教师想要扩大教学效果，就要充分利用课外读物拓展学生认知的范围，从而强化学生对生态文明的认知。

五、育德过程

活动一：通过问题情境，激发学习兴趣

师：同学们，请看选修3生态工程的题图，大家知道它有什么含义吗？

生：干裂的土地、赤红的荒山，意味着不断恶化的生态环境，幼苗的上方是蔚蓝的地球，地球似乎化作了一滴甘露，滋润着大地；幼苗又可寓意为生态工程，虽然柔弱，却顽强地支撑着地球；地球和幼苗组合和谐，象征着希望。【板书：生态工程】

师：从同学们的发言中看出大家都很关心生态环境，治理环境问题迫在眉睫。

当下，传统的经济模式还是石油农业。"石油农业"是以美国为代表的高投入、高产出的农业现代化模式。这一模式之所以被称为"石油农业"，是因为它大量地使用以石油产品为动力的农业机械，大量使用以石油制品为原料的化肥、农药等农用化学品，大量化肥农药的使用，在大幅度提高粮食产量的同时，也在威胁着食品的质量安全。石油农业的危害主要是造成污染，尤其氮和磷的污染，产生赤潮和水华。于是生态农业成为世界共同关注的焦点。什么是生态工程建设呢？生态工程建设的目的又是什么呢？

生：生态工程建设是指人类应用生态学和系统学等学科的基本原理和方法，通过系统设计、调控和技术组装，对已破坏的生态环境进行修复、重建，对造成环境污染和破坏的传统生产方式进行改善，并提高生态系统的生产力，从而促进人类与自然环境的和谐发展。

生态工程建设的目的：遵循自然界物质循环的规律，充分发挥资源的生产潜力，防止环境污染，达到经济效益和生态效益的同步发展。与传统的工程相比，生态工程是一类少消耗、多效益、可持续的工程体系。

【板书：生态工程的基本原理】

育德理念解读：为了实现可持续发展，经济发展必须符合生态规律，改变"人类能征服自然"的错误观念，走生态经济之路。生态经济主要是通过实行"循环经济"的原则，使一个系统产出的污染物能够成为本系统或另一个系统的生产原料，从而实现废弃物的资源化，而实现循环经济最重要的手段之一就是生态工程。渗透德育——关注全球性生态环境问题，形成生态工程的建设需从我做起的意识。

活动二：举例说出生态工程的基本原理

案例1：教材98页的"问题探讨"。

案例2：教材100页的"无废弃物农业"。

案例3：教材102页的"思考·讨论"。

师：请结合案例1-3，自主学习，小组合作讨论问题1-3。

师：请结合分析教材100页的"无废弃物农业物质和能量的流动"图解，思考"无废弃物农业"的突出优势是什么。

生：废弃物中的物质和能量得到了充分的利用，实现了废物的资源化。（师生总结出循环原理）【板书：循环】

师：为什么樟子松林的松毛虫会肆虐，几十亿株杨树毁于一旦，而珊瑚礁区却能够在养分稀少的深海中，保持着很高的生物多样性？

生：单一的杨树林和樟子松林，食物链简单，生物多样性低，缺少天牛和松毛虫的天敌，抵抗力稳定性差，所以最后松毛虫肆虐，几十亿株杨树毁于一旦。

生：珊瑚礁区不同的生物占据了不同的空间位，食物链复杂，生物多样性高，抵抗力稳定性强。（师生总结出协调原理）【板书：协调】

师：想一想，在我国西北地区建设防护林时，应该选择哪些树种？如果在该地区发展畜牧养殖业，你认为应该注意什么问题？

生：应该种一些耐寒耐旱的植物品种。如果发展畜牧业，要注意环境容纳量，不能过度放牧，可以划区轮牧，还可以人工种植一些植物。

师：我们可以在西部地区种植一些植物，如刺槐、臭椿、山杏、沙枣等。【师生总结出协调原理】

师：在生态工程建设过程中，我们还要考虑当地的经济和社会等情况，这又是什么原理呢？

生：整体原理。

【板书：整体】

师：桑基鱼塘（图4-5）分布在我国长江三角洲、珠江三角洲一带的水乡，是一种典型的水陆物质和能量交换型生态工程。桑基鱼塘体现了哪些生态工程基本原理？

【板书：自生】

生：自生原理、循环原理、协调原理、整体原理等。

生：还可从系统学和工程学上进行分析，从结构和功能的角度分析。

（PPT展示系统结构决定功能原理和系统整体性原理）

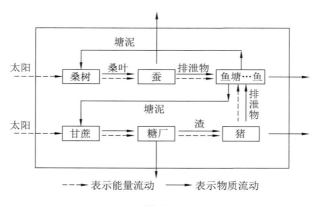

图4-5

师：你们是怎样理解系统结构决定功能原理和系统整体性原理的？请举例说明。

生：系统结构决定功能原理，结构包括生态系统的成分和营养结构，功能包括生态系统的物质循环、能量流动和信息传递，其中结构决定功能，所以要优化结构。

生：系统整体性原理是指系统各部分之间要有适当的比例关系，只有这样，各项功能才能顺利而有效地发挥。【师生互动总结生态工程的基本原理】

育德理念解读：设置"桑基鱼塘"的教学情境，对接学生的生活经验，降低了学生理解的难度。依据建构主义理论，在学习过程中，要逐步搭好"脚手架"，使学生的深度学习得以顺利进行。通过让学生回顾生态系统结构与功能的基础知识，归纳"桑基鱼塘"保持稳态的原因，使学生形成对生态系统"自生"原理的认识；再出示相应的探究任务，进一步推进学生的认知，完成对"协调"与"整体"原理的学习。在层层递进的自主学习过程中，学生能深刻体会生态工程原理的意义，进而理解可持续发展观的含义，增强对"生态文明"国家战略的理解与认同，增强民族自豪感。同时，在合作式的探究学习中，学生也能体会到批判性思维、创造性思维的重要性，有助于其科学思维习惯的养成。

活动三：运用生态工程的基本原理

师：作为经济大省强省，农业生产是江苏省的经济基础。建设社会主义新农村，既强调经济建设，也必须保护好环境，绝不能走"先污染、后治理"的老路。为此江苏省开展了"生态农业县"的建设，截至目前，南通五县（市）全部被环境保护部命名为国家级生态示范区。

表 4-2 是江苏"生态农业县"建设验收的部分评价项目，请说明其依据的基本原理。

表 4-2 江苏"生态农业县"建设验收的部分评价项目

编号	主要评价项目	依据的基本原理
1	食用农产品不使用国家明令禁止的高毒、高残留农药，病虫草害综合防治面积达 90% 以上	
2	秸秆禁烧、综合利用率达 80% 以上	
3	畜禽粪便综合利用率达 80% 以上	
4	水土流失得到有效控制，开发、建设项目水土保持方案、环评"三同时"执行率达 100%	
5	农村改厕、改圈户达 80% 以上，苏北"一池三改"农户占 20% 以上并形成生物链工程，河流得到清理	
6	农村生活垃圾有定点存放处理，苏南有条件的地方集中收集，综合处理	

生：通过自主学习、合作学习、勇于展示完成表格。

育德理念解读：通过生态工程实例的分析，促进学生对生态工程原理的理解和应用，达到学以致用的目的；在分析过程中，出示"新农村建设"的视频短片，让学生体会到国家对人民群众生活的关心和先进的治理理念，从而加深对"可持续发展"理念的理解，同时激发学生勇于担当与奉献的精神。

活动四：分析本地常见的生态工程

师：如东大地，鱼米之乡，物产丰富，风调雨顺，老百姓安居乐业，是块难得的风水宝地。如东农村常见的生态工程如图 4-6 所示，依据基本原理，请小组合作，完善下面的生态工程。

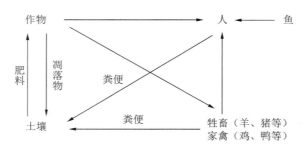

图 4-6

学生自主建构，某学习小组构建的图形如图 4-7 所示。

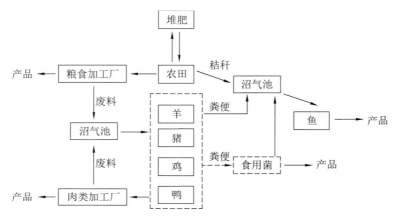

图 4-7

育德理念解读：教师创设科学合理的生活情境，能够高效地解决课堂中的诸多问题，同时学生的情感、知识、能力等都能得到有效提升，发生质的变化。教师在进行生态工程概念的教学时，通过补充史料，设置科学史情境，很好地解决了学生对课文中大段概念理解困难的问题；在进行生态工程原理的教学时，通过挖掘学生生活经验，联系家乡建设，化抽象为具体可感，突破教学重难点。因此，在教学中，根据不同的内容选择有效的教学情境，是落实核心素养的重要方法。此外，生态工程建设是我国生态文明建设的重要内容，因此，通过分析生态工程建设的实例，可培养学生的社会责任感和民族自豪感。

活动五：通过典型例题，做到灵活运用

习题训练是对学生知识掌握情况的最有效的检验，对学生的能力提升也有很大帮助。习题训练又可分为课堂训练和课后训练，课堂训练可以让学生上黑板完成，学生自主讲解和学生互评后，教师进行总结，可针对性地进行即时变式训练，启迪学生的思维。该环节习题的命制很重要，有条件的可命制一些原创试题用于学生训练，也可改编一些试题，最好不要搬用原题，试题要有针对性和典型性。

在"生态工程的基本原理"一节课中，设计了 7 道课堂训练题和 15 道课后训练题。其中 1 道非选择题如下：

图 4-8 是江苏某农村因地制宜建设的生态农业园示意图，请分析回答：

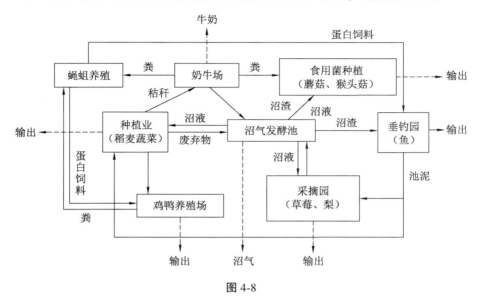

图 4-8

（1）该生态农业园建设主要依据的生态工程原理有　▲　（至少 2 个）。

（2）池塘养鱼时，通常采用多鱼种混合放养模式（上层为食浮游生物的鳙鱼，中层为食草的草鱼，下层为杂食性的鲫鱼等）。从群落结构分析，这种养殖模式的优点是　▲　。

（3）防治果树虫害时，常利用性引诱剂来诱捕害虫或干扰交配，从而降低害虫种群密度。这属于生态系统中的　▲　（信息类型）传递在农业生产中的应用。

（4）流入该生态农业园的总能量有　▲　和人工输入的能量，人工输入的能量有　▲　（至少 2 项）等。该生态农业园增加了"蝇蛆养殖""食用菌种植"等项目，其意义是　▲　。

师：同学们，科技的发展日新月异。生物技术已经深入分子水平，生态工程建设始终是科学工作者研究的热点，如人工湿地水质净化机理与生态工程研究进展、生态工程技术在农业非点源污染控制中的应用、生态工程组合工艺应用于城市污水处理厂尾水深度处理、应用生态工程控制水稻害虫技术在金华的实践等，我国科学家用自己的实际行动不断绘制着生态文明建设的宏伟蓝图。

育德理念解读：通过习题加深学生的理解，形成生态文明意识。这个阶段可适当补充生态工程兴起的科学史，设置科学史教学情境，有助于促进学生对生态工程意义与概念的理解，同时也使学生认识到生态工程的发展是一代又一代科学家不断探索、共同努力的结果。在资料的呈现方式上，以时间为顺序，同时考虑到资料之间层层递进的逻辑关系，使学生认识到我国科学家在生态工程方面的巨大贡献，提升民族认同感与自豪感。

六、育德反思

生态文明以尊重自然、维护自然为前提，以人与人、人与自然、人与社会的和谐共存为宗旨。生态文明不仅能够为当今社会的可持续发展提供支持和引导，也能够促进人类社会的进步与发展。在高中课堂将生物教学内容与生态文明相结合，借助生物学科的优势，能够使高中生更加深入地体会到生态文明建设的价值和意义，进而促进高中生生态文明理念的形成。

1. 结合生活实践，渗透生态文明理念

高中生物教学内容与生活息息相关。生活是生物课堂价值得以充分展现的场所。如果教师能将生态文明理念融入其中，那么高中生不仅能学到基本的知识内容和方法技巧，还可以更好地将知识与方法应用到生活中。学生在学习的同时，也会观察生活中的变化，从而提高生态文明建设意识和生态文明素养，形成生态文明建设的理念。因此，生物教师一定要提高自己对生态文明建设教育的重视程度，创造特殊的学习环境，在活跃课堂气氛的同时，让学生了解生态文明建设的理念和思想方法。

2. 利用主题活动，开展生态文明教育

在高中生物课程教学中，教师可以通过设定主题来更好地实现课本知识与生活的融合，从而更好地展现生态文明教学成果。教师可以通过开展主题活动的方式，充分调动学生的学习积极性，引导学生对生态文明建设内容进行大胆的分析、评价和完善。首先，教师可以设定教学目标，让学生根据目标收集相关资料，然后在课堂上发言。其次，教师可以引导学生通过主动学习，厘清生态问题与实际生活之间的关联，并合理运用所学到的知识解决生活问题。这与生物教学中的实践理念不谋而合，有助于发展学生的科学思维，提升学生的科学探究能力。

3. 充分利用教材，拓展生态文明思想

教师应根据高中生的学习特点和学习需求，在完善高中生物教学体系的同时，引入生态文明建设思想，从而使学生更快速、更直观地了解生态文明的基本内容。在高中生物教学中，教师通常按照章节讲解必要的理论知识。在这种模式下，学生缺乏实践机会，无法将理论知识与生活相关联。因此，教师应充分利用教材，打破惯性，采取实践与理论相结合的教学模式，提高学生对生态文明建设思想的关注程度。

4. 注重实践教育，深化生态文明建设

教师开展生态文明教育工作，可以适当渗透生态文明思想，让学生在充分了解生物学原理的基础上开展实践活动，促进学生的认知转化为道德实践，推动"知行合一"，培养其节约、环保、生态友好等生态文明意识。

5. 合理提出问题，引导学生树立生态文明意识

在高中生物教学中，教师可以合理提出问题，通过问题引领学生思维，使学生树立生态文明意识，从而在日常生活中可以自觉保护生态环境。教师还可以结合当前的环境热点问题，以及日渐突出的能源问题，启发学生思维，同时结合课文内容

构建学生的生态文明意识，让学生清楚地认识到生态文明在社会发展过程中的重要性，从而深化生物教学的深度与内涵。

6. 通过合作学习，加深生态文明理解

合作学习是充分凸显学生学习主体性、培养学生良好学习习惯及学习能力的有效手段。在高中生物教学中，教师利用合作学习这一方法，能够更好地帮助学生理解生态文明的内涵与意义。在合作学习中，教师要引领学生思维，使学生在自主探究、自主学习的过程中获得相应的生态文明知识。教师应充分发挥合作学习的作用，促进生态文明理念及相关常识在生物教学中的渗透和融合。

专家点评

本节课的主题为"携手共建美丽家园"，这个主题中的"携手"，本质就是"生态工程"需要所有人共同参与；"共建美丽家园"，说明"家园可能不够美好"，需要通过"生态工程"这种科学理性的方式进行改良。本节课所涉及的五个环节：情境、循理、应用、实境和创生，遵循了生态育德的基本线路，即"认知中实践、实践中体悟、体悟中内化、内化中根植"。

习得"生态工程"的过程具有对话性。通过理解"生态工程题图"的隐喻，认识到"环境改善"的希望在"绿"。学生诗意地畅想：不断恶化的生态环境，蔚蓝的地球似乎化作了一滴甘露，滋润着大地，绿色幼苗象征生态工程，虽柔弱，却承载希望。教师通过理性阐释"石油农业"的负面效应，"食品的质量安全持续下降""土壤的退化""氮和磷污染产生的赤潮和水华"等，引发学生对"生态农业"的理性期待。进一步帮助学生厘清生态工程的目标是"遵循规律，激活潜力，防止污染"，人类也需要实现经济效益和生态效益的同步发展。"无废弃物农业"的讨论体验循环的意义，"樟子松林的松毛虫肆虐""珊瑚礁区在养分稀少的深海中，保持着很高的生物多样性"等问题的交流，让学生体会到"生物多样性"的价值。两个高质量的现实问题——"西北地区防护林建设的树种选择""西北地区发展畜牧养殖业注意的问题"，激活学生认知链接，促进学生对生态工程原理的深度理解。最后，以"桑基鱼塘"的整体设计，总结生态工程的基本原理。整个认知环节采用了"共情畅想、对话交流、实境设计、创造应用"，加深对"生态"和"工程"两个维度的理解。

运用"生态工程"的原理具有活动性。教师在运用环节设计了两个：一是评价活动，二是完善性设计活动。如江苏"生态农业县"建设验收的评价项目（部分）的六个要点，分别指向"自生原理、循环原理、协调原理、整体原理"的活化理解；如东农村常见的生态工程的完善，以"沼气池""鱼类养殖""食用菌培植"进行关联。这个环节的设计加深了学生对"生态工程"的系统构建的理解，活动性设计明显。

深化"生态工程"的理解具有实操性。为进一步深化"生态工程"的实操性理解，教师设计的是"江苏某农村因地制宜建设的生态农业园"全场景展示，让学生从原理、优点、能量循环和意义等视角进行综合分析，增强实践性认知。

生态工程指向的是"系统、修复、改良与创美"。高中生涵育"生态良知"，一方面要从生态本体论进行教育，另一方面要从"生态伦理"上进行哲学思辨，从科学、伦理、人文等多渠道激发青年人的思想力和创造力，从而实现生态的价值观的底层铺设。

对于青年人的生态教育，需跳出"物质主义和独断理性主义"，引导青年人思考人与自然的关系。

点评专家：赵华

案例五：环境与生命共存

一、内容选择

本课内容选自人教版化学必修二第五章第一节"硫及其化合物"。

二、育德点分析

1. 显性内容

本课教学旨在以硫和二氧化硫的性质研究及相互转化为主线，引导学生利用氧化还原反应的知识进行二氧化硫性质的实验探究与验证，了解酸雨的形成及危害，进而了解燃煤脱硫的原理。这是显性的育德内容。

2. 隐性资源

教学中，通过创设二氧化硫实验的真实情境，结合学生的原有知识去分析问题，在对二氧化硫化学性质进行对比分析的过程中，有效地解决问题，加强学生对+4价的硫元素性质的掌握。改进后的实验仪器新颖独特，能激发学生的学习积极性，有利于学生创造性思维的培养；通过对比实验，培养学生的辩证性思维、批判性思维及多角度分析问题、解决问题的能力。这是需要挖掘的隐性德育内容。

3. 生成因子

通过学生参与实验设计与操作，培养学生的动手能力和实验探究能力，向学生传播"绿色化学"的理念，增强学生"保护环境，人人有责"的意识和社会责任感；同时，让学生体会到在解决问题的时候，要全方位地去思考问题，以取得事半功倍的效果。这是生成的德育因子。

三、育德目标

1. 道德认知

通过小组合作探究二氧化硫的性质，提高实验设计能力、观察能力、分析能力、探究能力和合作学习能力。

2. 道德情感

通过实验设计的微型化和环保化操作，养成良好的、科学的学习态度，增强环保意识、节约意识和社会责任感。

3. 道德行为

关注人类面临的与化学有关的社会问题，增强环保意识，培养社会责任感。

重点：硫及其化合物的性质与相互转化。

难点：二氧化硫在不同环境下表现出的不同化学性质。

四、育德策略

1. 生活起点，以学定教

立足当代生活中面临的环境问题，引导学生了解生活中硫及其化合物对环境的影响。本课以生活中"火山喷发""石油燃烧"等硫元素在自然界中的循环，以及生活中硫单质及其化合物中的应用为起点。对于高一下学期的学生而言，已经学习过"物质的分类"，对酸性氧化物性质有了基本的了解；学习过的"氧化还原反应"的基本规律，也可以帮助他们预测二氧化硫的性质。每个活动的设计，均基于学生已有知识，并在此基础上进行适当的延伸拓展。坚持以学生为本，真正让课堂回到"实践中学习、实践中创新"的教学理念上。

2. 合作探究，自主建构

本课教学过程遵循"大胆预测、实验探究、合作学习、踊跃展示"的基本理念，以小组为单位开展合作探究学习。在探究学习过程中，主要采取的是学生设计实验的形式，根据所提供的试剂与仪器，学生自行组装反应装置，这样能使学生领悟到装置的多样性及合理选择装置的重要性；同时通过学生参与实验设计与操作，培养学生的动手能力和实验探究能力；通过探究与二氧化硫反应后的酸性高锰酸钾溶液、碘水、品红溶液褪色的原因，尤其是二氧化硫还原性与漂白性的对比实验，培养学生的辩证性、批判性思维，提高学生多角度分析问题、解决问题的能力。

3. 链接时代，思辨澄清

随着时代的进步，人们越来越关注环境的变化及环境对人类生活的影响。本节课将学生的目光引向自身："在实验设计过程中，是否考虑到尾气处理问题？""在尾气处理时，为什么选择烧碱溶液而不选用澄清石灰水？""为什么用针筒代替分液漏斗进行二氧化硫的制备？""在小组交流实验方案设计的成果时是否发现不同的发生装置有不同的特点？"等，给学生融入"绿色化学"的理念，增强学生"环境保护，人人有责"的意识。通过实际的操作与分析，学生体验环境保护与资源利用的和谐统一；从物质类别和不同价态含硫物质的转化角度，提升学生的"变化观念"等学科核心素养，达到学科育人的目的。

4. 关照生命，朝向未来

二氧化硫与当今世界的化工生产、人类生活的环境问题有着密切的联系。我国是一个以煤炭为主要能源的国家，大气污染主要以二氧化硫污染为主。了解二氧化硫的危害与用途，掌握二氧化硫的性质，进而进行二氧化硫的尾气处理与再利用显得尤为重要。通过本节课的学习，提升学生的环境意识、家国情怀，激发其造福人类的热情。培养学生在遇到问题时不畏惧、想方法，解决问题时，态度认真、求真创新，基于事实形成证据推理，力求全面考虑问题的能力。化学学科知识探究和动手实验的过程，对调动学生思维，激发合作探究意识，培养动手能力、创新能力、分析解决问题的能力等发挥着重大作用。

五、育德过程

活动一：交流分享——硫在自然界的存在、硫的化学性质与用途

（1）观察硫循环图（图4-9）后思考：自然界中硫以什么化合价存在？在哪里存在？

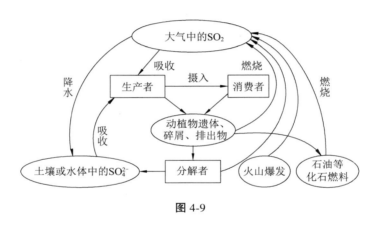

图 4-9

（2）探究硫的化学性质。

【资料】

① 汞蒸气有毒，实验室不慎洒落一些汞，可撒上硫粉进行处理。

② 残留在试管内壁上的硫可用二硫化碳（CS_2）除去，也可用热的氢氧化钠（$NaOH$）溶液除去。

③ 据我国古代第一部药物学专著《神农本草经》记载，"石硫黄（即硫黄）能化金银铜铁，奇物"，这四种物质（Au_2S、Ag_2S、CuS、FeS）哪种不可能是奇物？

育德理念解读：时代在发展，科技在进步，美好的生活环境是人们幸福追求的必然。创设自然界中"硫循环"的真实情境，激发学生对硫及其化合物的认识，培养学生的学习兴趣。通过学生观察、阅读资料等手段，创设情境，联系现实中硫处理的问题，加深学生对单质硫性质的认识与掌握，体会化学与生活的密切联系。引入化学史、化学资料进行化学知识教学的过程，不仅激发了学生的学习兴趣，提高了学生的学习积极性，还让学生在学习化学知识的同时了解到科学家自强不息、艰苦创业的精神，从而培养学生求真务实、严谨认真的科学态度。

活动二：质疑探究——二氧化硫的性质

1. 实验探究二氧化硫的化学性质

实验用品：亚硫酸钠固体，硫酸（1∶1），针筒（2支），若干医用小玻璃瓶，分别盛放有品红溶液、高锰酸钾溶液、碘水、硫化钠溶液、石蕊试液、氢氧化钠溶液、蒸馏水等。

（1）设计二氧化硫的发生装置。

育德理念解读：学生根据教师提供的仪器，回顾分析所学的发生装置，从原理、反应物的状态及反应条件进行分析，最终选择合适的发生装置：固-液不加热装置将所需要的实验仪器筛选出来后，由学生自由组装该反应的发生装置，适时引导学生用针筒代替平时用得较多的分液漏斗。针筒不仅可以盛装硫酸，还可以控制该反应发生的速度，整个实验过程用量少，现象明显，环保绿色。

（2）探究二氧化硫的化学性质（可不填满）。

让学生依据二氧化硫酸性氧化物及还原性的性质，通过小组合作分析所提供的试剂，预测可能发生的反应，进行实验设计，继而通过实验探究二氧化硫的化学性质。因为二氧化硫是一种刺激性有毒气体，在设计实验装置过程中，我们需考虑到不能将二氧化硫直接排放在空气中，要进行相应的尾气处理，以免污染环境。在进行尾气吸收时，选择的碱性溶液为 NaOH 溶液。该活动重在发展学生的预测分析能力，引导学生从基于经验事实预测到基于物质类别、元素价态预测，从基于实验经验设计方案到依据氧化还原思路设计方案。学生动手操作，认真观察，在下表中如实记录实验现象，并基于实验现象形成证据推理，继而形成探究的结论。

编号	实验步骤	实验现象	实验结论

（3）探究二氧化硫的漂白性原理。

设计对比实验：探究与二氧化硫反应后的酸性高锰酸钾溶液、碘水、品红溶液褪色的原因，并完成下表。通过加热后品红溶液颜色恢复成红色，而酸性高锰酸钾溶液、碘水溶液加热后并不恢复，对比分析出二氧化硫漂白性的原理。通过对比实验，培养学生的辩证性思维、批判性思维，能多角度分析问题、解决问题。

编号	实验步骤	实验现象	实验结论
1	取下（2）实验中已褪色的品红溶液，用酒精灯加热小玻璃瓶		
2	取下（2）实验中已褪色的高锰酸钾溶液，用酒精灯加热小玻璃瓶		
3	取下（2）实验中已褪色的碘水，用酒精灯加热小玻璃瓶		

育德理念解读：通过创设二氧化硫实验的真实情境，学生结合原有知识去分析问题，在对二氧化硫化学性质的对比分析过程中，有效地解决问题，加强学生对+4价的硫性质的掌握。改进后的实验仪器新颖独特，能够激发学生的学习积极性，自主参与实验设计有利于培养学生创造性思维。动手操作、观察分析能培养学生的动手能力和实验探究能力。融入"绿色化学"的理念，增强学生的"保护环境，人人有责"的意识和社会责任感；同时，让学生体会到在解决问题的时候，全方位地去思考问题，会取得事半功倍的效果。学生在根据所提供的试剂与仪器自行组装的过程中，会发现不同的发生装置有不同的特点，学生不仅领悟到装置的多样性及选择装置的重要性，而且其规范操作意识、动手能力都得到了培养。

2. 实验探究二氧化硫的物理性质

完成下表。

编号	实验步骤	实验现象	实验结论
1	用针筒抽取二氧化硫发生装置内的气体，观察二氧化硫的放置方法		
2	将针筒放置于盛有水的小玻璃瓶内		
3	将编号2针筒内的液体滴在pH试纸上，30秒后与比色卡做对照		

育德理念解读：通过对实验室制取二氧化硫后的装置进行再利用，培养学生知识间的迁移能力，使学生在心理上获得积极的体验，形成良性循环；通过对反应后的剩余气体进行探究，废气再利用，拓展思维广度、深度。

活动三：了解烟气脱硫

汇报课前调查的二氧化硫气体的来源及其危害。

育德理念解读：通过对二氧化硫的来源和危害进行调查，了解二氧化硫的来源——含硫燃料的燃烧、工业生产过程中采用含硫原料产生的废物；二氧化硫的危害——二氧化硫无色且具有强烈的刺激性气味，会导致呼吸道、支气管炎、肺气肿、眼结膜炎症等，可能还会使青少年的免疫力降低，抵抗能力变弱。二氧化硫对金属，特别是对钢结构的腐蚀，每年给国民经济带来很大的损失……通过调查认识到二氧化硫在生活中的危害，深刻认识到保护环境的重要意义，树立起强烈的环境保护意识，培养学生的社会责任感和使命感。

目前我国大中型火电厂的脱硫系统大多采用石灰石-石膏法工艺。一些沿海地区的发电厂则用海水脱硫，其过程如图4-10所示。

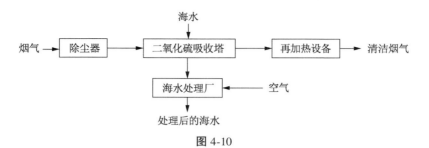

图 4-10

育德理念解读：本活动联系生活实际，将生活中的问题与课堂相结合，让学生认识到化学知识应该在社会生产生活中正确发挥作用。通过本节课的学习，学生进一步思考如何去解决硫带来的环境污染问题，能够辩证地思考问题、解决问题，进而培养学生的科学态度与社会责任感。

六、育德反思

化学是一门以实验为基础的自然学科。化学学习的过程，不仅能增强学生的学科素养、科学精神，培养动手能力，还能切实促进学生对现实问题的反思，培养学生对社会、时代的责任心和使命感。

1. 实验探究促认知，探究体验育情感

本节课的"教"，把课堂还给学生，在小组合作中进行探究，根据实验事实，引导学生在发现和解决问题的过程中建构自己的知识结构体系，促进学生在情感、知识与技能方面得到进一步的发展。在阅读资料过程中，引导学生学习科学家自强不息、不懈探索的精神；在探究硫的化学性质过程中，提供各种仪器试剂，引导学生从不同的角度严谨认真地去思考问题、解决问题，让学生运用已有的化学知识尝试探究；在二氧化硫的制备与性质探究过程中，遵循"装置微型化，试剂微量化，反应绿色化"的理念，更换常用的试管和分液漏斗，鼓励学生发现针筒的优点，体会实验过程中微量化、绿色化使用实验材料的优点，树立合理利用资源的意识。无论是阅读还是实验操作，都让学生获得不一样的课堂体验，培养严谨的学习态度、主动探索的意识，提升运用知识解决实际问题的能力，涵养学生的生态文明意识。

2. 知识碰撞引思辨，多维思考促成长

本节课的"学"，让学生动手操作，让理论在实践中得到检验提升。鼓励学生以更大的热情获取知识，武装头脑，用严谨求是的科学态度分析问题、解决问题，培养学生的环境保护意识，增强对国家、对社会、对自然环境的责任与担当意识。在进行二氧化硫物理性质探究时，采用针筒收集多余的二氧化硫气体，并进行二氧化硫溶解性和溶液的酸性探究。因为针筒上有刻度，学生可以非常直观地通过液面上升的高度得出二氧化硫易溶于水的结论。书本知识和实验现象碰撞，激活了学生的思维。在进行二氧化硫化学性质探究时，学生看到小小的玻璃瓶中盛装着不同颜色的化学试剂，学习兴趣高涨，有小组选择将所有可能反应的物质进行串联，进而实验并得出结论，也有小组选择不同的物质分别与二氧化硫反应，也能得出结论，但在更换试剂瓶的过程中出现了尾气泄漏的情况。针对不同的探究方法，我们组织学生进行小组讨论分析。学生认识到将实验用的仪器和药品都置换成较小规格，正是为了减少二氧化硫可能带来的污染。实验装置的微小差异可能对环境造成不同程度的影响，保护环境要从这样的小处做起，进而保护整个生态环境。

3. 对比实验探真知，联系生活灵活用

在进行二氧化硫的漂白性探究时，分别对褪色后的高锰酸钾溶液、碘水、品红溶液进行加热，发生的不同现象使学生印象深刻。联系生活中常常用二氧化硫漂白纸张、毛丝，红酒中添加二氧化硫以防止红酒变质等现象，激发学生的道德情感，使学生的道德认知在潜移默化中得到提升。

在了解工业生产中烟气脱硫时，学生通过交流课前对二氧化硫的来源和危害的调查，感受社会生活现状，增强保护环境的使命感和责任感；通过了解烟气脱硫技术的发展，感受工业生产中人们锲而不舍地改造自然、追求科技的进步给生活带来的安全与便利，感知科技的力量、知识的力量；通过学习二氧化硫的用途和危害，引导学生用科学发展观看待二氧化硫等化学物质给人类生活带来的利与弊，树立起学好化学为社会服务的责任感，形成"人与自然和谐相处"的科学发展观。

"教育应培养什么样的人"是一个追本溯源的话题，它有着与时俱进的解答。化学教育落脚于培养具有"科学态度与社会责任"的学生。在教学实践中，只有把握好学科教学和品德教育与人才培养相辅相成的关系，才能找到学科育德的平衡点，充分培养学生的核心素养。

专家点评

本课的教学过程分三个模块展开：认识硫的存在及其性质，探究二氧化硫的性质，解决二氧化硫的危害，授课教师遵循了高中生生态育德的基本路径：感悟世界、理解世界和美化世界，最终达成培养学生"科学态度和社会责任"的核心素养。

体验硫循环，辩证认识物质世界的相互转化。引导学生观察"硫循环"，从化学视角认识硫的不同存在形式，硫及其化合物在一定条件下可以相互转化，感知物质的"多样性"，以及物质性质的丰富多彩。认识到物质内在的"循环奥秘"，体会"化学物质的生态特质"；设计解决身边的"污染问题"，如从"硫粉可以消除汞污染""硫污渍可以用 CS_2 去除""硫黄可以与多种金属反应"等，进一步认识物质循环的奥秘。这个环节的设计，以"硫"为核心，建构立体网络，形成系统认知。

探究二氧化硫性质，理解物质的应用价值。硫的污染主要源于"二氧化硫"的性质，二氧化硫本身又是一种有着重要用途的化学物质，因此，这个环节的设计主要是在"功与用""利与害"两条线上展开。系统研究二氧化硫的理化性质后，学生逐步认识到二氧化硫的酸性、还原性及衍生物质对自然界的危害，比如酸雨等对金属及生物的伤害；通过转化路径的设计，让学生理解这种危害可以通过化学方法消除。这个环节的设计，使得"物质的功过""生态循环""化学转化"等巧妙关联，使得学生看待物质的"利弊"更具有思辨性、全面性，深刻认识到"物质的利弊是由人类自身的功利性导向决定的"。

防治二氧化硫污染，系统认识环境保护的生态智慧。设计"调查的二氧化硫气体的来源及其危害"，让学生分析污染的源头与类型；设计"烟气脱硫"的真实情境，引导学生分析、构建不同的治理方案，将"实现有价值转化""二氧化硫性质的认识"贯通，学以致用、合理应用。分析电厂脱硫系统的"石灰石-石膏法工艺"，了解固态吸收和转化技术；分析沿海地区的发电厂"海水脱硫"，认识弱碱性液体吸收及循环工艺。两种工艺中均使用到"吸收—转化—循环"，不产生次生污染，真正实现"变废为宝""绿色工艺"。

从生态循环到生态科学，再到生态工程，人类只解决了"污染—治理—再污染—再治理"的问题，要让青年学生从更深层次上认识到"生态育德"的重要性，必须从生态哲学上进行思考和实践。人与自然的关系，应作为整体的"自然—社会—人"的复合生态系统，人与自然是相互作用的，既表现为自然的人化，也表现为人的自然化，因此，用生态思维认识和解决环境问题，是人与自然和谐共存的核心。

何以育生态美德？新时代青年只要认识到人即自然、自然即人，就能从根本上解决"生态即美德"问题。

点评专家：赵华

第五章
在学科教学中促进身心康健

> 加强社会心理服务体系建设，培育自尊自信、理性平和、积极向上的社会心态。
> ——摘自习近平总书记在党的十九大报告中的讲话

 主题解读

适切育德　臻于康健
——身心健康教育在学科育德中的体现

身心健康的人就是指生命构造健全而灵魂也同样拥有完全神志的健康人，亦指一个人的精神世界与情感表达。健康之精神寓于健康之身体，这是对"幸福"简单而又充实的描绘。心理和生理是构成自然人健康的两个重要方面，它们相互依附、彼此制约、有机统一、缺一不可。健康是生活的出发点，也是教育的出发点。要走得远，需要身体健康；要行得正，则需要心理健康。苏霍姆林斯基说："教师不仅是自己学科的教员，而且是学生的教育者、生活的导师和道德的引路人。"教师作为精神关怀者，要关心学生的内心世界，引领他们的精神成长，适切育德，臻之康健。

一、追本溯源——身心健康教育立于言

根据世界卫生组织的定义，健康不只是身体上的健康，还包括心理上的健康。心理健康就是正确的价值观和对事物积极的态度。社会的不断发展与进步，对人才提出了更高的要求。作为现代新型人才，除了要具备较强的各项能力，还需要拥有过硬的心理素质，只有这样，才能更加灵活自如地积极面对工作压力，才能够更好地适应当前社会的发展。而内心懦弱、思想行为不端正的人势必会被这个社会淘汰。中小学生是未来社会的建设者与发展者，其必须拥有较高的综合素质和健康的心理状态。

"健康"思想是陶行知先生于1925年的一次演讲中提出的"整合教育观",他指出"做一个整个的人"有三个要素:"健康的身体、独立的思想、独立的职业"。其中,"健康的身体"在整合教育观占有十分重要的地位,是"整个的人"的首要构成要素。

2009年1月7日,经国务院批准,自2009年起每年8月8日定为"全民健身日"。"世界心理健康日"是由世界精神病学协会在1992年发起的,定在每年的10月10日。5月25日是全国大学生心理健康日,"5·25"的谐音即为"我爱我",提醒大学生要"珍惜生命,关爱自己"。

由党的十八届五中全会战略部署制定,中共中央、国务院于2016年10月25日印发并实施的《"健康中国2030"规划纲要》,就是为了推进健康中国建设,提高人民健康水平。"健康中国"理念已上升为国家战略,"普及全民健康素养,加大学校健康教育力度"势在必行。在"健康中国"的背景下,"康健"生活成为永恒的价值追求。习近平总书记说过,"没有全民健康,就没有全面小康","人生幸福快乐,强身健体十分重要","人民至上,生命至上,保护人民生命安全和身体健康可以不惜一切代价",强调学生"既把学习搞得好好的,又把身体搞得棒棒的"。

2016年9月颁布的《中国学生发展核心素养》中,"健康生活"成为六大核心素养之一,2019年10月,《中共中央关于坚持和完善中国特色社会主义制度 推进国家治理体系和治理能力现代化若干重大问题的决定》明确指出,要健全社会心理服务体系和心理危机干预机制,学校心理健康服务是重中之重,课程是学校心理健康服务的主渠道。2021年9月,中共中央办公厅、国务院办公厅印发了《关于进一步减轻义务教育阶段学生作业负担和校外培训负担的意见》,"双减"政策是适应新时代教育高质量发展的必然要求,也是学生身心健康成长、全面发展的客观需要。

二、素材挖掘——身心健康教育践于行

2011年的课程标准提出了课堂教学的三维目标:知识与技能、过程与方法、情感态度与价值观。教学的过程便是参与道德生活的过程。学科育德即是将情感、态度、价值观为主设计教学目标,教学回归育人本源。

(一) 以核心素养为抓手

教学中可以从六大核心素养之一"健康生活"素养包含的珍爱生命、健全人格、自我管理三个方面切入,融合"身心康健"的教育内容,引导学生走向幸福人生。

1. 珍爱生命教育

弗洛姆说:"尊重生命、尊重他人也尊重自己的生命,是生命进程中的伴随物,也是心理健康的一个条件。"珍爱生命,包括理解生命意义和人生价值,具有安全意识与自我保护能力,掌握适合自身的运动方法和技能,养成健康文明的行为习惯和生活方式。对生命的认识是生命教育的一个永恒主题,如何实现生命教育目标,培养身心健康的新一代,对老师来说,要帮助学生真正了解生命的本质和意义,引导他们形成正确的生命观,与学生多层面地思考、面对各项生命议题,培养他们的

生命意识，提高他们应对挫折的能力。

2. 健全人格教育

健全人格指具有积极的心理品质，自信自爱，坚韧乐观；有自制力，能调节和管理自己的情绪，具有抗挫折能力。为保持自身人格的完整与和谐，学生要有行动的热情和良好的社会适应能力。这些都需要教师的激励和鼓舞，通过一个个独具特色的创意激发学生的自信心和自制力，促进他们健全人格的养成。

3. 自我管理教育

自我管理教育内容包括学生能正确认识与评估自我，能依据自身个性和潜质选择适合的发展方向，能合理分配和使用时间与精力，具有达成目标的持续行动力等。我们每个人都是独特的个体，要学会全面地评估自己：一方面，要看到自己的优势、长处，充分了解自己的能力和天赋，欣赏自己、悦纳自我；另一方面，还要看到自己的不足，认识自我，接纳自己，并寻找成长点。

当然，以上身心康健三部分的道德知识、道德原则的建构，不能生硬地灌输，要给学生一个生动的问题情境，根据情境中闪烁着的丰富的人生智慧，使他们在淡淡的哲思中获得感悟和真知。要在轻松的气氛中让学生用自己的认知结构吸收道德知识，激起他们思想的共鸣，滋润他们的心灵，达到"润物细无声"的教学效果。同时，利用课堂集体的氛围，让他们体验团队的力量，激发学习热情，正确看待人生，适应社会。

（二）以教材为原型

教师要回归并升华教材，从教材中挖掘素材，依托教材并按实际需要适度拓展延伸，探索身心康健育人路径。

体育本来就是生活的一部分，运动给予人的，首先应该是健康的体魄和健全的精神。心理健康课是为学生健康成长、成人成才固本强基，使学生收获心理健康知识，培养自尊自信、理性平和、积极向上的健康心态。除此之外，中小学的其他学科都有独特的身心康健育人素材，语文课蕴含正义、同情、人际敏感、人道主义等道德价值，数学课蕴含严谨、坚韧等道德价值，外语课则有尊重、国际理解、宽容等道德价值，科学课有敬畏、感恩等道德价值。

各个年龄段学生的身心康健教育已经成为教育教学体系中非常重要的内容。在素质教育全面实施的推动下，教师要利用课堂教学的契机，充分挖掘教材，在教案设计和课堂实施时注重学科育德的同时，进行身心康健思想的渗透，让身心康健思想在学科育德中得到体现。这样不仅可以促进学生吸收所学知识，实现学生身心健康的成长与发展，而且可以帮助学生逐渐具备正确的思想观念和积极、健康的心理，达到相互补充的效果。

三、策略实施——身心健康教育成于效

任何一门学科的课堂教学中都存在德育，教师在课堂教学中要无痕融入显性德育内容，充分挖掘隐性德育资源，相机拓展生成的德育因子。其中隐性德育资源指

的是教学方法、课堂组织形式、师生互动方式等，如苏格拉底式提问、角色扮演、探究发现、情境游戏、项目设计与解决、小组合作等。生成的德育因子指非预设的，在课堂自然生成的，需要教师去引导、纠偏的内容。教师要有多维、高位的理解，才能更智慧地捕捉生成因子。人人都是德育工作者，学科教师要更新教育理念，强化育人意识，在传授学科文化知识的同时进行德育渗透，将育德要求内化为学生的道德要求并外化为学生的道德行为，使之成为身心康健的人。

1. 通过课堂育德情境的创设，促进身心康健的濡染

教师在案例设计时，应该以学生为中心、以教育任务为基础，为学生创设相应教学情境，以此让学生更加积极、自主地参与进来，强化学习的体会。教师可以根据各个年龄阶段学生的兴趣喜好和德育、身心康健教育的特点为学生创设实践教学情境，以此促使学生以饱满的热情投入实践活动中，在丰富学生学识的同时开阔其视野，增长其见识。最为重要的是在参与实践活动的过程中，学生通常会对自身的言谈举止进行深刻的反思和自我检查，对自身的思想道德观念和行为是否良好、规范进行全面的审视。教师只需要准确地把握教育的时机，对学生稍作引导和指导，便可以促使他们保持积极、健康的心理状态，同时拥有良好的思想道德品质和价值观念。教师在创设教学情境前，必须加强对学生的了解，以此保障所创设的情境可以引发学生的情感共鸣，并可以培养学生的心理素质，进一步扩大学科育德和身心康健教育融合的效果。

2. 通过课堂育德模式的整合，强化身心康健的认知

课堂教学模式百花齐放、异彩纷呈，教师在进行案例设计时，要根据适合教师、适合学生、适合内容、适合情境的原则来选择教学模式。同时，要整合教学模式，及时关注学生的认知。中小学都开设了思想政治课程，但是多数教师在思想政治课堂教学中对学生实施德育教育时，采用的都是灌输式的教学模式，并且通过考试这种单一的方式评价高中生的思想道德品质和心理健康状况。显然，这样的教学模式十分枯燥，这样的教学评价非常片面，不仅不利于学生学习兴致的激活，还不利于学生将学习的理论知识内化成为自身的思想道德品质和行为规范，很容易使学生出现言行不一的情况，这对学生身心健康显然非常不利。为此，教师必须认识到通过灌输式的方式实施德育和身心康健教育存在诸多弊端，并积极地对教学模式进行整合。需要注意的是，教学模式的整合，并非一味地摒弃传统的教学模式，而是应该扬长避短，取其精华，部分保留下来，并与先进的教学模式结合在一起。因为，不管是在过去还是在信息高速传播的如今，知识的力量都是无穷的，任何一种教育的实施都脱离不开系统化知识体系的支撑。为此，教师在融合德育教育和身心康健教育时，应该在传统教学模式的基础上对其进行创新整合。教师进行案例设计时，可以根据教学内容和学生情况组织学生通过情景剧表演的方式完成相关理论知识讲授，进一步深化学生对这些理论知识的理解和掌握，并促使学生获得更为深刻的情感体验，让学生在切身参与中感悟到其中蕴含的有关德育和身心康健教育方面的内容，从而取得润物细无声的教育效果。

3. 通过课堂育德过程的生成，引领身心康健的发展

德育和心理健康教育之间本身就存在相辅相成、相互作用的密切关系，教师在进行案例设计时，以身心康健思想为导向实施学科育德，在对学生具体实施德育的过程中，应该全面地深入了解各个年级学生的思想动向和实际心理发展情况，并以此为依据设计教学案例。例如，高中数学在讲等比数列求和公式时，可以采用"探究—接受"的教学模式，先让学生自己动手实验，提出问题"一张普通的纸，对折30次，有多高？"学生实验失败后，教师告知结果：超过了珠穆朗玛峰。从而激起学生的认知冲突，调动学生的求知欲。接着推导等比数列的求和公式，用科学的方法计算出结果。在这个过程中，要充分保护学生"好奇"的天性、敢于质疑的健康心态。同时，教师在对学生实施德育时，还可以借鉴心理健康教育的方式与方法。例如，教师可以通过有关心理学方面的理论和技巧深入地了解学生的心理状况，及时发现学生自身存在的不足之处，从而更具针对性地设计德育因素和身心健康的内容，为两者的有效融合提供明确的方向与指导。这样，结合不同学段学生的个性化特点，有层次地利用教学中学科德育工作的开展，将外在的行为规范内化成优良的思想品质和积极健康的心态，以此增强学生明辨是非的能力，形成健全的人格。

当然，教师要能在学科育德中使身心康健思想得到充分的体现，应该重点加强对身心康健理论的研究。因为不仅不同年龄段学生有着不同的心理特点，而且随着社会的不断发展，一些新的身心康健问题也会出现，这给教师带来了新的挑战。一方面，老师要借助学校的资源，积极参与学校组织的外出学习活动，接近专家，学习最前沿的心理学理论和技巧，或者学校邀请著名心理咨询师走进校园，为广大师生开展心理健康讲座，近距离地提出自己的疑惑，以此获得更加专业的解答。另一方面，教师多与学生沟通，及时发现自己所教学段孩子们内心所需要的，然后再根据所教学科的特点，在先进的心理健康理论知识的支撑下，在课堂中发现一切可能的教育契机，融合德育与身心康健教育。

学科育德中身心康健专栏是跨越学生身心状态与所学学科内容之间鸿沟的一种尝试，教师富含学科育德的教育理念能浸润学生的认知与情感，身心康健教育内容的渗透能引领学生成为理性与情感相结合的主体。南通市作为"双减"的试点城市，希望我们专栏中的案例设计能给读者带来收获，提高课堂效率，减轻学生负担，促进学生身心和谐可持续发展，为他们的健康成长和幸福生活奠定基础。

案例赏析

案例一：核心素养下生命教育在初中生物教学中的渗透
—— 以"模拟传染病的传播"实验教学为例

一、内容选择

本课内容选自苏科版生物学八年级下册第 8 单元第 24 章第 2 节《传染病的预防》。

二、育德点分析

1. 显性内容

教材设计"模拟传染病传播"实验是为了帮助学生了解传染病传播的过程,为学生学习传染病的预防及今后的健康生活打下良好的知识基础。传染病种类多样,懂得了传染病传播的相关知识,更有利于学生采取正确的自我防护措施,保障自己和他人的生命健康。

2. 隐性内容

学生在前面的学习中,已经了解了传染病和病原体的概念,并且在日常生活中,也了解一些传染病的传播方式,同时还通过网络及校内宣传橱窗等方式对传染病的传播有了一定的感性认识。

3. 生成因子

结合学生已有的知识和生活经验,在课堂教学实践活动中加强对学生进行生命教育,将学生的日常经验转化为相关的生物学知识,学习防御病原体的一般方法,从而培养学生积极乐观的态度,最终实现生命教育在初中生物教学中的渗透。

三、育德目标

依据课程标准、教学内容和学生特点并围绕培养学生核心素养的要求,制定了如下教学目标。

1. 道德认知

通过观察、模拟、实验等活动,小组分析讨论,类比和归纳出传染病传播的三个基本环节:传染源、传播途径、易感人群。

2. 道德情感

通过讨论交流、角色扮演等活动,提高预防传染病的意识,初步建立预防传染病的正确观点;树立科学对待各类传染病的观念,初步形成关心社会、关心他人及自身健康的责任意识。

3. 道德行为

通过学习传染病传播的相关知识,知晓预防传染病的方法,并运用生物学知识健康生活。

重点:模拟传染病传播的实验。

难点:传染病流行的三个基本环节;根据传播途径的不同将传染病分为不同的种类。

四、育德策略

教材将面粉作为实验材料代表病原体,但由于面粉具有可视性,在模拟过程中能够被看到,不符合病原体隐蔽性的特征,因此,无法让学生有真实的体验。

由于荧光物质(图5-1)在自然光下具有不可见的特性,因此改用荧光物质作为实验材料代表病原体符合传染病传播的隐蔽性，更能让学生产生直观的感受和真实的体验。而荧光物质在黑光灯下可发出荧光，实验结束后可用黑光灯来检测荧光物质附着在哪里。借此，学生可以直观地看到病原体传播到了哪里，加深对传染病传播的认识。

荧光粉　　　　　荧光试剂

图 5-1

五、育德过程

1. 联系生活，激发学习兴趣

春季万物复苏，各种细菌和病毒也活跃起来了，因此，春季成了传染病高发的季节。常见的春季传染病有手足口病、流行性感冒、流行性脑膜炎、麻疹、水痘等。以流行性感冒为例，教师引出话题，让学生回忆关于感冒有哪些印象深刻的经历，是如何患上感冒又是如何康复的，学生畅谈感冒时的感受和经历。接着追问感冒可否预防、如何去预防，学生回答可以通过戴口罩、洗手、通风等方式进行预防。由此继续发问：为什么戴口罩、勤洗手等措施可以预防感冒？根据上一节对传染病、病毒的学习及对新闻时事的关注，大多数学生知道流行性感冒是由流感病毒引起的传染性疾病，可以在人与人之间进行传播，进而能够说出采取这些措施是为了避免流感病毒的感染。但学生对传染病传播的过程认识模糊，不清楚这些措施其实是通过切断病原体的传播过程实现的。由此，带领学生进行实验探究，进入主题。

育德理念解读：流行性感冒是学生最为熟悉的一种传染性疾病，对此学生有着许多的感受和一定的认识，学生通过交流表达加深了对传染病的认识。联系社会热点问题，使学生意识到生物学知识与生活息息相关、与自己的健康生活关系密切，激发学习兴趣。通过提问，引导学生思考，使学生自然进入"传染病"的情境教学，直奔学习主题。

2. 情景模拟，深化情感体验

流感病毒的传播肉眼是看不见的，为了让学生对传播过程有一个直观感受，让学生观看兴趣小组带来的情景模拟剧（图5-2）。表演之前，向学生介绍情景剧的背景：小高无意中患上了流行性感冒，由于早期没有明显的症状，他不知道自己是感染者。于是，他像往常一样邀请朋友到家中做客。表演过程中会用到荧光粉，用荧光粉模拟流感病毒。表演前小高手上先涂上荧光粉，表演结束后用黑光灯检测哪些地方有荧光。

图 5-2

情景模拟后，检测到几位同学的手上、触碰到的餐具上都沾有荧光粉，如图5-3所示。对此，让学生发表感想。学生说道："通过情景模拟，可以看出病原体的传播没有踪迹，我们在与他人的日常相处中，如果接触了感染者，就有可能感染上病原体。"

图 5-3

育德理念解读：通过情景模拟，学生在直观生动的表演与观看中，对传染病的传播过程产生积极的情感体验；表演后，用黑光灯检测能够看到与"感染者"接触的物体上"病原体"的踪迹，从而认识到病原体的传播是十分隐蔽的，无意中就有可能感染上病原体，因此，认识到日常生活中做的清洁卫生工作的重要性。

3. 换水实验，提高防护意识

实验材料：清水、荧光试剂、烧杯若干、5 mL 一次性注射器若干。

实验过程：学生每人持一个装有 20 mL 无色液体的烧杯和一支注射器，其中两人烧杯中的是荧光试剂，其余学生烧杯中的为清水。每个学生随机选择 4 位同学，用注射器抽取对方烧杯中的 5 mL 液体，进行等量交换。连续交换 4 次，不能重复。

荧光试剂代表感染病原体的液体，清水为正常液体。烧杯中的荧光试剂和清水在自然光下没有明显区别，所以实验开始时学生不知道谁烧杯中有荧光试剂，模拟真实情景中传染源不明的情况。实验结束后，用黑光灯检测到：28 个烧杯中，有 13 个烧杯检测出有荧光。提问学生：实验结果说明了什么呢？对此，你有什么感受？学生能够解释道：实验前有 2 个烧杯装有荧光试剂，代表有 2 个人携带病原体；实验后有 13 个烧杯检测出有荧光，说明有 11 个人被这 2 人感染了病原体。学生发表感想:"从这个实验中,我体会到在人群密集的地方与他人接触感染病原体的风险高,1个人感染了就会使更多人感染,所以预防传染病的关键是控制病原体的传播,保护自己的同时也是在保护他人。"

育德理念解读:情景模拟只有少数同学参与,换水实验可以让每位同学都有参与感和体验感,加深了学生对传染病危害的认识。让学生认识到在传染病流行期间,人人都有可能成为传染病的"受害者",同时人人都有可能成为传染病的传播者,从而提高预防传染病的意识,主动为预防传染病做出贡献,初步形成关心社会、关心他人及自身健康的责任意识。

4. 分析讨论,构建知识框架

学生阅读教材,小组讨论分析传染病的传播过程,并完成导学案。

---

(1) 传染病流行的三个基本环节:_____、_____、_____。
(2) 在模拟聚餐和换水实验中,下列描述分别属于传染病流行的哪一环节?

换水实验	环节
实验前有荧光剂的烧杯	
换水过程	
实验后有荧光剂的烧杯	

模拟聚餐	环节
模拟前带有荧光物质的人	
握手、接触	
粘上荧光物质的人	

(3) 传染病的传播途径有哪些?想一想,模拟聚餐和换水实验的传播途径是什么?
(4) 根据传播途径的不同将传染病分为了哪些种类?

通过阅读和讨论,学生能轻易说出传染病传播的三个基本环节包括传染源、传播途径和易感人群,也能准确判断出模拟聚餐和换水实验中各过程分别属于传染病传播过程中的哪一个环节。其中重点需要让学生认识传染病的种类,以及根据传播途径将传染病分为呼吸道传染病、消化道传染病、体液传染病、体表传染病。认识传染病的种类有利于帮助学生根据不同的传染病采取不同的预防措施。

育德理念解读:通过小组讨论和资料阅读,提升学生合作学习的能力与阅读能力;在感性认识的基础上,建构概念,逐渐理解传染病流行的三个环节,了解不同传染病的传播途径有助于学生预防传染病。

5. 材料分析,提升核心素养

学生阅读教师提供的资料,完成流程图,列出流行性感冒、蛔虫病、艾滋病、狂犬病传染的过程。

材料①:流行性感冒,简称"流感",是由甲、乙、丙三型流感病毒分别引起的一种急性呼吸道疾病。流感在我国以冬春季多见,临床表现以高热、乏力、头痛、咳嗽、全身肌肉酸痛等全身中毒症状为主,而呼吸道症状较轻。流感病毒容易发生变异,传染性强,人群普遍易感,发病率高。流感患者及隐性感染者为主要传染源。流感主要以打喷嚏和咳嗽等飞沫传播为主,流感病毒在空气中大约存活半小时,经口腔、鼻腔、眼睛等黏膜直接或间接接触可感染,接触被病毒污染的物品等也可感染。

材料②：蛔虫病由摄入感染性蛔虫卵所致，大量虫卵随蛔虫病患者或感染者的粪便排出，污染植物及泥土，若食用沾染虫卵的不洁蔬菜（生食拌鲜菜）、瓜果，则食用者极有可能感染蛔虫病。通常以儿童发病为多，随着年龄增长，多次感染后产生一定的免疫力，故成人感染率较低。儿童若能注意自己的一些卫生习惯，不吃没有洗干净的食物，不喝没有烧开的生水等，就能有效降低患蛔虫病的风险。

材料③：艾滋病的医学全称为获得性免疫缺陷综合征，英文简写是 AIDS。艾滋病是由于机体感染人类免疫缺陷病毒而引起的全身性疾病，人类免疫缺陷病毒又称为艾滋病病毒，英文简写为 HIV。艾滋病病毒侵入机体后，主要攻击人体免疫系统中的 CD4T 淋巴细胞，造成机体免疫功能降低和缺失，最终导致各种严重机会性感染及恶性肿瘤的发生。艾滋病病毒主要通过感染者的血液、精液、阴道分泌物、乳汁等进行传播。艾滋病是一种终生疾病，目前尚无根治办法，不过通过高效抗反转录病毒联合疗法的应用，艾滋病病毒已经能够得到有效控制，感染者也可以活得很久。

材料④：狂犬病是狂犬病毒所致的急性传染病，人畜共患，多见于犬、狼、猫等肉食动物。狂犬病毒存在于感染动物的唾液内，患狂犬病的动物通过咬伤、舌舔黏膜、新近皮肤破损处（被抓伤伤口）等方式传染给其他动物或人。人在被病犬咬伤后，如未经处理，则有 30%~70% 的人会被感染狂犬病毒并在潜伏期之后发病。人类狂犬病毒的潜伏期为 10 天至 1 年以上，一般为 30~90 天，在潜伏期中感染者没有任何症状。咬伤头、颈、手者，潜伏期较短。狂犬病患者通常在发病后 3~10 天内死亡，发病后死亡率近 100%。被狂犬病动物咬伤后如立即给予适当处理（清创和打疫苗等），则罕有发病者。

育德理念解读：在强化知识技能的基础上，促进学生认同健康文明的生活方式；利用具体的实例和生活素材，引导学生在建立感性认识的基础之上，把握知识的内在逻辑，把生活与知识的联系再次深化。学生通过阅读资料，结合思考与小组讨论，对资料进行归纳和概括，既培养了科学思维，又化解了本节课的难点，从而促进生物学学科核心素养的发展。

六、育德反思

本节实验课，教师依据《义务教育生物学课程标准》（2022 年版），制定生物学学科核心素养的教学目标，并围绕此教学目标，以流行性感冒为背景，运用情景模拟、实验探究、资料分析等方式，从现实生活出发，聚焦核心概念，深化学生对传染病的认识。整个课堂以学生为主体，激发学生的学习兴趣，提高学生发现问题、分析问题及解决问题的能力，旨在落实学生的生物学学科核心素养的培育。这样的"教"，主题明确，层层深入，遵循德育的规律。

课堂中，学生积极回忆"感冒"期间的感受与经历，学生从这样的"学"中意识到生物学知识与生活息息相关、与自己的健康生活关系密切，激发学习兴趣；

"情景模拟"和"换水实验"活动中，学生积极参与，从这样的"学"中认识到在传染病流行期间做好防护的重要性，从而提高预防传染病的意识；小组活动中，学生阅读资料、认真讨论、主动建构，从这样的"学"中体会到生活经验有利于学习生物学知识，而生物学知识可以更好地指导人们珍爱生命、健康生活。各个教学环节环环相扣，教与学相辅相成。

综上所述，若要在初中生物教学中对学生展开生命教育，需要在课堂教学实践活动中以直观、形象的方式帮助学生认识流感病毒等病原体，从心理上缓解学生对病原体的恐惧，树立科学对待各类传染病的观念。再基于具体的教学内容对学生开展生命教育，达到让学生晓得如何预防传染病，如何为社会环境的稳定做贡献的目的，最终让初中生物学课堂绽放出精彩。

专家点评

1. 教学内容聚焦大概念

生物学课程的设计和实施追求"少而精"的原则，即提炼大概念，精选学习内容，突出重点，切合初中学生的认知特点。本节课，重点突破传染病流行的三个基本环节：传染源、传播途径和易感人群；根据传播途径的不同进行分类，让学生能深刻理解和应用重要的生物学概念，教学目标达成度高。

2. 教学过程结合真实践

生物学课程高度关注学生学习过程中的实践经历，强调学生的学习过程是主动参与的过程，选择恰当的真实情景，设计学习任务，让学生动手做、做中学。本节课，用荧光粉来模拟看不见摸不着的新冠病毒，实验结束后，用黑光灯检测，学生可以直观看到病原体传到哪里；用清水、荧光试剂在烧杯中的相互交换，模拟传染病在人群中的传播，由两人感染发展到十三人被感染，加深了学生对传染病危害的认识。通过模拟实验，激发学生探究的兴趣，用科学的知识、思路和方法解决生活中的热点问题，属于教与学方式的变革创新。

3. 教学策略渗透生命观念

《义务教育生物学课程标准》（2022年版）指出，生命观念是从生物学视角，对生命活动的过程和规律、生物界的组成和发展变化的总体认识和基本观点，是分析和解决生物学实际问题的意识和思想方法。本节课，选择传染病的预防这一内容，引导学生源头在哪，如何传播又怎么预防，在分析讨论构建知识的框架下，帮助学生认识生命的本质，理解生命的意义，树立健康意识。

点评专家：周智宁

【专家简介】周智宁，南京市东山外国语学校副校长，江苏省特级教师，正高级教师。

案例二：让德育馨香沁满语文课堂
——《紫藤萝瀑布》教学设计与反思

一、内容选择

本课内容选自统编版语文七年级下册第六单元第17课《紫藤萝瀑布》。

二、育德点分析

1. 显性内容

《紫藤萝瀑布》为统编版语文教材七年级下册第五单元的一篇写景散文。统编版教材注重对学生的思想政治教育，加强教材的育德功能，注重培养学生的人文素养。《紫藤萝瀑布》所在单元更是注重感受文章中蕴含的丰富哲理，激发学生对自然、社会、人生的关注和思考。《紫藤萝瀑布》是一篇托物言志的写景散文，文中有很多对紫藤萝进行描写的优美语段，生动描绘了紫藤萝花的美丽姿态，使学生在阅读时能够感受到作者眼前紫藤萝欣欣向荣的生命力，学会欣赏大自然的美。作者由眼前盛开的紫藤萝联想到10多年前家门外稀落的、与生活腐化有什么必然联系的紫藤萝，两花对比，融情于景，在写景中暗含对生命的思考。在教师的引导下，学生联系自身的经历，领悟积极、坚强、乐观的人生哲理——"花和人都会遇到各种各样的不幸，但是生命的长河是无止境的"。这是显性的育德内容。

2. 隐性资源

在特殊教育需要学生（小陈）的切身感悟中，给普通学生更深刻的触动，普通学生对特殊教育需要学生的鼓励也会给该生精神力量，达到融合教育课堂中特殊教育需要学生和普通学生的美好品格相互促进、共同成长的目标。这是需要挖掘的隐性育德内容。

3. 生成因子

花开花谢连着人类命运的沉浮与漂泊，以此引发学生的思考，让学生感悟出，面对挫折不要怨天尤人，一蹶不振，要对生命的美好保持坚定的信念，以积极的心态面对生命中的坎坷与磨难的道理，培养学生顽强的品质、坚定的心理素质与抗挫折能力。这是生成的德育因子。

三、育德目标

1. 道德认知

感受作者笔下紫藤萝旺盛与不屈的生命力，理解"花和人都会遇到各种各样的不幸，但是生命的长河是无止境的"这句话的意思，明白任何挫折都只是漫长生命中的小插曲。

2. 道德情感

体会作者笔下对人生的感悟，结合自身理解文章所蕴含的道理，自己思考与聆听他人的分享，获得要以积极的心态面对挫折与坎坷的启示。

3. 道德行为

珍惜现有的生活，乐观面对生活与学业，珍惜和热爱生命。学会设身处地地理解他人的苦难，唤醒内心深处的温情，友善对待身边的人，认同特殊同伴，为他们提供帮助。

四、育德策略

1. 在朗读与鉴赏中领悟情感

本篇课文中有很多对紫藤萝的描写，通过对这些句子的赏析，感悟紫藤萝的"花格"。本节课内容较多，重点应放在学生对景物的感悟上，教师只做适当的引导与评价。在朗读中领悟写景的妙处，要读得抑扬顿挫，读得声情并茂，理解作者在景物中寄托的情感，最终再落实到朗读中。设计多种方法让学生自主学习，积极思考、讨论、发言，突出学生的主体地位。

2. 陶冶教育法体悟生命

本节课旨在引导学生欣赏大自然的美，通过感受紫藤萝坚强、旺盛的生命力了解紫藤萝坚忍不拔、不畏挫折的美好品格，用陶冶教育法对学生进行要勇敢面对挫折的人生观教育。

3. 道德修养法感悟自身

学生通过对紫藤萝"花格"的理解，对作者坎坷经历的体悟，联系自身，反思以前自己面对挫折时的消极态度，思考以后要以怎样的心态面对困难。学生在自主自觉的思考与反思中，得出面对挫折不要怨天尤人，一蹶不振，要对生命的美好保持坚定的信念，以积极的心态面对生命中的坎坷与磨难的道理。

对于特殊教育需要学生，教师要引导其在课堂中会先进行简单问题的提问，以增加其回答问题的信心。重点放在最后引导其对生命的感悟上，特殊教育需要学生本就面对与普通学生不同的人生困难，这是特别并且真实的。特殊教育需要学生的感悟会比普通学生更加深刻，也更加能够触动人心。这对于他自己，对于所有学生，这都将是记忆非常深刻的一堂课。

五、育德过程

（一）导入新课，营造育德氛围

【屏显：呈现紫藤萝照片】

谈话导入：同学们见过这种花吗？这是紫藤萝花。

师：请你来说一说，看到这花你想到了什么？可以用一两个词，也可以用句子。

学生分享：漂亮、温馨、柔和、浪漫、震撼、茂盛……

导入课题：今天我们来欣赏著名的散文家宗璞写的名篇——《紫藤萝瀑布》。

【板书课题"紫藤萝瀑布"】

朗读课题：同学们一起读两遍课题。

【学生读课题】

育德理念解读：播放紫藤萝花的照片，用满屏令人震撼的紫藤萝花激发学生的兴趣。让学生用一两个词语形容对紫藤萝花的印象，使其初步、直观地感知到紫藤萝花旺盛的长势，营造良好品德形成的氛围，促进健康价值观的生成。

(二) 闻香识紫藤，感受生命美

1. 自读课文

师：请同学们自由朗读课文，感受紫藤萝的繁茂；用直线画出文中描写紫藤萝的句子，重点读。注意读准字音，读准节奏，读出感情。

【学生读课文】

2. 合作探究

师：选出这些句段中你认为是描写紫藤萝美的句子。小组之间进行讨论，向你的组员同学说一说，你认为这一句美在哪里。

组间讨论时，教师需要多关注小陈所在小组，小组成员需要对小陈进行引导。

回答时其他组普通学生作答，小陈所在组由小陈作答，以培养其表达能力。教师适时引导并点评、鼓励。

【板书学生提到的修辞手法】

交流展示：

预设一：未见过开得这样盛的藤萝，只见一片辉煌的淡紫色，像一条瀑布，从空中垂下，不见其发端，也不见其终极。——这一句写出了紫藤萝花的颜色是淡紫色。运用比喻【板书】的修辞，把一树盛开的紫藤萝花比作瀑布，生动形象地写出了紫藤萝花的繁茂、气势非凡、灿烂辉煌。

预设二：只是深深浅浅的紫，仿佛在流动，在欢笑，在不停地生长。——这运用拟人【板书】的修辞，将紫藤萝花人格化，"流动""欢笑""生长"等词语生动形象地写出了紫藤萝花的生机盎然，富有动态美。运用了化静为动的表现手法，原本静态的紫藤萝在作者的笔下好像动起来了，写出了花的美丽姿态和旺盛的生命力。使用短句，读起来更加活泼，更能感受到紫藤萝的生命力。在写作过程中，我们也可以使用短句，或者长短句结合的形式。短句的使用可以让文章显得活泼，节奏明快；长短句相结合可以让文章看起来错落有致，读起来朗朗上口。

预设三：每一朵盛开的花像张满了的小小的帆，帆下带着尖底的舱，船舱鼓鼓的，又像一个忍俊不禁的笑容，就要绽开似的。——用帆和船舱作比喻，细致地描绘了紫藤萝花盛开的状态，给人以生机勃勃的感受；比作笑容，有美好可爱的感觉，也抒发了喜悦之情。

预设四：花朵儿一串挨着一串，一朵接着一朵，彼此推着挤着，好不活泼热闹！——运用拟人【板书】的修辞，化静为动，生动形象地写出了花的勃勃生机和烂漫情趣。

预设五：香气似乎也是浅紫色的，梦幻一般轻轻地笼罩着我。——采用通感的修辞【板书】，把嗅觉形象用视觉形象表现出来，把人带入一种新的境地。表现了紫藤萝香气的柔美、温馨，表达了作者对紫藤萝由衷的喜爱之情。

预设六："我在开花！"它们在笑。"我在开花！"它们嚷嚷。——拟人，赋予花以人的情态。紫藤萝一朵挨一朵，就好像在喧嚷，在欢笑，写出它们开心的、可爱的、充满活力的姿态，富有感染力。

相机引导：听完这位同学对这句话的赏析后，同学们应该有了更深刻的认识，既然作者眼前的紫藤萝是繁盛的，富有生命力的，那如果我们要读出紫藤萝旺盛的生命力，应该怀着什么样的心情去读？

预设：喜悦的、欢快的、轻松的、活泼的……

试一试用你精彩的朗读体现出这样的心情。

【学生朗读，老师适当鼓励、纠正】

育德理念解读：通过对描写紫藤萝语句的欣赏，在朗读与鉴赏中领悟情感，从中感受紫藤萝开得旺盛、生命力强的特点。安排小陈作为小组代表回答问题，一是增加他与同学沟通的机会，二是锻炼他的表达能力，并且在小组合作为小陈做准备时，还可以增强同组学生的责任感，加强他们之间的联结，为后面小陈发表感悟时其他同学能够受到触动与启发做好准备。

(三) 犹见花枝俏，领悟生命力

1. 默读课文

我们与作者一起欣赏了眼前的花，由这花作者又联想到十多年前门前的紫藤萝。十多年前的紫藤花是什么样的呢？请你找出文中形容它的词语。

【学生发言】

教师明确：

"依傍枯槐"（不稳固、摇摇欲坠，随时危险）

"稀疏""稀零"（花儿稀少，毫无生机）

"伶仃"（孤孤单单、无精打采的样子）

"试探"（担心胆怯的样子，不敢尽敢绽放，唯恐大祸临头的神情）

屏显（图5-4）：忽然记起十多年前家门外也曾有过一大株紫藤萝，它依傍一株枯槐爬得很高，但花朵从来都稀落，东一穗西一串伶仃地挂在树梢，好像在试探什么。后来索性连那稀零的花串也没有了。

图 5-4

相机追问：十多年前的紫藤萝是长得稀落、伶仃的，那我们应该读得？

预设：悲伤、忧郁、无精打采、慢一点……

【学生带着感情读】

对比质疑：从十多年前和现在的紫藤萝花的巨大变化中，你觉得这是一种什么样的花，它具有什么样的品质？

预设：坚忍不拔、不畏挫折、坚强……

育德理念解读：将十多年前开得稀落的紫藤萝与现在茂盛、富有生命力的紫藤萝做对比，学生就能从中感悟到时光变迁，紫藤萝没有因为被打击、被摧残就衰颓下去，而是焕发出生命的华光，赢得了赞美。由此再联系到作者的人生感悟。

2. 问题提升

你觉得作者宗璞有没有从紫藤萝的对比中汲取到精神养分？

预设：有。

相机追问：从哪里看出来的？

预设："我不由得停住了脚步。""不觉加快了脚步。""花和人都会遇到……"。

相机追问：作者由此产生了怎样的感悟？用原文中的句子回答。

【小陈回答】

预设："花和人都会遇到……"。

3. 引导思辨

作者为什么会产生这样的感悟？

屏显：我只是伫立凝望，觉得这一条紫藤萝瀑布不只在我眼前，也在我心上缓缓流过。流着流着，它带走了这些时一直压在我心上的焦虑和悲痛，那是关于生死谜、手足情的。我沉浸在这繁密的花朵的光辉中，别的一切暂时都不存在，有的只是精神的宁静和生的喜悦。

揭示写作背景：作者弟弟身患绝症。

情感升华：写作这篇文章时，作者宗璞的弟弟身患绝症，作者感到非常"焦虑"和"悲痛"。想到十多年前的紫藤萝稀疏、伶仃，再看到十多年后的现在，紫藤萝又开得那样的繁茂，感慨万千。在这活泼热闹的紫藤萝面前，作者深受紫藤萝旺盛的生命里的感染，消除了心上的疑惑和痛楚，心情变得宁静和愉悦，心里洒满阳光。

育德理念解读：由"花"到"人"，对生命的感悟逐渐深刻，为学生受到积极面对生活的启发做更进一步的准备。让小陈读出作者"花和人都会遇到……"的感悟，是在为他后面获得启发做一个提示。

（四）香风醉美人，撷取生命光

1. 思考练笔

我们每个人的生活中，或多或少都会遇到这样那样的挫折。读完这篇文章，你有什么新的感悟呢？我们应当如何面对生活中遇到的这些挫折呢？谈一谈你的感想。可以在纸上写一写。

（此环节关注小陈，适当引导，让其作答）

2. 相机引导

小陈回答后，继续请其他同学回答此问题，并加入问题：面对挫折，小陈同学从这篇文章当中汲取了精神养分，他……，作为同学，你又想对他说什么呢？

情感升华：自然界的生命力是如此的顽强。生命的长河不会因为一个人的逝去而停止流动。生命是永恒的。"沉舟侧畔千帆过，病树前头万木春。"我们应该积极地面对生活，以乐观的心态、健康的心理、阳光的姿态面对生活。我们要相信生活的美好，保持坚定的信念，以饱满的热情投入到我们的学习和生活中去，让生活之花开得越来越美丽！我们也需要守护我们身边的"花"，虽然，他开得慢，开得稀疏，但我们应该相信，最终他也会开出美丽的花！

育德理念解读：小陈的启发是本堂课的一个思想生长点，他对"人生""坚强""乐观"的理解，联系自己得出的新的感悟，比普通学生的感悟更加能够触动学生的心灵，同学们对小陈的鼓励也会使他感受到来自同伴的认可与友善，这是一个非常好的教育契机，促进了所有学生美好品质的生成。对于所有学生来说，这都将是非常有意义并且印象深刻的一堂课。

3. 再读文章

请同学们带着我们对这篇文章的理解，再读一读文章。

4. 作业布置

（任选其二完成）

（1）根据本篇课文，完成一篇读后感，详细谈一谈你对生命的感悟。

（2）观看电影《阿甘正传》或《小鞋子》，完成一篇观后感。

（3）完成一件你可以做到却畏惧的事情，比如在课堂上大声、自信地回答问题等。

六、育德反思

文章传情引思悟，以"花"育人激品格。《紫藤萝瀑布》这篇课文，语言清新隽雅，又表达了对人生坎坷、命运沉浮、社会变迁的反思，非常适合借这篇文章对学生进行一次激发坚韧品格的教育。本堂课通过在朗读与鉴赏中领悟情感、陶冶教育法体悟生命、道德修养法感悟自身等策略帮助学生深入领悟作者写作这篇文章的主旨思想，对学生进行不畏挫折的人生观教育，由"花"及"人"，循序渐进，一步一步引导学生理解文章，既完成了知识与技能的学习，又提升了学生的情感与价值观水平。

融合课堂共成长，深刻育德动人心。本堂课的成功点在于，在融合课堂环境中进行了一堂育德课。班级中的特殊教育需要学生是一个可以让所有人产生深刻思考的德育生长点。同学之间对特殊教育需要学生的帮助也是一种潜移默化的爱心与责任心的培养。特殊教育需要学生本就面对与普通学生不同的人生困难，这是特别并且真实的就在身边的例子。特殊教育需要学生的感悟比普通学生更加深刻，也更加能够触动人心。特殊教育需要学生学习这篇课文后，对"人生""坚强""乐观"有自己的理解，联系自己的实际情况得出新的感悟。这是一个非常好的德育契机，对于他自己，对于所有学生都将是非常有意义并且印象深刻的一堂课。

专家点评

1. 任务驱动，让动力充足起来

《紫藤萝瀑布》主要是借助紫藤萝的由衰到盛，即由过去紫藤萝遭遇的不幸到眼前紫藤萝的繁盛，来表达自己与紫藤萝的相似经历，进而阐发对生命的认识和感悟。教师要紧扣教学目标，将感悟生命、珍惜生命、热爱生命的育德目标贯穿在每个教学环节中。课堂以图片导入，让学生直观感知紫藤萝旺盛的生命力，引导学生触景生情，生发感悟；教学过程中，教师把小陈作为课堂的思想生发点，用任务来驱动，用问题来导向，激活学生自主、探究、交流型学习的欲望，达到融合教育课堂中特殊教育需要学生和普通学生的美好品格相互促进、共同成长的目标。

2. 以读促思，让文字流动起来

宗璞先生在描写紫藤萝花的繁盛时，调动了各种感官，运用了多种修辞手法，极尽女性作家的细腻、柔情，把眼前紫藤萝写得绵延不绝、美丽活泼……教师发现了这一美点，但在课堂上不拘泥于机械式赏析的教学方法，而是大胆放开了思维，引导学生去朗读，进而品读、感悟，以读促思。"闻香识紫藤，感受生命美""犹见花枝俏，领悟生命力""香风醉美人，攫取生命光"三个教学环节，环环相扣，层层递进，凸显"读写结合，以读促写，以写固读"的教学理念，让学生站在自己的视角，以独特的眼光去发现这是一树怎样的紫藤萝，让作者笔下的文字在品读中流动起来。

3. 以文怡情，让生命丰盈起来

自然万物，花朵有情。教师完整细致地为学生诠释了"紫藤萝"的绽放之美、生命之思、砥砺之坚。从对散文语言的流动洗礼，到在对比中体会托物言志手法的妙用，再到将生命教育融入课堂，以文怡情，以文启智，从小陈同学真实的人生经历出发，透过花儿走过的曲折岁月折射到现实生活中可能遇到的磨砺挫折，引导学生在花开花谢中体会人类命运的沉浮与漂泊，在情真意切中实现精神的蜕变。

点评专家：周智宁

案例三：以理激情　促进身心康健
——"我能行"教学设计

一、内容选择

本课内容选自人教版道德与法治二年级下册第四单元第13课"我能行"第一板块。

二、育德点分析

1. 显性内容

本课旨在以学生的生活为主要源泉，以密切联系学生生活的主题活动为载体，让学生懂得"我能行"的含义和表现，善于发现自己和别人的优点；同时能认识到自己的不足。

2. 隐性资源

生活中，自信地生活、自主地学习的事例颇多，充分利用这些鲜活的事例承载的多元发展理念，建立多元的发展观。用积极的态度对待自己的不足，愿意去尝试、去努力、去拼搏，争取进步。

3. 生成因子

在教学中，开展学生喜闻乐见的活动，让学生在活动中参与，在参与中体验，在体验中获得自信。

三、育德目标

1. 道德认知

善于发现、欣赏自己的优点和他人的优点，培养学生悦纳自我和他人的态度。

2. 道德情感

感悟自信的重要性，培养学生不怕困难、勇于拼搏、坚持不懈的精神。

3. 道德行为

树立"今天还不行，明天可能行"的长远发展观。

重点：学会欣赏自己和他人的优点，知道"你在这点行，我在那点行"。

难点：培养学生的自信心，相信通过努力可以做得更好。

四、育德策略

1. 创设情景，激发愿望

教学时基于对学生的充分了解，结合教材内容，挖掘学生的生活资源，创设一系列相关的教学情境，以学生活动为教学的主要方法，将课堂教学和学生的行动结合起来，让学生切实参与活动，身临其境地去体味、去尝试，在活动中得到认识和体验，产生乐学的愿望。

2. 探究学习，多元发展

坚持以人为本的理念，让学生成为学习的主人，以学生为主体，以活动为载体，充分发挥教师的引领作用，借景生情，以理激情，师生平等对话交流，引导学生通过想一想、说一说、写一写等活动环节获取知识；通过调查情况展示图片、出示班级同学照片等手段，渲染情景，激发学生的学习兴趣；通过小组讨论等活动活跃课堂气氛，促进学生对知识的渴望。引领学生自主探究，不断提升自己的理解能力，从而开阔学生的思维，使学生的自主探索性得到充分的发挥，充分引导学生全面看待自己，全面反思自己的成长过程。发展他们的思辨能力，从而建立多元的发展观，在生活中发展，在发展中生活，帮助学生树立正确的价值观和人生观。

五、育德过程

活动一：温馨导入——思绪起航

师：孩子们，秋高气爽，丹桂飘香，草儿换上了黄色的外衣，大雁准备南飞。临行前大雁来到了我们的课堂，我们一起和它打个招呼。【生打招呼】

1. 玩游戏

师：哇！你们好热情呀！大雁想和大家玩个游戏。仔细听好规则。

师：大雁飞。

生：飞到哪里？

师：飞到上课认真听讲的小朋友身边。

师：大雁飞。

生：飞到哪里？

师：飞到有爱心的孩子身边。

2. 揭示课题

师：爱夸赞的大雁给你们带来了礼物——大拇哥，它最喜欢对自己说："我能行。"【板书课题】

育德理念解读：兴趣是最好的老师。作为教师，在引入一个新的课题时，引趣至关重要。本课运用游戏引入，激发学生学习兴趣，让孩子们在互动中获得情感的体验，激发孩子们的自信心，对本课学习主题"我能行"有初步感知、体验，为后面的学习做铺垫。

活动二：心灵对碰——真诚夸赞

1. 夸同伴

师：爱夸赞的大雁继续飞呀飞，飞向了谁？夸夸你的同学。

课件出示：夸长处　　我让大雁飞向_____，因为他_____。【学生互夸】

出示照片：根据孩子们的回答，相机出示班级上爱学习的小蜜蜂、劳动小能手、运动小健将、下棋达人、舞蹈天使等的照片。

2. 小组合作

小组内轮流让爱夸赞的大雁飞一飞。

课件出示：小组活动。

（1）夸一夸：我让大雁飞向_____，因为他_____。

（2）互送大拇哥。

3. 指名学生交流

师：你获得了什么大拇哥？同学夸赞你什么？

4. 找原因

【出示一个书写并不美观的小朋友的作业本】

师：他的作业老师奖给了一个大拇哥，你知道什么原因吗？

【随机出示那孩子第一次的作业】

师：现在知道原因了吗？

（一个人面对自己的不足不放弃，并为之付出努力，和过去的自己比，有进步就值得夸）

5. 夸进步

课件出示：夸进步　　我让大雁飞向_____，因为他_____。

6. 写表扬信

师：你们都有一双会欣赏别人的眼睛，那么你们自己身上有哪些优点和进步的地方呢？拿起笔，给自己写写表扬信。

课件出示：表扬信。

我的优点：我让大雁飞向自己，因为我_____。

我的进步：我让大雁飞向自己，因为我_____。

7. 指名上台读表扬信

读完把表扬信贴在黑板的大拇哥身上。

8. 听夸赞

师：今天有幸请到家长参与了我们的课堂，她也让爱夸赞的大雁飞起来了，飞向谁呢？让我们竖起小耳朵仔细听哦！【采访被家长夸赞的孩子，此刻你想说些什么？】

9. 师总结

师：小朋友们有的爱劳动，有的爱才艺，有的爱学习，有的爱动脑筋，有的爱班级，这就是——你在这点行，我在那点行。【相机板书】

育德理念解读：通过"大雁飞一飞"活动让孩子们明白"我能行"的范围很广，可以是学习上、生活上，也可以是体育、文艺领域，还可以是技能、特长方面。根据孩子们的夸赞，展示班上同学"我能行"的照片。目的在于帮助学生学会主动观察、发现同学身上的长处和进步，提高认识他人的水平，并能真诚地表达自己的赞美。同时，积极寻找和发现自己身上的优点，为自己的成长和进步感到高兴。对他人和自我的认识，是儿童社会性发展的一个重要指标。帮助学生形成正确的自我认识，积极地悦纳自己，客观地看待他人，不仅有助于培养自信心，还有助于社会性发展。

活动三：内心困惑——畅所欲言

1. 写一写

师：小朋友们，爱夸赞的大雁给我们带来了自信，让我们自信满满，犹如给我们注入了一支兴奋剂，获得了力量，听！大雁又在说什么呢？（每个人不可能是十全十美的，想一想我们身上有什么不行的地方，为什么不行）你可以把认为不行的地方写在纸飞机上，写完后投入老师前面的秘密宝盒。

2. 辨一辨

课件出示图片：你认为他们行吗？认为行的说说理由。

（1）联欢会上，小明不敢当众表演节目。

（2）上课不敢大声回答问题。

3. 心理老师支招

（1）现场连线心理老师。

师：心理老师，您好！我们的小朋友在学习、生活上遇到些困惑，有的认为自己在这方面不行，有的认为自己在那方面不行，很不自信，您有什么好办法教给他们，让他们远离"不行"？

心理老师：在我们学习、生活中，有些人觉得自己事事不如别人，心事重重，其实我们每个人都有自己的长处，完全可以在某一方面做得比别人好。

师：下面我们做一个小组活动，叫"优点轰炸"。每组同学要对这组的每位同学至少说三句赞美的话，一轮一轮地交替，要发自内心地说出同学的优点。当听到同学赞美自己的时候要表示感谢，说"谢谢"。

分享活动：当听到别人赞美自己的时候心里什么感受？

心理老师：在学习生活中，要看到自己和同学的优点，不要吝啬对自己、对别人的赞美。

（2）心理老师教孩子们消除紧张、焦虑、恐惧的方法。

① 深呼吸，慢慢吐气，连续做 5 次。

② 转移注意力，听听愉悦的音乐，看看有意义的书籍，放松心情。

③ 穴位敲打法。用中指关节或指尖敲打眉头 80 次，边敲边说："我可以尝试一下的，我一定可以的！"

老师总结："世上无难事，只怕有心人。"古今中外，凡是事业上有所成就的人，都有一个成功的秘诀，同学们知道是什么吗？——自信！

4. 出示调查情况圆盘图

师：老师课前做了一个小调查，了解到我们的孩子在这些方面认为不行（不会游泳、不敢大声发言、害怕在全班同学面前表演节目、不会洗碗、不敢一个人睡觉等），刚才听了心理老师的话，现在让你再一次面对这些不行，你准备怎么做？（多尝试、多努力）

5. 老师的困惑

师：我很喜欢跑步，每次跑步流一身的汗水，顿感神清气爽。我曾代表学校参加通州湾的 400 米接力赛，没能取得第一名。你们想对我说些什么？

相机贴：今天还不行，明天可能行。

育德理念解读：找到自己的不足并不是教学的全部目的，更重要的是如何正确看待自己的不足。本环节注重道德与法治和心理健康教育的融合，以情感体验为契机，孩子们在心理老师的指导下，在浓浓的温情互动中感悟到自身的长处，体验到成功的喜悦。引导学生自主地思考，学会用积极的态度面对自己的不足，纵然心有

"千千结",只要用"心"沟通,点亮"心"灯,那束光必将扫除黑暗,重现光明。自信心并不是与生俱来的,它需要后天的培养,教师给出了消除焦虑的妙招,只要愿意多尝试,敢于挑战,付出努力,就会取得进步,从而培养孩子们的自信心。

活动四:习得法宝——知我能行

1. 出示名言

自信是成功的法宝。【生齐读名言】

2. 总结

师:感谢爱夸赞的大雁给我们带来神奇的力量——自信,有了它,前进道路上的绊脚石都是小菜一碟,我们最终都能采撷到成功的鲜花。那秘密宝盒里的这些不行,有了你们的自信,都会变成:我能行!我一定行!

3. 送上儿歌

秋风起,大雁飞,小朋友笑嘻嘻。
你在这点行,我在那点行。
今天还不行,明天可能行。
我们有信心,什么都难不倒。
我们都能行,我们一定行!
秋风起,大雁飞,小朋友笑嘻嘻。

六、育德反思

让儿童站在课堂的中央,实现身心的和谐发展是本节课设计的宗旨。为达成本课的育德目标,教师积极营造民主、平等、和谐的课堂气氛,以"学"为中心,创设适当的教学情境,激发学生的学习兴趣,同时开展学生喜闻乐见的活动,调动学生学习的积极性,学生主体地位得以巩固,把学生的学习作为整个课堂教学活动的核心、主线和本位。

课堂是教育的主战场,它不仅连接着学生的未来,而且连接着民族的复兴。本节课在教学策略上能够优化情景,突出学生的主体地位,用孩子们喜欢的"大雁飞一飞"串起整个课堂。教师在备课时善于关注学生的实际生活,充分挖掘本班学生资源,让学生在合作中发现他人的优点,根据学生的回答,适时采用一组照片的形式来呈现。教师注重课堂上学生的参与度,关注到班级的每一个学生,给学生踊跃展示自己的机会,给学生带来了莫大的自信。关注学生的心理感受,在课堂上呈现家长夸赞孩子们的视频,再一次增强了孩子们的自信心。学生的独学、对学、共学、群学等大大地丰富了课堂组织形式,极大地提高了课堂活动中合作互动的维度、频次与深度,也必然催生出课堂的灵动厚重、丰富多样。

让学习走向深度、走向创造,思政课教学应该有灵性,应该表现出对师生生命灵性及生命价值的尊重。为此,创设情境,让每一个学生主动参与、积极体验,课堂焕发出生命活力,燃放出灵性光芒。

浇花浇根,育人育心。在"道德与法治"课中渗透心理疏导,是核心素养下的一种新生的教育体系，是新时代的教育呼唤。鲁洁教授曾说："无论是课程标准或教材强调的都是儿童自身的生活经历，生活经验，努力促使他们在自身的经验、体验中学习。统编道德与法治教材设计了多种类型的学习活动，目的都是'对学生已有经验的唤醒、利用、加工、丰富、提升'，实现经验的自主建构。"教师在设计本课时用了现场视频连线的方式，邀请心理健康老师给学生现场答疑解惑，用心理学方法舒缓情绪，解决学生的问题，打通了学生与心理健康老师沟通的渠道，让学生带着自己的个人体验与老师进行情境互动，通过直接体验分享、师生多维对话、小组合作探究、实践应用知识等多种途径，引导学生告别自卑，走向自信，快乐生活，做生活的强者。为"心"护航，把健康传递，这一互动实现了隐性知识与显性知识的联结、转化，学生建构起烙有个体经历印痕的、属于自己"发现"，甚至"创造"的认知。

纵观本节课，坚持学科育德、学科融合，将学生的身心健康发展作为教学的突出点，课堂教学中以学为中心，帮助学生树立辩证的思维方式环节，激活学生的高阶思维、强化问题解决、突出运用迁移等举措，引导学生学会用更加全面的视角看待问题。通过精巧的课堂设计与活动安排，调动学生积极性，在教授课本知识的基础上培养学生战胜挫折的能力，以鼓励表扬激发学生的内驱动力，很好地完成教学任务，真正落实"立德树人"和"学科育人"，培养学生的关键能力、必备品格，促进学生身心康健，为学生今后的人生发展奠定坚实的基础。

专家点评

1. 激趣——情境运用生活化，多种活动来助推

本节课所选用的情境来源于学生真实的生活，教师基于对学情的了解，将这些生活化的情境加以创造和提炼，使之更好地服务教学，激发学生的学习热情，让学生有话可说、有理可辩、有情可抒。同时，通过"玩游戏""夸同伴""互送大拇哥""写表扬信"等丰富并且适合的活动形式勾连起课堂教学，通过主题活动的设置，学生亲历实践、体验、合作等，逐步发展核心素养。从而让课堂变得有滋有味、生动活泼。

2. 增智——你夸我夸大家夸，横向纵向思维高

本节课紧密围绕"我能行"的课题展开教学。从导入部分的"大雁飞到哪里去"引入课题，同学间的"夸长处""夸进步"，父母的夸奖，到自我的发现与认知。从横向维度来看，学生通过看到别人的优点学会欣赏，通过看到自己的优点学会自信、通过他人的评价获得能量，引导学生用全面的观点看问题；从纵向维度来看，教师通过展示"调查图"及自身的困惑鼓励学生"今天还不行，明天可能行"，告诉学生事物都是发展变化的，要用发展的思维看问题。从而让课堂变得更有深度与广度。

3. 升华——入眼入耳更入心，学科交融德为先

整节课的设计注重实效，育德与育知相得益彰。用大雁贯穿课堂，主线明确，充分调动了学生的感官，课堂融入心理健康教育，很好地做到了学科融合，现场连线心理老师，通过直接对话对学生进行方法的指导，真正让真善美的种子在学生的心里生根发芽。

总体而言，该教学设计流畅，层层递进，不仅传授了学生如何自信的技能，更强化了学生树立"我能行"的意识，培育了学生的必备品格，为促进学生身心健康打下坚实的基础。

点评专家：周智宁

案例四：做数学 思人生

一、内容选择

本课内容选自苏教版（2019年）数学必修第一册第7章第3节第1课时"作出正弦函数图象"。

二、育德点分析

1. 显性内容

"三角函数的图象与性质"一课教学，是通过体验作三角函数图象的过程，让学生直观感受三角函数性质，进而利用性质来解决实际问题。第一节课的内容是通过各种方式，帮助学生利用已有的知识基础，来研究正弦函数图象的生成过程，从中体验人生就像研究数学的过程，虽然跌宕起伏，但是只要努力，总会成功，这是显性的德育内容。

2. 隐性资源

教学过程中，结合学生的学习和生活实际，数学问题研究过程中遇到的实际困难，引导学生发扬不怕困难、积极面对、勇于挑战的精神。这是需要挖掘的隐性德育内容。

3. 生成因子

随着教师设计的一些困难点、挫折点，帮助学生认识到人生不可能一帆风顺，总会遇到很多意外，但我们不能就此放弃。学生可以通过交流合作，通过回归事物本真，通过创新思维来解决问题，同时不断增强学生面对挫折时勇于探索的决心和百折不挠的意志。这是生成的德育因子。

三、育德目标

1. 道德认知

通过尝试体验从挫败到成功，再到遇到新问题，感受成功之难，知道任何一个

目标的实现都需要付出很多的努力。

2. 道德情感

通过交流合作、共同探讨等活动，感受努力付出后收获成功的喜悦，激发学生坚忍不拔的意志力和面对困难时一往无前的奋斗精神。

3. 道德行为

通过困难点的设置，为学生面对未来人生中的挫折做好心理准备。经历过成功后，学生能在面对其他问题时，不骄不躁，积极进取，从不同的角度认识问题，寻找解决之道。

重点：五点法作图、正弦函数图象的生成，感受探索努力获得成功的喜悦。

难点：体验解决问题背后所付出的努力，引导学生尝试拓宽思维，多种角度思考、解决问题，具有坚持不懈的精神和脚踏实地的人生态度。

四、育德策略

1. 文化起点，引人入胜

高中的数学学习思维难度高，而与实际生活相关度并不是很高，所以对很多学生来说比较枯燥。本节课从一个数学文化方面的爱情故事引入正弦函数图象，对于高中生来说，人际关系的处理对心理健康、学业发展都有重要影响，教师便顺势帮助学生树立正确的爱情观、人生观，同时也展示了数学的有用性和数学的美好。在引入课题后，请学生回忆学过的研究函数的一般方法，以学生已有的知识为起点，并运用所学的方法研究新的函数。说明教师对学生已有水平和能力情况把握得较为准确，减少了学生的数学畏难情绪，同时也体现了"以生为本""一切从学生出发"的思想。

2. 交流合作，自主研究

在研究作三角函数图象时，为学生设计三个环节：传统方法（描大量的点），请学生上台展示成果；借助于工具，通过使用 Excel，教师带学生一起操作；回归问题的本源，找到图象上点的横纵坐标的本质，利用小圆片来准确描点，继而作出图象。整个过程中，教师不仅为学生设置了障碍，同时也帮助学生获得成功的体验。学生经历了挫折—解决—再遇挫折—再解决的循环过程，能感受通过自己的努力克服困难，获得成功的喜悦。培养学生在以后的学习和生活中直面挫折、勇于承担的决心，这也是帮助学生成长、育德的过程。

3. 体验成功，增强自信

成功使人自信，自信也有利于成功，青少年的身心还没有完全成熟，有的学生遇到困难时信心不足，选择退缩，有的学生却能积极应对，而数学学习的成功可以帮助学生找到更多的自信。本节课通过让学生自己解决一系列数学问题，找回学习的自信，进而找到生活中的自信，学习中的困难可以解决，生活中的问题也能迎刃而解。

4. 规划未来，成就自我

教书是教给学生知识和技能，是为了帮助学生未来在社会上能够生存；育人是帮助学生形成健全的人格，树立正确的三观，是学生在社会上的安身立命之本。德育的影响是长远的、持续性的，本节课适时地帮助学生感悟人生，总结成功经验，吸取失败的教训，不仅仅是为了学习，更是为了未来的人生路。是的，人生就像一条正弦曲线，波峰波谷交替前行，少有人可以一条水平线一直到最后，选择无所谓好坏，只是波峰时切勿傲娇自满，波谷时亦不可悲伤自怜。只要相信，即使境遇很糟，也总会触底反弹，只要坚持继续前行，心怀希望，总会好起来。

五、育德过程

（一）吐故引新，从已知探未知

1. 故事引入

【播放动画视频】这是一个有关数学家笛卡尔的爱情故事。笛卡尔在欧洲大陆暴发黑死病时流浪到瑞典，52岁的他邂逅了18岁的瑞典公主克里斯汀。他当上了小公主的数学老师，每天形影不离的相处使他们彼此产生爱慕之心。公主的父亲知道后勃然大怒，下令将笛卡尔处死，小公主克里斯汀苦苦哀求后，国王将笛卡尔流放回法国，克里斯汀公主也被父亲软禁了起来。笛卡尔回法国后不久便染上重病，他日日给公主写信，因被国王拦截，公主一直没收到笛卡尔的信。笛卡尔在给公主寄出第十三封信后就气绝身亡了，这第十三封信中只有短短的一个公式：$r=a(1-\sin\theta)$。国王看不懂，便将全城的数学家召集到皇宫，但没有一个人能解开这一公式的秘密。国王不忍心看着心爱的女儿整日闷闷不乐，就把这封信交给了公主。公主看到后，立即明了恋人的意图，她马上着手把方程的图形画出来，看到图形后，她开心极了，知道恋人仍然爱着她。原来方程的图形是一颗心的形状，这也就是著名的"心形线"（图5-5）。心形线就是一个有关正弦函数的曲线。原来正弦函数还包含着这么感人的爱情故事呢！

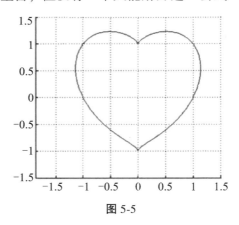

图 5-5

学生讨论：同学们对笛卡尔的爱情有什么想法？

预设：（1）用数学的方式表达情意很浪漫。

（2）高中阶段男女生之间情窦初开是正常现象，我们应该正确看待同学间的情感和友谊。

（3）年轻的我们心智都还不够成熟，对待情感不够理性，不妨向老师和父母请教，正确看待它。

引出课题：原来很多美丽的图形都可以用数学的方式来表达，那么今天我们就来研究三角函数的图象及性质。

2. 旧知引新知

师：从初三到高一，同学们已经研究过不少函数了，请你们回顾研究函数的一般方法。

生：先从实际背景抽象出具体函数，再作出函数的图象，并通过图象总结归纳出具体性质，最后将具体函数作为模型加以应用。

师：在刚刚的实例中，我们看到了一个描述周期性的重要数学模型——三角函数，现在我们一起来研究其中的正弦函数 $y=\sin x$ 的图象。同学们经常做物理实验、化学实验、生物实验，今天我们也来做一回数学实验吧！

育德理念解读：高中生已经有自己独立的想法了，对于他们而言，爱情也并不遥远。本课从笛卡尔的爱情故事引入三角函数，一方面给了学生表达自己思想的机会，让他们学会从不同角度看问题；另一方面也能吸引学生的眼球，原来数学还能用来表达爱情！学生通过客观分析这个故事，进行自我反思和总结，从而提高客观认识问题的能力。

从总结研究函数的一般方法引入正弦函数图象，从已知到未知，体现了从学生的角度出发看问题，突出了学生的主体地位。学是学生学，教与学的根本还是学生。

（二）研学探究：办法比困难多

活动一：大胆尝试初体验

师：如果我们要研究一个新事物，会怎样做呢？

预设：回顾以前用过的、学习过的方法。

师：回顾初三以来函数图象绘制的过程，请你总结出函数作图的经验，提炼一般方法。

同学讨论。

预设：描大量的点，有了形状以后，找出关键的点。

师：现在就请各位开始列表描点吧。（准备好学案，建好坐标系，给学生时间并呈现成果）

x																					
y																					

师：请问你们在描点过程中遇到了什么困难？

预设：有些学生横坐标取的是1或者-1，取得比较随意，纵坐标求不出来，所以不知道横坐标如何取，取哪些点，范围太大。

师：那我们试着先来研究一下这个正弦函数大致具有什么性质，再作图吧！

生：由三角函数的定义和解析式 $y=\sin x$，知定义域为 $\mathbf{R}$，周期性 $T=2\pi$，奇函数……

师：那我们就来试试先作出一个周期内的图象吧。

【已经缩小了横坐标的取值范围，给学生充分的时间再描点，学生呈现成果】

师：你们又遇到了什么困难？

预设：有学生能把大致形状作出来，但是图形的凹凸性不明确，图象作成了折线。

生：横坐标涉及 $\frac{\pi}{6}$，$\frac{\pi}{3}$ 等无理数，纵坐标涉及 $\frac{\sqrt{3}}{2}$ 等无理数，在描点时，描不准确。

师：虽然你们遇到了这些麻烦，但是至少你们已经能把图象的大致形状描述出来了，说明大家的努力没有白费。人生目标的实现本不是一步到位的，关键是迈出重要的第一步——大胆尝试！

活动二： 人生的确没有捷径

师：既然活动点描得不准，那么我们可不可以借助一些工具呢？

生：计算机。

师：对，我们一起尝试用 Excel 软件来完成作图。【教师带着学生一起操作，见图 5-6】

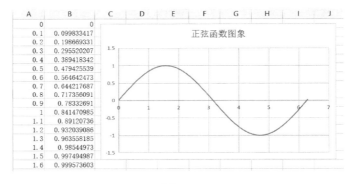

图 5-6

师：计算机固然是解决作图不准确这个问题的好办法，可是当我们没有计算机可用时，该怎么办呢？我们做数学是没有捷径的，就像我们未来的路也没有捷径！

环节三： 柳暗花明又一村

师：老师为大家准备了小圆片这样一个工具，请同学们试试看能不能解决刚刚描点不准确的问题！

学生小组合作讨论，经过一段时间后，学生研究不出来，不知道如何使用小圆片。

师：我发现同学们拿着小圆片在滚动，但是不知道如何滚动，下面我们就回到原点，来讨论一下该如何使用这个小圆片。

生：根据单位圆中正弦线的定义，我们可以把数值变成一条线段，进行平移。

师：很好。我们回到最初，x_0 原本的含义是角，所以在单位圆中 P 点转过的角度为 x_0，根据弧长公式，弧 AP 的长为 x_0，则 $MP = \sin x_0$。所以点 $T(x_0, \sin x_0)$ 是以弧 AP 的长为横坐标，正弦线 MP 的数量为纵坐标的点。通过刚刚的定义回归，我们发现小圆片的圆周沿着 x 轴所转过的部分就是弧长，也就是横坐标 x_0。请一位同学上来为大家演示。

学生演示：圆周上任找一点作为起点，小圆片圆周沿着 x 轴进行滚动，到下一个圆周上的点时就是横坐标 $\frac{\pi}{6}$，直接平移正弦线则能求出纵坐标 $\sin\frac{\pi}{6}$。

师：我来用几何画板软件让你们体会一下这个过程（图 5-7）。同学们看，只要我们坚持不懈地探索，没有什么能难倒我们，总有柳暗花明的时候。

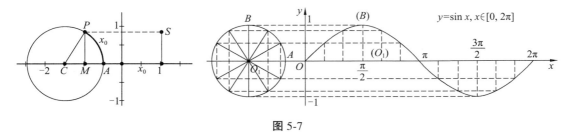

图 5-7

环节四：长风破浪会有时

学生合作 1：小组两人合作，作正弦线，平移，用光滑的曲线连起来，得一个周期内的图象。

学生合作 2：已经作出 $y = \sin x$，$x \in [0, 2\pi]$ 的图象，再作出 $y = \sin x$，$x \in \mathbf{R}$ 上的正弦函数图象。学生动手，平移图象。

师：恭喜大家终于能较为准确地作出图象（图 5-8），请同学们来总结一下正弦函数图象的关键点。

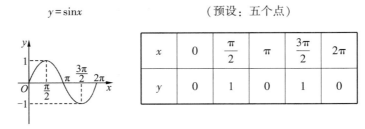

（预设：五个点）

x	0	$\frac{\pi}{2}$	π	$\frac{3\pi}{2}$	2π
y	0	1	0	1	0

图 5-8

师：正弦函数的图象，你得出怎样的人生感悟呢？

预设：人生总是有起有落，不可能事事尽如人意，我们要学会面对失败，面对人生的低潮和困难，让挫折尽快过去，只有这样才能面对新的人生、新的未来。

师：今天，我们选择了若干种方法来作正弦函数的图象，你们有什么体会呢？

预设一：走向成功的路有很多，也许你很幸运，选了一条快捷的路，但是更多的是靠智慧和努力，是脚踏实地，而不是投机取巧。

预设二：我们的选择也许一开始并不好，适不适合只有自己体验过才知道，成功了就吸取成功的经验，失败了就吸取教训，总之，不放弃，人的成功往往就是最后那坚持的 5 分钟。

育德理念解读：这个阶段设计的四个环节，有障碍，有成功，让学生切实体会到学习和人生一样不可能一帆风顺。

学习新知，必须有深刻的理解，才能把所学的内容融入自己已有的知识体系中，以便于更好地运用。现在的不少学生已经习惯待在舒适区，被动地去接收知识，而不是主动向知识靠近，学习效率自然是不高的。

教师本着和学生共同研究的态度，让学生亲身体验试错，因为我们知道，人生的每次选择未必都是适合自己的，只有尝试过才知道是否可行。若干次的失败和成功的体验，能加深学生对新知的理解。在这个过程中，学生也能做好这样的心理准备：不是每次尝试都会成功，失败是常事。

教师带领学生正确认识人生的起伏，直面人生，胜不骄，败不馁，在任何时候都要努力，相信不如意总会过去，没有什么是努力解决不了的，假如有，是因为你的努力还不够！这个过程，就是学生在体验中自我育德的过程。

（三）学以致用，一切皆有可能

请用"五点法"作出函数的简图：$y=\sin 2x+1$，$x\in \mathbf{R}$。【学生思考并讨论列出五点】

生 1：假如列的五点的横坐标与刚刚的五点一样。（作出的图象是一条直线，肯定不对）

生 2：把 $2x$ 当成整体列出五点。

师：对，因为我们用"$2x$"替换了上面的"x"，所以列表也要发生相应改变。如图 5-9 所示。

x	0	$\dfrac{\pi}{4}$	$\dfrac{\pi}{2}$	$\dfrac{3\pi}{4}$	π
$2x$	0	$\dfrac{\pi}{2}$	π	$\dfrac{3\pi}{2}$	2π
$\sin 2x$	0	1	0	-1	0
$\sin 2x+1$	1	2	1	0	1

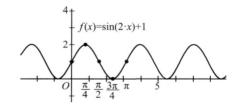

图 5-9

师：你们能不能找到这个函数图象与原来函数图象之间的联系呢？

生："+1"，是把整个图象往上移动了一个单位，"$2x$"是把图象进行了压缩。

师：你们对此又有什么感悟呢？

预设：看问题要抓住关键点，虽然条件在变，但是规律不会变，所以要掌握规律，利用规律，顺应规律，顺势而为。

育德理念解读：同样地，给学生试错的机会，错了不怕，可以改正，只要不是原地踏步就好。给学生充分的时间去研究，自我发现问题的根源，就像人生中遇到问题一样，我们要去寻找根源，及时发现，及时改正。

本环节一方面是加强对"五点法"的理解，五点是指描述图象形状的五个关键点，另一方面旨在告诉孩子们，学会掌握客观规律，利用规律，找到突破点，就能"拨开云雾见天日，守得云开见月明"。

（四）拓展延伸，忆往昔向未来

宏观：今天总结了研究函数的一般方法，明确了函数作图的两个环节。

中观：利用数形结合思想突出形与数之间的关系。

微观：利用三角函数线的方法作出了正弦函数图象，请你用同样的方法探究余弦、正切函数的图象。根据图象，你能总结出正余弦函数哪些具体性质呢？

育德理念解读：本节课的宗旨——做数学，思人生！就是指我们在研究数学、做数学实验时，要反思自己的人生，学习和生活是相辅相成的，学习中的道理有时和人生道理是一致的。我们可以从不同的层次、不同的境界来看待人生，一段人生结束，新的人生就会到来，未来的路还很长。同学们，加油吧！

六、育德反思

本节课不是常规的新授课，而是一节具有数学特色的实验课，以数学知识为依托，让学生通过掌握研究事物的方法感知研究事物的规律，学会找规律、用规律。在这个过程中，亲身体验这个世界，感知这个世界，只有真实感受过的知识和情感，记忆才会更加深刻。真正体现了学做数学，学做真人，教学中体现了学科育人的理念。

1. 抓住契机，丰富情感体验

在解决一个个问题的过程中，引导学生对人生的思考，从解决数学问题中积累经验去解决人生的其他问题，把数学的学习变成人生经验的学习。整节课的各个环节有点像电影剧情一样，跌宕起伏，既让学生能在喜悦中感受挫折，又使他们能在挫折中体会成功的喜悦。在发现和解决一个个问题的过程中，教会学生探究问题的办法，包括大胆尝试、小心求证、合作共研、回归本源等，这些方法也同样适用于解决未来人生中会遇到的问题。

2. 亲身经历，感受人生起伏

人生就像一条正弦曲线，波峰波谷交替前行，少有人可以一条直线到最后，无所谓好坏，只是波峰时切勿骄傲自满，波谷时亦不可悲伤自怜。坚信境遇再怎么糟糕，只要坚持前行，心怀希望，总会好起来。本节课就是让学生去经历，去尝试。人生就是这样，没有人能告诉你你的选择是对是错，只有自己试过才能知道。

专家点评

本节课从德育的视角引入全新的设计理念，让传统数学课堂有了新的灵魂。

1. 明暗两条主线贯穿课堂，相辅相成

数学教育承载着落实立德树人的根本任务、发展素质教育的功能。数学课堂不仅要帮助学生掌握现代社会和进一步学习所必需的数学知识、技能、思想和方法，还要让学生形成正确的人生观、价值观和世界观，培养科学精神和创新意识。本节课高度关注了这一基本理念。本节课突出明线：$y=\sin x$ 的图象的生成。设计上围绕数学知识本身的探究过程、生成过程和应用实践展开教学，加深了学生对数学现象和本质的理解。而教学过程中时刻彰显德育暗线：从图象的发掘过程中让学生体会解决问题中遇到困难要迎难而上，积极思考，寻求突破；从情感故事的引入进行多角度思考，感受人生情感，从图像本身引发人生思考等，都是在进行人生观、价值观的培养，使得学生将数学知识与情感态度价值观紧密融合，获得多重感受。

2. 精巧的设计强化了知识的生成过程，突出了数学思想方法

本节课的教学设计从 $y=\sin x$ 的图象的研究过程中充分体现了研究函数的一般方法，明确函数作图的重要环节，使学生获得研究余弦函数、正切函数等图象的探究能力。学生在研究过程中感受数形结合的数学思想，提升了数学素养和思维能力、实践能力。

3. 数学文化与数学历史的渗透教学让数学课堂更有吸引力

渗透数学文化教育是新课标提出的新课题。本节课以笛卡尔的故事开篇，给数学课堂注入了文化气息，同时通过故事中笛卡尔用数学表达爱意的情节让学生充分感知用数学方式思考世界、表达情感的浪漫，让数学赋予生活以趣味。

点评专家：周智宁

案例五：培养兴趣　说动并行　认识差异

一、内容选择

本课内容选自译林版英语（三年级起点）五年级上册第四单元第 1 课时 Story time。

二、育德点分析

1. 显性内容

学生学会选择和培养正确健康的兴趣爱好，享受美好人生。

2. 隐形内容

尊重人与人之间的差异性。即使苏海、苏阳是双胞胎姐妹，兴趣爱好也有不同。

3. 生成因子

本课时以"爱好"为话题，Mike 作为叙述者，先介绍其自身的兴趣爱好（hobbies），再介绍其友人的兴趣爱好，呈现了各类爱好的简单选择和擅长与否。同时，

学生在扮演 Mike 的同时，练习 like doing...的句型结构，以及第一人称和第三人称代词连用时的不同形式。

首先，Mike 自述喜欢 play basketball and football（打篮球和踢足球）和 draw in the park（在公园绘画），他擅长打篮球，但是对于踢足球不精通。而后，介绍 Liu Tao 热爱 play football and table tennis（踢足球和打乒乓球），Liu Tao 擅长踢足球。Yang Ling 喜欢 read stories and play the piano（阅读故事和弹钢琴）。双胞胎 Su Hai，Su Yang 都喜欢 swim（游泳），但 Su Hai 还喜欢 dance（跳舞），Su Yang 还热爱 watch films（看电影）。因此，增强平等意识、互相取长补短是学生对待人与人之间差异的正确态度。这是生成的德育因子。

三、育德目标

1. 道德认识

通过反思并评价课文人物的兴趣爱好，知道如何培养自身的兴趣爱好及如何合理分配投入的精力。

2. 道德情感

通过思考、讨论、分享等活动，认同并能辨别课文人物的有意义的兴趣爱好和生活中男女兴趣的差异性。

3. 道德行为

引导学生主动选择和培养正确有益的兴趣爱好，理解人与人之间的差异性。

四、育德策略

本课使用情境教学策略和启发式教学策略。

首先，将学生代入 Mike 这个角色中，始终以学生为中心，让学生主动思考、研究和探讨。创设学生主动扮演 Mike 的情境，介绍自己的四位朋友。介绍时，插入 like doing...的句型来讲述爱好。而后，由角色代入自身，介绍自己的兴趣爱好。适时让学生辨别自己的爱好是否健康，并引导其自行摒弃不良爱好，培养正确有益的多种爱好。接着，仅仅培养爱好还远远不够，教师提出文中 Mike 和 Liu Tao 都把一项爱好发展成了优势特长。暗示学生把爱好发展成优势、对人生有意义的特长，从而促进学生身心健康。

讲解课文结束，进行小组讨论活动，采访组内成员的兴趣爱好并在班内展示。在展示组内成员的兴趣爱好时，暗示学生理解和尊重兴趣的差异性和人与人之间的差异性。

五、育德过程

教师用 PPT 呈现体育运动类的图片，与学生进行问答游戏。

复习 swim, skate, jump, play basketball, play football, play table tennis 等词汇。如：

T: What can they do?

Ss: They can play basketball.

T: Look. Who is he? And what can he do?

Ss: He is Mike and he can swim. （引出本课主要人物 Mike）

T: If you are Mike, can you tell us what you like doing? Read the first paragraph and find the answers.

Ss: I like playing basketball and football. And I like drawing too.

T: You did well. Try to ask your friends hobbies. Five minutes for your preparation.

阅读文章第一段，学生即可根据问题主动寻找到课文中正确答案，从而穿插讲解 like doing...的句型结构，并阐述该句型是用于描述兴趣爱好（hobbies）的。再在黑板上大致绘出思维导图的轮廓。邀请同桌互问，主动训练 like doing...的句型，并邀请展示（图 5-10）。

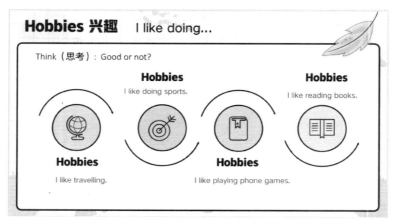

图 5-10

T: Who can share your hobbies with us?

T: Thanks for your sharing. You like playing the phone games and watching the short videos. But the two hobbies are not good for your life in the long term. Here is a report for you. The government rebuilt the law: the teenagers are limited the time of playing e-games for less than three hours. Therefore, we should control ourselves not to play too much e-games and limit the time of our phone usage.

育德理念解读：在学生分享展示 like doing...的句型时，部分学生会分享出 play e-games（玩电子游戏），watch short videos（观看短视频）等不良兴趣爱好。教师则应抓住此德育契机，适时纠正学生的错误观念并出示权威报道（政府出台政策：青少年每周玩游戏时间不超过 3 小时），侧面强调不良兴趣爱好带来的危害，并邀请刚回答过的学生自我甄别（图 5-11），从而引导学生主动意识到控制手机的使用和游戏的时长的重要性。

图 5-11

T: Do any other students have different hobbies?

Ss: I like playing badminton, singing, walking dogs and so on.

T: Perfect! Sports, food, music and so on are good hobbies. If you can continue, your hobbies will become your highlights which benefit your future.

育德理念解读：教师询问其他学生的兴趣爱好。其他学生吸取之前的德育教训，分享出健康的兴趣爱好：play badminton（打羽毛球），play the guitar（弹吉他），walk dogs（遛狗），等等。此时教师应赞扬其爱好的正确和健康，并鼓励其继续坚持；明示学生需要养成良好的兴趣爱好，促进学生身心健康发展（图 5-12）。

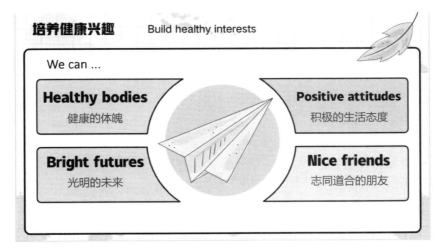

图 5-12

T: Good job! So Mike, what are your advantages and disadvantages?（长处和短处）

Ss: I can play basketball well, but I am not good at football. I usually draw in the park with my brother Tim.

由第一段解答本题，学生代入 Mike 角色，找出自己的爱好而衍生出的特长。进而讲解 be good at doing 的句型结构，讲授单词 usually 这一频率副词。

T：Now boys and girls, we have known Mike's hobbies, advantages and disadvantages. According to your previewing the article, how many friends does Mike have and who are they?

详解完这一段后，由教师对学生发问，旨在考查学生课前预习的效果，并为下一阶段任务做铺垫。

活动一

T：Excellent! Mike has four friends. They are Liu Tao, Yang Ling, Su Hai and Su Yang. What about their hobbies and advantages? Read pages 36 and 37, find the correct answers and finish the mind map. I will give you 5 minutes. Go!

育德理念解读：通过启发式学习法，给学生时间进行自主学习，由 Mike 的详解到放手学生自学研究其他四位朋友的兴趣爱好，展现由教授到思考运用的过程，学生自主研究出结果。教师同时巡视课堂，了解学生的学习能力和思维导图的创设，适当给予指导。

T：Time is up. Who can try to share your opinions? If you are Mike, how to describe Liu Tao, Yang Ling, Su Hai and Su Yang?

邀请四位学生主动分享研究成果，带领班级同学一同校对。同时，教授 He/She likes doing…的句型结构，并通过之后的展示，达到多次重复重难点第三人称代词的形式。穿插讲授 twins, also, both 等重点词汇。同时，邀请回答学生完成板书思维导图。

育德理念解读：本活动培养学生的自主学习能力，是课堂学习由第一部分"教师教"到第二部分"学生学"的一个阶段的展示。由贴近学生的兴趣爱好（hobbies）出发，塑造学生举一反三的德育品格。

T：Boys and girls, the advantages that our characters in the book have are all from their hobbies. An old saying goes that "Interest is the best teacher." For example, Yao Ming is a famous basketball player in China. His basketball career begins from his interest from childhood. Edison is one of the greatest scientists in the world. He invented so many things that changed our world. His interests gave him great power to get the achievements.

育德理念解读：学生在完成思维导图的制作之后，教师从课文中人物的兴趣点出发，向学生渗透"兴趣是最好的老师"这一价值观，进一步佐证之前教师所讲述内容：慎重选择和培养兴趣爱好。教师列举：① 中国篮球名将姚明的幼年经历，在此还需进一步引导学生坚持培养正确的兴趣，甚至将其培养成优势；② 最伟大的发明家之一爱迪生，他从小对发明深感兴趣，以兴趣为师，成年后发明了很多对世界有深远影响的产品。

T：After finishing learning the passage, let's read it together after the tape. Pay attention to your pronunciation and intonation.【学生随磁带跟读，模仿正确的语音语调】

T: Nice! Here is a sentence "They are twins". We should use a falling tone for this sentence.【于齐读后，纠正学生错误的语音语调】

T: Read well. Who can retell the story according to the mind map here? If you can retell the story correctly, you will get one star. If you can retell the story correctly and fluently, you will get two stars. If you can retell the story correctly, fluently and vividly, you will get three stars. Three minutes for preparation in groups. Who can try?

育德理念解读：从齐读到复述课文，给出评价的标准。由基础阶段到较高层次的分层展示，学生在小组中训练，或有展示口语流利的学生，或有语音语调尚有欠缺的学生；引导学生进行良性竞争。在准备结束后，教师再邀请几位学生进行公开展示，其他学生作为评委给出评价。实现学生自评，而非单一的教师评价。

活动二

T: Boys and girls, Mike and his friends have so many hobbies and advantages. Do you know your friends about their hobbies and advantages? Let's interview the members in your group! Make a mind map like it in the blackboard and introduce it to your deskmate. Six minutes for you. Go!

育德理念解读：本活动于课文讲解之后开展，旨在引导学生从课本中走出，以本为本，走向实践。采取小学生喜爱的采访朋友的形式，利用学生活泼好动的特征，让学生乐于主动张嘴说英语，从而克服语言恐惧的障碍。在小组内，学生实现新句式的操练和语言拓展的成长。

T: Time is up. Which group can share? Your group, please.

学生在组内操练后，为锻炼学生的主动展示能力，考查词汇句型的掌握情况，教师邀请学生展示。

T: I am so glad to get your opinions. I have a question: do you have the same hobbies with your classmates?

Ss: No.

T: Yes. Different people have different ideas. We are different from anybody. Even the twins, Su Hai and Su Yang, have different hobbies. We can't force others to do things. Please respect others' choices, hobbies and personalities. We can also learn useful things from others. Because of these differences, our world will become more colorful and better.

育德理念解读：本轮问答将讲述的主动权交还给学生。询问学生——同学们都有同样的兴趣爱好吗？学生会立即回答"No"（不），大家的兴趣爱好不会完全一模一样。借此契机，再进行德育——世界上没有同一片树叶。即使是书本上的 Su Hai 和 Su Yang 这对双胞胎姐妹也有不一样的兴趣爱好。我们不能强迫别人拥有一模一样的爱好，学会尊重他人不同的选择、爱好、个性，有利于我们取长补短，丰富自我。我们的世界也会因为不同而变得更加多彩（图5-13）。

图 5-13

分层作业

T：You have perfect performances today. Here is today's homework.

Must do homework：Read the whole passage twice and review the new words.

Choose to do homework：Try to retell the passage. Make a mind map about your parents' hobbies and advantages and share it to your friends at school.

育德理念解读：设置分层作业。基础作业基于学生的实际情况，设置读写作业，复习巩固本课重难点。选择性作业留给学有余力的同学，即采访父母的兴趣爱好和优势，设计思维导图，并在学校与同学分享讲述，注意使用课堂难点句式。引导学生能理解和尊重兴趣的差异性与人与人之间的差异性，塑造和传达差异性的健康价值观和理念。

思维导图呈现如图 5-14 所示。

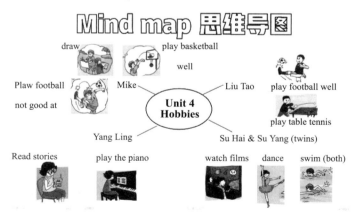

图 5-14

六、育德反思

本课的研究话题为学生的兴趣爱好，这一话题既是自我介绍的重要部分，也与学生的生活密切相关，甚至对于学生的未来有深远的影响。

本课蕴含德育内涵，有以下三个德育生长点。

两点显性内容：学生学会选择，并培养正确健康的兴趣爱好，促进学生身心健康发展，享受美好人生。

一点隐性内容：尊重人与人之间的差异性。具有平等意识、互相取长补短是学生对待人与人之间差异的正确态度。

德育生长点贯穿整节英语课堂，学生在说中学，学中思，思中辨，辨中悟。文章篇幅短小精练，四幅图介绍人物的兴趣爱好和擅长项目。大多数教师在讲授本课时，习惯运用"表格法"，平铺直叙地讲解四幅图，学生沦为"信息收集器"，教师只整理文章信息和讲授重难点，也就错失了很多德育引导契机。

笔者设计本课的一大亮点是启发式分层教学。教师首先详解文章主人公 Mike 的兴趣爱好，再用代入法，让学生进入角色，以主人公 Mike 的口吻回答问题。角色扮演符合小学生的心理特征，他们乐于模仿，喜欢展现自己。教师再施以疑问，学生受到启发，自然乐于张口说英语。即使有些学生只是机械地阅读文章原句，但积极参与，认真思考，教育的目标就已经达成了一半。

而后，由 Mike 的兴趣爱好出发，继而询问学生的兴趣点。学生会回答唱歌、跳舞、品尝美食等"优秀爱好"，也会回答玩手机游戏，刷短视频等"不良爱好"。本课第一个德育契机出现。教师此时不能急于"纠错"，而应都给予表扬，保护孩子回答问题的积极性。而后，教师出示材料"严格限制向未成年人提供网络游戏服务的时间，所有网络游戏企业仅可在周五、周六、周日和法定节假日每日 20 时至 21 时向未成年人提供 1 小时服务"。继而询问原来回应喜爱刷短视频、玩手机游戏的学生现在的感受。学生此时即会主动表示玩手机、刷视频是不正确的。此时，教师适时讲授"何为有益兴趣爱好"，列举看报、运动等兴趣，引导学生选择。

讲授完文章重难点句型后，教师再次询问学生课文主人公 Mike 的擅长项目。学生此时用正确的句式回答教师的问题。本课第二个德育教育契机出现。根据 Mike 的兴趣爱好而衍生出的特长，教师适时提出"兴趣是最好的老师"。给出人物范例：姚明和爱迪生，从而引导学生要能将自己的兴趣爱好发展成为特长，引领人生的道路。

至此，课文第一部分已经梳理完毕。其他三位主人公的内容结构相似，重难点句型相对一致。运用分层教学法，让学生组内自主学习，独立完成信息提取和思维导图的绘制。本部分旨在训练学生举一反三和互帮互助的能力，达成学生当堂学后的实践目标。

教师在完成分层教学的讲授后，所运用的活动二是本课设计的第三个德育契机：组内成员的互问采访，并在课堂分享。这既锻炼了学生张口说英语的能力，又训练了本课教学重难点的句型词汇，更直观体现了学生之间的兴趣差异性。因此，教师由此引导学生由兴趣差异性明白人与人之间的差异性，同时学生明白要尊重他人差异性。

然而，本课设计也有若干不足之处。具体如下：

（1）本课以教师为主导进行启发式教学，虽然在内容结构设置上严谨、合理、高效，但也可探索学生自行发现问题，师生再一同解决问题的模式。

（2）本课设置的前提是学生充分的预习和全身心的投入。因此，教师对于学生的预期和学生的实际情况要进行"因材施教"的结合。

（3）本课设置的德育价值观有隐性和显性的差别。如果能使显性、隐性价值观有机结合，则会更利于文章价值观整体性的呈现。

专家点评

1. 精准把握主题，紧跟时代节奏

时事热点和语言学习紧密挂钩，这对课堂立意高度和教师个人素质提出了更高要求。本课中，教师以讨论学生的兴趣爱好作为切入口，紧抓这一条主线索完成对教材的学习。同时，教师紧密联系时事和教育政策，将"兴趣爱好"的讨论从课堂交流延伸到课下生活，询问学生课后电子产品的使用频率，联系国家政策，从更宏观的角度对学生使用电子产品提出明确要求，鼓励学生培养健康的、积极向上的兴趣爱好。从教材到生活实际，从兴趣爱好到儿童身心发展，展现教师的授业风范和人文关怀。

2. 关注思维深度，遵循德育全面性和多端性

语言是思想的载体，思维深度直接影响语言输出质量。教师从新知教授、创新活动和个性化展示三个方面展示了拓展思维、优化思维模式的过程。教师创设真实情境，引导学生通过优秀范例展示、小组交流整合、班级分享互评，有层次地渗透阅读策略。在主题教育过程中，教师构建了思维导图框架，鼓励学生在搭建框架的同时以小组合作形式补充信息，逐步呈现新知；在"采访"环节，渗透情感关怀，鼓励内向胆怯的学生开口发问，倡导学生互助；在思维导图环节，引导学生自评，针对导图内容展开讨论，发展批判性思维，以传授知识作为开始，以提升思维作为终端，并借助分层作业投射情感关怀。

3. 重视示范性价值，培养具备学科特色的品性

真实存在的模范人物或伟大事迹本身就具有强大的德育能量。本课有两处教学设计围绕"示范"展开。第一处在文本分析完成后，教师介绍了两个人物：姚明和爱迪生。向学生展示了他们对社会所产生的影响，引导学生去理解：卓越的成就往往源自儿时的兴趣爱好，健康积极的兴趣爱好有助于成就美好人生。另外一处在思维导图完成后，教师将"示范"的选择范围缩小到班级和小组，通过展示思维导图，解说图示，引导学生自评，提高学生的认知能力和合作能力，提升学生的自信。

点评专家：周智宁

第六章
在学科教学中增进团队合作

> 迈向命运共同体，必须坚持各国相互尊重、平等相待。迈向命运共同体，必须坚持合作共赢、共同发展。
> ——摘自2015年3月28日博鳌亚洲论坛习近平总书记的主旨演讲

 主题解读

在教与学的苗圃中孕育"团队合作"的德育胚芽

现代社会的很多工作都需要团队和集体来共同完成。成功，需要克难攻坚的精神，更需要团结协作的合力。当代青少年的道德认知已发生了很大变化，在价值取向上，重个人本位轻社会本位，在思想观念上，重自我实现轻团队协同，这非常不利于青少年的健康成长。社会主义核心价值观是富强、民主、文明、和谐、自由、平等、公正、法治、爱国、敬业、诚信、友善，这些都可以在学校这个小社会里，通过学科教与学的团队合作教育引导来逐步塑造。

一、"团队合作教育"的价值寻觅

1. 从全球气候及社会风向去深思

2013年9月7日，习近平总书记在哈萨克斯坦纳扎尔巴耶夫大学发表演讲时提出"一带一路"倡议，体现了一个大国的担当，也看得出全球的格局已经是"我中有你，你中有我"。如今"一带一路"倡议已经取得了瞩目的成就，不仅带动了周边诸多国家的经济发展，还促进了各国间文化、政治、医疗、基建的深度融合，实现了共赢。

再从乡村振兴计划来看社会各方的"密切合作"。随着外部环境的急剧变化，迫切需要"形成强大国内市场，构建新发展格局""坚持农业农村优先发展，全面推进乡村振兴""优化区域经济布局，促进区域协调发展"，这都需要靠团队合作精神。社会的变革和发展需要团队合作精神来助推，青年学生需要更开阔的全球视野，未来的国家发展需要具备团队合作精神的年轻一代来共商、共建、共享、共赢。完成这一伟大创举，也是教育人在学科育德中的一项任务。

2. 从"培育土壤"和"胚芽基因"去深思

所谓"培育土壤"，就是学生所在的家庭。中国的家庭结构很有特点，自 1982 年 9 月计划生育被定为基本国策后，不少适龄儿童的父母都是独生子女，他们一无兄长，二无姐妹，比起上一代人，这些父母身上缺少了同龄人在家庭生活中的合作与包容，自然也无法将团队合作品质传承给下一代。

再来解析"胚芽基因"，即"00 后"学生的特点。2013 年，我国实施"单独二孩"政策，2016 年实施"全面二孩"，2021 年放开三孩。然而我们依然看到不少的"00 后"性格冷漠、内向、偏激、孤僻，过多地沉迷于网络虚拟世界，封闭自我。在学校的所谓的团队合作也只是一种表演，在家庭里缺乏作为一名兄长或姐姐应有的耐心、爱心、责任心和交流协调能力。说到底，或许还是因为这一批"00 后"没真正理解团队合作精神的内涵。这也是我们教育人在学科育德中要面对的重要挑战。

3. 从"立德树人"和园丁视角去深思

《中小学德育工作指南》中明确指出：小学阶段要形成自信向上、有责任心、友爱宽容的品质，初中学段形成尊重他人、乐于助人、善于合作、勇于创新的良好品质，高中学段增强公民意识、社会责任感和民主法治观念，这些都与团队合作教育密切相关。这要求教育者在进行学科教学时，不能只重视学科知识讲授，忽略学科教学中的团队合作教育渗透。在"立德树人"的大背景下，教育者在学科教学中要抓住团队合作教育这个育德点去培养人、塑造人。

二、"团队合作教育"的胚芽解析

团队合作教育隐含在所有学科的育德细节中，从教者要能从自身任教的学科里拓宽育人范畴，具体表现如下。

1. 团队合作教育中的平等尊重观

中国古代思想家孟子说过："夫物之不齐，物之情也。"学生没有优劣之分，只有特色之别，成功的团队合作首先要建立在平等尊重的基础上。在学科教学时，要教育引导学生尊重团队合作成员之间的个性差异、能力差异，要让学生在参与合作学习或合作探究的诸多活动中，学会尊重团队的每一位成员，建立平等的人际关系。同时，也应该鼓励每一名参与团队合作的成员树立自信，并从团队其他成员身上发现优点，学会赏识他人、学习别人。

2. 团队合作教育中的互助共赢观

任何合作都有一个共同的目标，那就是共赢，单个个体无法完成的目标，往往通过集体的智慧就能达成。合作不是一个人的独秀，而是群组的共同提高，要有团队意识，互助共赢是团队合作的最终理想。

3. 团队合作教育中的统筹协调观

团队合作是一种联合行动，定然会在项目研究、成员分工、实施步骤上有一定的安排，在学生团队合作时，一些育德增长点也会应运而生。没有统筹就没有高效，没有协调就没有合力。不论是对于决策还是对于参与活动的学生而言，合作中的整体部署、衔接沟通、相互理解、配合补位、整合协调，既是一种能力，也是一种为人做事的态度和品质。这需要学科教学教师在学生团队合作时指导点拨，塑造学生更加健全的品质。

4. 团队合作教育中的开拓创新观

创，始造之也，修旧曰新，创新具有"始创""修旧"之意。团队合作教育的另一种外显便是开拓创新，集大众智慧，不走寻常路。学科教学在很多时候都可以将开拓创新这种育德外延充分彰显出来。引导学生在团队合作时，追求敢为人先、求真务实、攻坚克难、严谨思变、开拓进取的品质，摒弃墨守成规、人云亦云、夜郎自大、故步自封等不良习惯。

5. 团队合作教育中的全球视野观

大多数的学科知识都融合全球视野，通过对某一种合作理念的解读，能让学生足不出户领略大千世界，明白世界、社会、自然、人际诸多方面都是共生共存的，也能让每一个独立的学生个体有一种大格局观、全球视野观，从而明确自己的人生使命。

三、"团队合作教育"的孕培实践

(一) 深耕课程及课堂的土壤

1. 放大课程显性优势，进行有效德育点预设

每一个学科都有这个学科的鲜明特色，某些学科本身就蕴含着极强的合作精神。例如，体育课中的接力赛、篮球比赛、足球比赛这种群体性的活动，像音乐课程里面的合唱或者是合奏，物理、化学课程中的实验探究，语文、英语课程中的集体朗诵或课本剧表演等，这些都需要参与的学生齐心协力才能共同完成。"爱劳动的小鞋匠"这节音乐课，需要全员配合才能进行，学生要学习简单的声部和配乐演唱。教师要放大这些具有鲜明学科特色的优势，对其中团队合作这个育德点进行有效的设计与预设。

某些团队合作的教育就隐含在学科的课程文字里，譬如历史学科中的《从国共合作走向国共对立》《抗美援朝》，这里团队合作的教育因素显而易见。地理学科里面的很多知识，如温室效应、节能减排都涉及全世界各国的联合行动，也可以从中让孩子们懂得全球大格局观，增强合作意识。初中语文课文《溜索》中马帮的领队、探路者及新手在横跨怒江悬索时所表现出来的相互默契、相互配合就是一种团队合作精神。再如案例《小水滴的诉说》，可以借助地球仪让学生明白，中国是地球村的一部分，有无数的人都在保护水资源，珍惜水资源是为了中国，更是为了地球村，从而培养学生的团队合作精神和全球视野观。教师要依托这些学科中的文本

内容做有效的教育引导，使学生的团队合作意识不断增强。

2. 变革学科教与学的方式，进行有效的德育点渗透

学科教学中，不同的学科可以互补融合，进行"团队合作教育"的有效渗透，学科之间的借鉴体现了教育者的一种大视野智慧，教者要善于打破原有本学科的知识壁垒，借鉴别的学科亮点为自己所用，在向其他学科老师进行请教的同时，通过教师之间的团队合作，让本学科的教学内容更加丰富精彩、引人入胜。在案例《毛泽东开辟井冈山道路》里，借鉴了诗词、油画和音乐之长，师生一起围绕毛泽东诗词、三幅历史事件的油画做小组探究，又欣赏了歌曲《毛委员和我们在一起》，让学生感受到多学科融合所呈现的一种美，学生的思维品质也会更加优化。

传统的学科学习都是教师讲、学生听，在这样的学习状态下，学生都是被动的，不利于学生团队合作品质的塑造。在南通"立学课堂"的理念之下，可以通过"限时讲授、小组合作、踊跃展示"的模式来建构学科教与学的新模式。在小学科学第八册第六单元第一课《找重心》案例中，学生以小组为单位，通过团队合作找出物体的重心位置。学生在小组合作时通过猜想、动手、沟通、验证，最终商讨出了平衡法、画线法、悬挂法来找重心，解决了问题。这样的小组合作学习在其他的几个案例里都有体现。这样做，把学习的主阵地交还给了学生，让学生以小组学习的方式来合作探究、大胆质疑、共同提高。在这种合作的学习方式之下，学生的统筹考虑、开拓创新、平等尊重、倾听赏识、顾全大局、协力共进等诸多品质也会显著提升。

（二）嫁接生活和时政的外枝

1. 还原学科生活情境，进行有效再现

所有的学科育德都离不开生活情境，尤其是塑造学生的团队合作品质。只有当学生真正在学科学习时有了与生活的对接，才会在课程学习时有生活的情境体验，学会团队合作才会真正地内化于心、外化于行。所以教育者要在学科教学的过程中，设置一些着实有效的生活情境，并且自然贴切地与课堂教学对接起来。

2. 关注学科相关时政，进行有效借鉴

教师在进行学科教学时，所教知识不能仅限于课本。受学生喜爱的老师往往都是特别关注时政的，巧妙地将当前全球的热点话题切入与之对应的学科教学中来。这样既丰富了本学科的学科教学，也在时政热点里找寻到团队合作育德点提升的一些灵感。譬如在地理教学中，涉及火山地貌时，就可以与汤加火山喷发的话题相关联，随即产生一个新的育德话题：中国对于汤加的资助，体现了国与国的合作与相互扶持。

（三）预留生长与绽放的空间

1. 捕捉学科课堂生成，进行有效追问

在学科教学中进行团队合作教育渗透，应该适时抓住课堂教学中的每一个瞬间，将其中包含的团队合作品质放大、引导、强化，让学生在学科学习时得以提升自己的团队合作品质。

就拿案例"找重心"的小组合作展示教学环节来看,教师明确了各组探究一根铁丝重心的任务,学生在开展小组合作时,教师要怎样才能利用课堂生成去进行团队合作教育呢?——教师一定要参与到学生的合作讨论中去,聆听学生说了什么,适时追问:"实验结果与你们团队验证的猜想一致吗?你们小组试了几种方法?谁的点子更好?刚刚在合作的时候,有没有人帮助你?你的方案得到大家的赞扬了吗?"这些追问能够激发学生真正的团队合作,也能在团队合作的时候塑造他们的平等尊重观、互助共赢观、统筹协调观、开拓创新观等。在团队合作的时候发现对方的优点,对别人的帮助懂得感恩,懂得在团队中为了一个更高的目标互助共进,也能在团队合作中绽放自信,获得成就感。因此,课堂中的每一个细节都可以关注,教育者要充分预留学生展现的机会,让课堂有生长的空间。

2. 开放学科课后作业,进行有效延伸

"双减"政策的全面铺开,对学生课后作业的五项规定做了明确的要求,单一的学科性作业逐渐转向实践性、艺术性、科学性、德育性的全面性作业。这对于学科教学中团队合作的教育引导,确实是一个极好的机会。

音乐课"爱劳动的小鞋匠"课后布置的作业是:找几个你的合作伙伴,试着将今天学习的音乐情景剧搬上舞台,看哪一个团队展示的效果最佳。这里面的团队合作由课堂延伸到课后,为了达到最佳的展现效果,学生的课后团队合作还将更加广泛,学生的特长会得到更大的发挥。历史课"毛泽东开辟井冈山道路"的课后作业:请同学以小组为单位,分工收集历史上国共合作与对立的资料,小组协作完成表格,并思考国共两党关系变化所产生的不同影响给我们的启示。"找重心"布置的课后作业:我们课上研究的都是些平薄形的物体,那么其他重一点、体积大一点的物体的重心如何去寻找呢?课后大家可以一起思考,继续研究。这些实践性的、德育性的作业往往更需要团队的通力合作才能更加出色地完成。教师也要在学科教学之后,多设计这种开放性的、实践性的、综合性的作业,让学生自主选择,便于学生紧密合作、创新地展示、尽情地绽放。

总之,在学科教与学的苗圃中,我们要始终兼顾教学和育人,在学科教学时悄无声息地孕育团队合作的德育胚芽,让每一个生命都能沐浴春风,成为国家建设的栋梁之材。

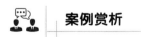 案例赏析

案例一:幸福就要大家一起"动"起来
——《小鞋匠》(第 2 课时)

一、内容选择

本课内容选自苏少版小学音乐二年级上册第五单元第 2 课时歌曲《小鞋匠》。

二、德育点分析

1. 显性内容

本单元以"劳动乐"为主题,将音乐表现与劳动的快乐贯穿始终,让每一个学生在音乐活动中感受活泼、欢快的情绪,学会合作,体验集体劳动的愉快,并产生把自己的手变成一双勤劳、能干的双手的愿望。劳动教育是"五育并举"育人理念的重要组成部分,是学生成长的必要途径,培养具有劳动素养的时代新人是立德树人的重要内容。

2. 隐性资源

通过群体性的合作活动来理解和认识他人,培养学生间相互交流、相互帮助、相互理解、相互欣赏、共同分享的意识。

3. 生成因子

让学生在一次一次的合作中受到熏陶,主动积极地参与表演,参与评价,更多地展示自己,从而促进每个学生个性的发展;同时在不断"看别人演""自己演""听别人评""自己评"的合作交流中,学生既是参加者,能亲自参加表演,又是倾听者,欣赏别人的表演,品评别人的优缺点。这样,不仅能在合作中体验别人成功的快乐,自身也有满足感、成功感。

三、育德目标

1. 道德认知

通过合作表演、合作创编、合作思考,懂得用欢快、活泼的声音熟练并有表情地演唱歌曲《小鞋匠》,感受到合作带来的快乐。

2. 道德情感

在参与各种音乐活动的体验中,培养爱劳动、团结合作而又勇于展现自我的精神。

3. 道德行为

用合作表现音乐的方式体验劳动的辛苦,享受劳动成果带来的快乐,教育孩子劳动最光荣,幸福要用劳动来创造。

重点:能通过音乐活动初步感受歌曲的节奏特点,并有感情地演唱歌曲。

难点:学会用简单的打击乐器为歌曲伴奏,在感知二分音符、四分音符、八分音符、音的长短的基础上,进一步深入学习,尝试打击乐多声部演奏合作。

四、育德策略

1. 结合歌曲内容多角度的体验式教育

歌曲以其鲜明的节奏、优美的旋律、丰富的和声、明了的歌词内容来表情达意,因而能直接触动学生的情感,震撼学生的心灵,使学生从歌曲中认识人生、认识真善美。

在教学《小鞋匠》时，先让同学们合作创设劳动情境，表演小蚂蚁、小蜜蜂、小鸟、老牛等小动物是怎样劳动的，让学生体验劳动的辛苦和分享劳动成果的快乐，教育学生劳动最光荣。

2. 多种教学手段促合作的渗透式教育

合作教学既是一种较新的教学方法，也是一种教学手段。在教学中，它表现为师生之间或生生之间的合作。多声部练习、声势律动、歌唱表演及情景剧展示都是儿童喜闻乐见的活动形式，特别受低年级同学的喜爱。这些形式的活动通过形体动作和器乐演奏来表现音乐，有助于学生加深对音乐作品的理解。如能把小鞋匠一天的快乐劳动和生活用情景剧的方式表演出来，更是培养了学生团结协作和分工合作的集体主义精神。

五、育德过程

活动一：创设情境，尝试声部合作

1. 生生合作，场景表演导入

师：同学们，今天老师邀请了几位新朋友来参加我们的音乐课，一起看看它们是谁？又在干什么呢？【课前老师选出8个学生，2个人一组自由组合，戴上蚂蚁、蜜蜂、小鸟、老牛的头饰，合作表演劳动场景，学生自主商量排练】

学生观看后回答：小蚂蚁搬东西、小蜜蜂忙采蜜、小鸟衔枝筑巢、老牛在耕作，他们都在劳动。

师：对，劳动是一件辛苦却快乐的事，你看，小蚂蚁的鞋都跑坏了，得赶紧找一个技艺高超的鞋匠为他修补一下，我们一起去鞋匠铺吧。

2. 观看鞋匠修鞋的视频，模拟乐器音色

师：来到鞋匠铺，老师就要考考你们了，你们知道修鞋子需要哪些工具吗？一边看视频一边思考。【多媒体播放鞋匠修鞋的视频，让学生仔细观察】

生：有锤子、钉子、针、线、擦鞋布等。

师：对了，老师也给大家准备了修鞋的工具，哪位同学来演示一下鞋匠修鞋的场景？

【一个学生上台选了锤子、钉子扮演小鞋匠修鞋，教师提醒注意安全，轻轻敲】

师：非常好，如果下面的同学拿上打击乐器配合一下，有节奏地为他加油，小鞋匠干活会不会更有劲儿呢！老师这儿有很多打击乐器，你们来挑选一下，哪种乐器最适合模拟锤子、钉子？

【小组讨论原因，然后选出同学回答，选双响筒或者响板、木鱼，因为木制乐器声音短促干脆，更符合锤钉子的节奏。小组合作表演，上面一个同学敲锤子、钉子，第1组用双响筒或响板、木鱼伴奏】

3. 继续合作模拟缝鞋子、擦皮鞋

师：真棒！不过小蚂蚁的这双鞋子破了个口子，应该怎么修补呢？谁来选择工具修补一下？

生：我选择用针和线把它缝起来【并上台演示】

师：选择合适的打击乐器为他伴奏。

【小组讨论原因，然后选出同学回答，选碰铃或三角铁，因为音量较弱，并有延长音，更符合穿线的节奏。小组合作表演，上面一个同学模仿缝针线，第2组用碰铃或三角铁伴奏】

师：鞋子做好了，我们来打磨一下皮面，让皮鞋变得更光亮。谁来试试？并选择合适的打击乐器为其伴奏。

【小组讨论原因，然后选出同学回答，选沙球伴奏，因为沙球声音比较低并且散，符合擦皮鞋的节奏。小组合作表演，上面一个同学模仿擦皮鞋，第3组用沙球伴奏】

4. 全体合作，多声部演奏

为降低难度，分声部逐组进入，先第1组，后第2组，后第3组，最后形成三声部。

师：鞋子终于补好了，小鞋匠确实厉害，现在让我们一起合作，完整地跟着《小鞋匠》的音乐来为他喝彩！

育德理念解读：从情景导入入手，直观有效地让学生感受到劳动的不易和收获的快乐，带着积极向上的情感来演唱；通过探究式学习来寻找身边有效音源，比如双响筒、响板、木鱼适合演奏四分音符，碰铃、三角铁适合演奏二分音符等，让学生自己去发现声音的不同，能更好地加深对声音的了解；通过节奏的多声部合作演奏，丰富学生的听觉感受，提高学习兴趣。让每一个学生都参与进来，体现了教育平等的原则，更好地增强了学生的自信心，并感受到集体合作下音乐所呈现出来的丰富多彩和巨大魅力。

活动二：新歌教学，丰富音乐体验

1. 初步感受歌曲情绪和力度

师：你们刚才修的鞋子顾客很满意，他们想用歌声来赞美你们。【师出示歌谱，有感情地范唱《小鞋匠》，并有意识地把突出唱重音】

师：你们觉得哪些字演唱的时候要重一点啊？在重音处思考一下，怎么用身体动作体现出来？小组可以讨论一下。

【学生讨论后举手回答，此时PPT展示在重音处加红】

生1：我们小组讨论后认为可以在重音处加入拍手或跺脚，大家一起来试试！【跟着音乐一起动起来，学生在前面引领】

生2：我们小组讨论后觉得在重音处打响指也很有趣，大家也可以跟着我一起试试。

师：大家的建议都非常棒，也很有创意。下面我们跟着音乐，一边读歌词一边动起来吧。

【老师加入学生中，跟着他们用声势动作来体现重音，学生们根据喜好自由发挥】

育德理念解读：在初步熟悉歌曲的基础上，以问题设计的层层深入和精准表达为有效手段，通过有节奏地朗读歌词、辨别重音力度变化来促使学生进一步思考和表现歌曲的意境。师生合作声势伴奏的环节，通过和老师的肢体接触，拉近师生之间的距离，营造和谐的教学氛围。

2. 引导合作完整学唱歌曲

师：读了歌词，也听了好几遍演唱，我相信同学们对这首歌已经初步熟悉了，我们伸出手一起感受一下旋律进行的特点。【出示课件，用鞋跟的高低来表现音的高低】

师：今天的生意真不错！这么多的鞋子，高高低低的，上面还有小音符，大家一起来唱一唱。【以很慢的速度先带领学生认音，第二遍加快速度，感受速度的变化对音乐情绪产生的变化】

【师生合作或男女声合作，再次听辨旋律中的相同和不同之处。相同的可以学生唱，不同的可以老师唱，或者相同的男生唱，不同的女声唱。这样演唱的注意力更集中】

【完整演唱。解决难点"休止符"的问题，可以借助打击乐器来表现休止符的时值，在有休止符的地方敲击一下，这个任务由学生完成】

师：鞋匠的手艺这么棒，顾客们都非常满意，小鞋匠的生意越来越兴隆，同学们想象一下，能不能把快乐的情绪再表现得浓烈一点啊？

【合作演唱，打击乐队加入】

师：难怪生意这么好，原来是有你们这些热爱劳动、热爱生活的小鞋匠。让我们一起唱起来，敲起来，动起来！【在前面三组中选出打击乐手，其余学生合唱】

育德理念解读：在整个教学过程中，教师营造了良好的音乐氛围，尽可能激发学生积极主动地、全身心地合作参与音乐实践活动的热情，从而使他们获得音乐审美体验。通过扮演擦鞋匠和声部合作，激发孩子们的学习兴趣，让他们体会到团结合作的魅力，培养他们分工合作的精神，感受劳动的快乐和光荣，懂得劳动创造幸福的道理。

活动三：合作创编，感受劳动带来的幸福生活

师：小朋友们，今天鞋匠师傅带我们做了一回小鞋匠。你觉得鞋匠师傅是一个怎样的人？我们要学习他的什么？你想对他说什么？小组讨论，写下留言条。

【留言条这个环节需要老师引导，给出节奏，学生创编，降低难度，然后可以代入歌词唱一唱、读一读】

  谢谢你小鞋匠，你是个小能人，
  不怕苦不怕累，使鞋子牢又牢。
  夸夸你小鞋匠，你是个好榜样，
  用双手来创造，让生活甜又香。

师：最后让我们一起回味一下小鞋匠一天的快乐生活。

【小组合作情景剧表演】

旁白：太阳当空照，花儿对我笑，小鸟说早早早，小鞋匠的一天开始了！

【学生们可以根据自身的能力及情节需要分别扮演太阳、花儿、小鸟和光临鞋铺的客人】

师：鞋匠铺里正在举行一场美妙动听的劳动音乐会。【打击乐队多声部合作】

师：听，他们还唱起了欢快的歌曲。【有感情地表演唱】

师：太阳落山了，鞋匠们的一天在悠扬的歌声中结束了。

师：课后同学们找几个合作伙伴，试着将今天学习的音乐情景剧搬上舞台，我看哪一个团队展示的效果最佳。

育德理念解读：留言条这个环节激发了学生的想象力，发挥了学生的自主能动性，教师适当的引导也体现了以学生为主体的课堂教学理念。而情景剧表演是孩子们最喜欢的活动，通过小组合作来让每一位组员发挥自己的特长，角色的自主选择充分体现了学生之间的平等及尊重。不可否认，学生的个体之间是存在差异的，有的学生音准不一定好，但他的表演能力非常突出，那就选择表演性比较强的角色去演；有的学生放不开，但节奏感特别强，那就去乐队伴奏；有的不会伴奏，但声音条件非常好，那就去合唱队，好好唱歌。组员们在表演的同时也看到了同伴的优点，发挥各自的作用，这样不仅能够带给学生更多欢乐的体验，对培养他们的音乐兴趣、情感思维、团队合作精神也有很大的帮助。感受音乐、表现音乐、学会合作、体验乐趣，从而热爱自己、热爱生活，这才是音乐学科带给学生最好的育德理念。

六、育德反思

本次授课课堂气氛活跃，学生学习兴趣浓厚，均能自主学习、乐于学习，达到了预期构想的效果。在整个教学过程中，教师营造了良好的音乐氛围，尽可能地激发学生积极主动地、全身心全方位地参与音乐实践活动的热情，通过不同的合作教学，学生获得了不同的音乐审美体验。比如扮演擦鞋匠和声部合作，激发了孩子们的学习兴趣，让他们体会到了团结合作的魅力，培养了他们分工合作的精神，感受到体会劳动的快乐和光荣，懂得劳动创造幸福的道理。

著名科学家杨振宁说过：如果说过去还有可能一个人独立完成诺贝尔奖项的话，那么进入20世纪80年代以来，尤其是进入信息社会以来，没有人们的共同参与、相互合作，任何重大的发明创造都是不可能的。《义务教育艺术课程标准》（2022年版）也指出：要通过合作，培养学生良好的合作意识和在群体中的协调能力。那么，对于我们的音乐教学，运用"合作"教学，可以达到以下三个方面的效果。

（一）通过教师平等的参与式合作学习，建立平等的师生关系

美国教育家多尔曾说过，教师在师生关系中的地位是"平等中的首席"，教师应以平等、民主、尊重、理解、关心、赏识的态度去对待学生。师生平等的"参与式"合作学习恰好可以达到这一目的。例如，在节奏练习中，创设童话般的教学情境，让学生创作声势动作，比比谁做得更好，然后师生合作，加入表演团队中一起表演，创设师生间"相互平等、相互尊重、相互信任、民主和谐"的教学氛围，学

生也在这种宽松的师生互动的氛围中体会到节奏的韵律感，激起了创新的欲望。这样，师生间既有信息的传递，又有情感的交流，更有创造思维的培养。可见，教师平等的"参与式"合作学习，能营造良好的课堂氛围，激发学生的创造性。

（二）生生合作有利于培养学生的人际关系智能

人有八大智能，其中有一种叫作人际关系智能，就是理解和认识他人、更好地与他人合作等方面的能力。新课标也提出了一个重要的价值，就是社会交往价值，这两者都可以通过群体性的"合作活动"来实现，通过合作，加强学生间相互交流、相互帮助、相互理解、相互欣赏、共同分享，学生在不知不觉中融入集体，相互理解、欣赏对方、共同分享。例如，在最后的情景剧表演中，大家自由分组，演自己想饰演的角色：太阳、花儿、小鸟、鞋匠、客人、合唱队、乐队、朗诵队，通过这种角色分工的合作，组员之间密切配合，共同表演了整个故事情节，大家注意力高度集中，主动性、积极性被调动起来了，且表演过的角色在脑海里留下了深刻的印象。正是这种合作，无形间增强了人际交往能力。

（三）合作有利于学生个性的发展

"一切为了每一位学生的发展"是新课程的核心理念，在音乐教学中，应注重学生的个性发展，使每个学生都有权利以自己独特的方式学习音乐，享受音乐，表达个人的情感。运用合作学习教学法，不但关注了集体合作，也关注了每一个体，促进学生个性发展的功能，即让他们在合作中学会学习，在学习中学会合作，使每位学生的个性得到发展。

例如，在分组的音乐实践活动中，可以将个性比较内向的和个性比较外向的分在一组，音乐素质好的和音乐素质一般的搭配在一组，爱好唱歌的和爱好跳舞的搭配在一起，爱表现的和不爱表现的搭配在一起……这样，学生在一次一次的合作中受到熏陶，主动积极地参与表演，参与评价，更多地展示自己，从而促进个性的发展，增强学习的自信心，真正体验到音乐所给予的快乐，加深学生对音乐的感受和理解，为每个学生提供发挥潜能的空间，使每个学生的个性得到发展。

当然，音乐的丰富多彩决定了教学内容不能局限于合作，必须用更多的教学方法和内容来拓宽学生的视野，让他们通过亲身体验来感知劳动是可以带来快乐，带来幸福的，从而感悟到这样的劳动是最光荣的。并且结合实际生活，让他们领悟劳动还有很多作用，比如可以锻炼身体，可以创造财富。

专家点评

一、精心设计教学环节，传递育人理念

艺术教育是美育的重要组成部分，其核心在于弘扬真善美，塑造美好心灵。在本节音乐课的教学中，教师精心设计教学环节，通过"创设情境，尝试声部合作""新歌教学，丰富音乐体验""合作创编，感受劳动带来的幸福生活"三个主题活动，激发学生积极主动地全身心参与音乐实践活动的热情，引导学生初步感知音乐的艺术形象，对音乐产生兴趣，有好奇心和探究欲，能在探究声音与音乐的过程中与他人分享、交流自己的发现和感受，在音乐的世界中求真、崇善、尚美，充分发挥艺术教育培根铸魂、启智增慧的功能。

二、重视与其他学科联系，发挥协同育人功能

本课教学，将音乐表现与劳动的快乐贯穿始终，通过学生表演小动物们的劳动场景，初步体会劳动对日常生活的重要性。通过观看鞋匠修鞋视频，体验小鞋匠的修鞋过程，初步感知劳动的辛苦与乐趣，学会尊重他人的劳动付出，懂得劳动成果来之不易、劳动创造幸福的道理。本节课注重艺术与其他学科的联系，充分发挥协同育人功能，将培养学生的劳动观念、劳动精神贯穿课堂实施全过程，对落实立德树人根本任务、培养德智体美劳全面发展的社会主义建设者和接班人具有重要意义。

三、丰富教学形式，培养团队合作意识

教师通过组织学生寻找身边有效声源、多声部合作演奏、合作创编、表演情景剧等丰富多样的教学形式，在合作探究中初步建立规则意识和合作意识，初步体会团队的分工与合作、平等与尊重、互助与共赢等。在教学过程中除了生生合作，教师身份从课堂主导者向学习情境和问题情境的共同参与者和引导者转变，在师生合作声势伴奏的环节，老师加入学生，及时关注学生，在师生合作中营造和谐氛围，传递知识，培养创造性思维，促进学生身心健康，全面发展。

点评专家：朱开群

【专家简介】朱开群，苏州市教育科学研究院原副院长，正高级教师，江苏省特级教师。

案例二：一滴清水　一个地球

一、内容选择

本课内容选自统编版小学道德与法治二年级下册第三单元第9课《小水滴的诉说》。

二、育德点分析

1. 显性内容

这一课主要让学生了解水的重要性，知道地球上可利用的淡水资源很少，懂得水的珍贵。学生在初步了解生活中水资源遭受污染、浪费的情况后，激起珍惜水、爱护水、节约水的情感，产生节水护水意识。同时，将节约水资源这一主题引申出去，让学生了解我们中华民族的传统美德——节约。这是显性的育德内容。

2. 隐性资源

在课堂中明确自己也是地球的一分子，要用自己的实际行动担负起保护水资源的责任，并影响周围的人们。在小组合作中，激发学生的学习积极性，凸显学生主体地位，发散学生思维，增进组员之间的沟通，让彼此认识到对方的优点，从而在学习中能够取长补短，实现共同成长。这是需要挖掘的隐性德育内容。

3. 生成因子

教学时，学生一起倾听小水滴的诉说，了解小水滴遭遇的不幸。从小水滴情绪的变化中让学生了解水资源所处的现状，让学生心生怜爱，从而产生保护水的愿望并发自内心地节约水、保护水。在小组合作学习中，强化学生的学习责任感，培养学生的团队合作能力。这是生成的德育因子。

三、育德目标

1. 道德认知

通过自主学习、小组合作，普及一些简单的水的知识，让学生了解水有什么作用及水对孕育万物的影响有多大，明白世界、社会、自然、人际诸多方面都是共生共存的，从而对水怀有感恩敬畏之心。

2. 道德情感

通过调查、交流、分享等活动，让学生了解水资源的现状，从实际生活出发，让学生思考应该为节约水资源做些什么，培养学生节约用水的意识，养成学生日常节水的好习惯。

3. 道德行为

适当向学生普及生活中常见的需要节约的资源，积极发现学生学习过程中节约的好习惯并呼吁大家学习，将节约这个行为落实在生活里。让学生明白合作的重要性。

重点：让学生了解水资源的重要性、稀缺性，了解水资源正在遭遇的浪费和污染，带领学生思考（我们应该为节约水资源做些什么）。

难点：培养学生节约用水的意识，养成学生日常节约用水的好习惯。适当向学生普及生活中常见的需要节约的资源，积极发现学生学习过程中节约的好习惯并呼吁大家学习，将节约这个行为落实在生活里。

四、育德策略

1. 课前调查，建立学习认知

教师在上课前可以根据教学目标、教材内容的要求，有针对性地设计课前热身实践活动，如让学生自主收集相关资料、体验和感受社会生活等，以丰富感性认知，激发学生的学习热情和学习动力。本课中，让学生自由分组合作，通过用水调查、网上搜索和书籍查阅等方式，了解水与人类生活的关系，感知水资源在生活中的重要性。同时，让学生收集各种各样关于水资源被污染、被浪费的资料，认识到保护水资源对人类生存的重要性，为课堂教学的进一步开展奠定情感基础。

2. 创设情境，培养学习兴趣

教材采用拟人化的手法，让小水滴采用第一人称的对话方式和学生进行互动。对二年级的学生来说，能够在课堂中与小水滴对话是一件十分有趣的事情，他们听到小水滴有困难，都非常乐意帮小水滴解决困难，不仅激发了学生的学习兴趣，也在不经意间培养了他们合作互助的能力。

3. 合作交流，内化道德修养

课上，让学生合作交流生活中的水污染情况，思考水污染给生活、生产带来的不便，这样，学生通过合作讨论认识到水资源遭到破坏会对我们的生活严重影响，自然就明白了善待环境就是善待自己的道理，从而增强爱水护水的意识。学生的日常行动是道德学习的落地。课上，学生知道了为什么要节约用水，还知道要怎么做。让学生思索家中的节水妙招，在班级共享，形成头脑风暴，引导学生养成良好的用水习惯，鼓励学生与家人一起制订家庭节水方案。同时将"节约"这个概念衍生出去，适当向学生普及生活中常见的需要节约的资源，树立节约观念，并落实到行动中去。

五、育德过程

活动一：我太重要了

1. 通过游戏了解能被我们使用的淡水资源有多少

师：同学们，今天我们来玩一个游戏，看谁最先算出能被我们使用的淡水资源有多少！

（1）游戏规则：全班分成四大组，每组选出一名水资源知识掌握较好的学生担任小组长，其余组员根据特长分为资料搜集员、记录员、计算员和汇报员。

（2）要求：根据搜集的资料计算出能被我们使用的淡水有多少。

（3）游戏过程：

① 纸上有 100 个小方格，根据小组内搜集的资料，地球上所有的水在这个格子上占多少个格子呢？淡水又占多少格？

预设：地球上的淡水占总水量的约 26%，表格中大约两格半。【剪出两格半】

② 那这两格半的淡水都能被我们使用吗？我们一起看大屏幕。【播放视频】你能算出能被我们使用的淡水有多少吗？

预设：把这两格半的淡水平均分成 10 份，剪出其中的一份，这就是能被我们使用的淡水。

③【拿着剪出的格子与原来的纸进行对比】现在你有什么感受？

预设：能被我们人类使用的淡水资源太少了。

育德理念解读：由于本班学生生活在水资源充足的地区，无法从生活中感受到水资源的稀少，因此，教师用画小方格的方式将地球上可直接使用的淡水含量直观地表现出来，让学生真正了解地球上淡水资源的稀少。教师在这一环节使用了学生喜欢的游戏模式，调动了学生调查的积极性。同时，以"能被我们使用的淡水资源有多少"为主题展开游戏，在游戏中仅仅靠一个人的力量是不够的。按照已合理划分好的小组，每组选出一名水资源知识掌握较好的学生担任小组长。如此安排，一方面，小组长能够凭借自己的威信，妥善地安排任务分工，让所有成员都有任务，都能参与有效学习。另一方面，让每个小组内至少都有一名对水资源感兴趣且这方面知识储备量较多的学生，便能结合他们的知识储备，带领组内同学更深入地对水资源知识进行学习。这样小组长的统筹协调能力得到锻炼，其他组员也在活动中明白团结协作才能达成目标。

师：是呀，看看地球仪，虽然地球被称为大水球，大部分都是蓝色的海洋，但大部分是海水，在少量的淡水中还有大部分藏在了坚固的冰川里、深层的地下，只有很少很少一部分能直接使用。能被使用的淡水资源实在太稀有了！【板书：我很稀少】

育德理念解读：学生通过观察地球仪明白，水资源的稀缺并不只是中国的问题，而是整个地球村的问题。学生了解水资源的现状后，自然而然地会产生珍惜水资源的想法。也明白了，中国是地球村的一部分，珍惜水资源是为了中国，更是为了地球村。

2. 明确水资源的重要性

师：同学们继续想一想，我们能不能不用这些水资源呢？

预设：不能，口渴、洗菜、洗澡……都需要用水。

师：很棒，同学们从生活中来举例子，说明我们的生活和小水滴息息相关，那我们来听听小水滴是怎样自我介绍的吧！【播放小水滴自我介绍音频】

师：你听懂了什么？【请学生回答】

师：是啊！小水滴把自己比喻成"地球的血液、生命的源泉"，有同学能告诉老师为什么吗？

预设：小水滴给树木灌溉，树木就茂密了；小水滴给禾苗灌溉，禾苗就长高了。

师：同学们观察得真仔细，小水滴能滋润万物的生长，所以说我们的生活不能没有水。【板书：我很重要】

育德理念解读：通过小水滴的自我介绍，学生与生活实际进行联想，意识到水涉及我们生活的方方面面，没有水人类将举步维艰，水让我们的世界更美好，让我们的生活更美好。同时，在这一活动中，学生明白世界、社会、自然、人际诸多方面都是共生共存的，进一步明确我们要珍惜水资源。

活动二：我来之不易

师：我们平时用的水从哪里来？

预设：水龙头、水井。

师：多么方便呀，水龙头一拧，就有源源不断的水可以使用。自来水来得这么容易吗？【播放有关自来水的视频】看完了视频，你想到了什么？

师：水库中的水需要经过很远的路到达水厂，再经过很多道严格的程序进行净化处理后才能变成自来水进入千家万户,每一滴小水滴来的都很不容易。其中少不了哪些人的付出呢?

预设:河道人员、管道工人、自来水厂工人……

师:我们能这样容易地使用自来水,离不开千千万万工人的努力。你有什么想说的?

育德理念解读:讲解水资源从水库到每家每户所需要的步骤,让学生知道生活中的水来之不易,是通过大家的团结合作才送到每家每户,我们要感激所有劳动者的付出。让学生认识到团结协作是一切事业成功的基础,只有把个人的愿望和团队的目标结合起来,才能产生"1+1>2"或"1+1 大于 2"的效果。

活动三:我遭遇了不幸

师:水对我们来说很重要、很珍贵,可生活中许多人不明白。你们听,小水滴在哭诉。【播放录音内容:亲爱的小朋友们,我明明是你们最好的朋友,可是有人不珍惜我,让我的身子黑黑的,还有臭味儿,你们快来看,他们都对我做了什么?同时课件出示教材第 36 页的大图】

师:请同学们打开书本第 36 页,圈一圈小水滴遭遇了哪些不幸的事?(同桌一起在教材上寻找、圈画)说一说。

师:同学们,在生活中,你们碰到过这样的情况吗?

预设一:见过往河里排污水的。

预设二:看到有人把易拉罐丢进河里。

预设三:看到有人在河边烧烤,吃完之后,把垃圾都丢进河里。

师:同学们,在我们的生活中,这样的情况确实有。【课件出示工厂污水、生活污水、浪费水资源等的图片】你们知道吗?这些遭遇了不幸的小水滴,聚集在一起就成了这个样子。

【课件出示一张河水遭严重污染的图片】

师:你们看到了什么?会造成什么后果呢?

师:水都被污染了,我们无法做饭、洗衣服、搞卫生,动物无法生存,植物不再生长,这样的世界,你们会喜欢吗?

育德理念解读:通过图片,学生直观了解水资源污染的现状及造成的危害,同时通过联系生活实际,学生在了解了水资源稀缺之后明白污染水资源是非常严重的事情。污染水资源是一件害人又害己的行为,保护水资源,人人有责。

活动四:快来帮帮我

师:那我们应该怎样对待珍贵的水呢?小组里面讨论讨论,为你的家制订一个节水方案。

小组合作提示:

(1)记录你发现的浪费水的现象,并在小组里讨论出解决这些问题的好办法。

(2)通过小组讨论制订属于自己家的节水方案。

全班交流。

预设一：把雨水更好地利用起来，建立海绵城市。城市能像海绵这样，把雨水储存起来，需要时再释放出来。同样地，我们可以建立海绵家庭。

预设二：将水再次循环使用。

预设三：通过宣传画宣传水资源的重要性。

预设四：制止别人浪费水资源的行为。

…………

师：是的，珍惜小水滴，保护小水滴，要靠大家一起来做。其实不仅仅是水，像我们必需的纸资源是树木制成的，树木是不可再生资源，用完了就没有了，这也需要我们节约。大家在生活中发现有什么节约的好习惯吗？

预设：充分利用草稿本，把笔芯用完再扔……

育德理念解读：单单让学生意识到我们要节约水资源还不够，仍要将行动落到实处，通过小组交流，学生在自主学习中学习到如何节约用水，并且制订家庭节水方案，这也是教给学生生活的智慧。在交流中互相比一比哪一小组的办法切实可行，鼓励学生进行发散性思考和表达。很多学生在小组讨论的过程中也能从其他人提出的问题中产生新的思考，更加有益于学生个人探究能力的提高，让每一个学生在学习知识的同时也能够较好地提高探究学习的能力。同时，学生在实践中明白了团结合作的重要性。最后，由节约用水引导学生进一步思考：我们在生活中还有什么节约的好习惯？真正在学生的心里播下节约的种子。

师总结：我们想出了这么多方法节约用水，关键是每天要在生活中去行动，养成节水好习惯，也希望大家能提醒你的家人和朋友，一起争做节水小卫士。

育德理念解读：由一个孩子影响一家人，小手拉大手，保护水资源的队伍会越来越大。团队的力量是无穷的，为了同一个目标，一起努力，所向披靡。

六、育德反思

德育必须通过学生的内化才能取得实效。学生的内化又需要经过多次，甚至是无数次的感受、体验、实践、反思、理解、领悟的循环往复的过程才能逐步实现。

1. 确定目标，逐层突破

本节课的目标是希望学生知道水是生命的源泉，我们的生活离不开水，还要知道我们身边的水资源其实非常的稀少，这部分水资源还受到严重的污染，所以我们一定要珍惜水资源、保护水资源，明确保护水资源是我们每个人的责任。同时保护水资源的关键是大家每天要在生活中去行动，合理用水，养成节水好习惯，呼吁从自己做起，从小事做起，并且能通过行动来提醒家人和朋友。本节课不仅是让学生节约水资源，还要节约其他资源，在学生心里种下一颗环保节约的种子。

2. 关注学情，运用资源

二年级学生好奇心强，课堂表现也十分积极，但注意力不长时间集中，因此，教师在课堂中进行了图片、视频等多媒体资源的互动，使课堂氛围更加轻松，同学们的学习兴趣更浓，注意力更集中。但同样地，在课堂上，教师所用的多媒体资源有些过于多了，也会造成学生的视觉疲劳。在今后的教学中，要更加合理、更加高效地使用多媒体资源。

3. 从生活中来，到生活中去

生活经验是德育的基础，学生的德育必须在遵循学生身心发展规律的前提下，按照学生生活的逻辑来建构。德育课堂必将到生活中去，也必定回归生活，指向学生的未来生活。教师在上课过程中以水为起点，引导学生将生活中节约观念的知识和实践与生活结合，让知识与生活融会贯通，真真正正地用知识指导生活，让学生感受到学有所得，学有所用。

4. 合作学习，共同进步

在课堂上，教师设计了小组合作、头脑风暴和同桌交流等活动，鼓励学生有自己的看法、见解，鼓励学生合作性学习，小组合作分工，进行小组点评，使学生产生集体荣辱感，培养合作互助精神。在合作学习中，培养学生的自信心，引导他们学会欣赏他人。

美中不足的是，这节课上对于学生生活的指导呈现出零散性特征，达成目标、实施措施、评价反馈等环节没有得到充分保证，达不到系统教育的目的。同时，本节课没能很好地将学科教育与德育有机地结合起来，导致对学生的思想道德教育有些生硬。在"活动四：快来帮帮我"这一环节中，有同学发现了书本中提出的"海绵城市"这一办法，其实对于二年级的学生来说，这一理念还是不太能够理解的。如果教师可以利用学校资源，带领学生感受一下什么是"海绵城市"，或许学生在观看的过程中会有所触动，会有新的节约水资源的创新方法的产生。

教师要正视和承认学生发展素质上的不平衡和个性差异，实施选择教育，分类指导，让每个学生都能在学校教育中找到自我，实现发展。德育课程化的推进必将使学校德育工作更好地把握导向，拓展思路，提高层次，把学校德育工作带入新的境界。

专家点评

学科核心素养是学科育人价值的集中体现，是学生通过学科学习而逐步形成的正确价值观念、必备品格和关键能力。善于合作、乐于合作是现代人必备的品质之一，也是学生可持续发展的关键能力。"一滴清水 一个地球"教学案例，给我最大的感受是学科教学与合作活动相得益彰，孩子们在学习中绽放光芒，于合作中悄然成长。纵观该案例，主要呈现以下三个亮点。

一、精编合作小组，多能力融入

新课标注重突出学生主体地位，引导学生开展自主、合作的实践探究和体验活动，使学生在感悟生活中认识社会、学会做事、学会做人。在本节课课前，教师将学生分成了四大组，每组选出小组长，其余组员则根据特长分为资料收集员、记录员、计算员和汇报员。这样一种以学生特长为基础融入多种能力精编的合作小组，有利于学生在合作的实践探究中分工协作、扬己之长，发展能力、锤炼品质。

二、精设合作情境，多维度切入

"道德与法治"课程立足于发展学生核心素养，坚持学科逻辑与生活逻辑相统一。本课中，教师旨在引领二年级学生懂得水之重要性，培养节水意识，养成节水习惯。在目标引领下，教师突破枯燥乏味的单一学习，通过课前调查、角色模拟、视频播放等，创设多样化合作情境，引导学生置身其中，生成真切内在的体验，使其体悟水资源之重要与现状之严峻，懂得节约资源，增强责任意识。

三、精布合作流程，多层次深入

在优质的合作教学中，"学困生"可"求助有门"，"学优生"能"教学相长"，要实现这两点，对准目标走直线并不是捷径，关注整体、步步为营、借梯上楼才是智慧教学的近道。本课教学由合作调查，了解"我太重要了"到视频播放，懂得"我来之不易"，再到同桌合作，知道"我遭遇了不幸"，最后小组合作，制订节水方案。四个合作活动，逐层推进、紧凑得当，有效放大了"道德与法治"课程的显性优势，推动了学生思维的递进发展，使学生的群体意识、合作精神和实践能力等得到锻炼和发展。

点评专家：朱开群

案例三：合作让中国革命星火燎原

一、内容选择

本课内容选自统编版中国历史八年级上册第五单元第 16 课《毛泽东开辟井冈山道路》。本课由"南昌起义""秋收起义与井冈山会师""工农武装割据"三个子目构成。

二、育德点分析

1. 显性内容

本课主要讲述了中国共产党领导革命斗争，从南昌起义、秋收起义到井冈山根据地的创建，形成工农武装割据局面。这一过程中，中国共产党经过反思和探索，继续领导中国革命，走出了一条新的"农村包围城市，武装夺取政权"的正确的中国特色革命道路，做到马克思主义与中国具体实践相结合，对中国革命具有深远的影响。这是对学生进行革命传统教育、党史教育、爱国主义教育的重要内容，属于显性育德内容。

2. 隐性资源

一群先进的共产党人为了探索正确的革命道路抛头颅、洒热血。在学习中，学生要体会中国共产党人为了寻找正确的适合中国的革命道路，实事求是、勇于探索的精神。结合新时代的生活实际，继承和发扬"坚定执着追理想、实事求是闯新路、艰苦奋斗攻难关、依靠群众求胜利"的井冈山精神。这是需要挖掘的隐性育德内容。

3. 生成因子

在生生与师生互动中，从历史走进现实生活，帮助学生认识到成长的道路也可能是曲折的，寻找正确的人生道路，要从自身的实际出发，实事求是，坚定理想，不怕困难，勇于创新，敢于探索，才能取得最后的胜利。这是生成的育德因子。

三、育德目标

1. 道德认知

学生通过自主学习、合作学习，掌握南昌起义、秋收起义、井冈山革命根据地的创建、工农武装割据等中国共产党人探索革命道路的相关史实。

2. 道德情感

学生通过阅读文字材料等方式获取有效信息，借助这些史料以合作探究的形式来认识中国为什么走农村包围城市、武装夺取政权的革命道路。通过讨论交流，提高分析问题和综合归纳的能力，培养团队合作的精神；学习中国共产党从实际出发，勇于创新、敢于探索的精神。

3. 道德行为

了解中国革命从走苏俄的路到走自己的路，把马列主义普遍原理与中国革命具体实践相结合，老一辈无产阶级革命家们为此做出了伟大贡献，体会中国共产党人探索革命道路的艰辛，激发学生对老一辈无产阶级革命家的崇敬之情，并在学习和生活中继承、发扬井冈山精神。

重点：掌握南昌起义、秋收起义、井冈山革命根据地的创建、工农武装割据的相关史实。

难点：探究中国走农村包围城市、武装夺取政权的革命道路的原因。

四、育德策略

（一）立足学情，生动育德

中学阶段正是学生形成价值观念和道德观念的重要时期，同时，这个阶段的学生应变能力强，具有很强的模仿能力。基于该特点，教学中要选择具备优秀品质的史料人物进行育德教学，发挥优秀历史人物的榜样作用。这样的育德，更加生动形象，具有说服力，更能让学生产生共鸣。本节课中可以选择的优秀的革命前辈有很多，如毛泽东、朱德、周恩来、贺龙、叶挺、刘伯承等，这些都是本课开展育德的榜样人物。教学从学生已知的、能理解的文字史料、伟人诗词、图片史料等入手，创设情境，让学生进入角色，置身于挑战性任务中，增加教学的趣味性，培养学生的历史学科素养、审美素养等。在学生学科能力得到提升的同时，体会中国共产党人探索革命道路的艰辛,学习中国共产党从实际出发、勇于创新、敢于探索的精神。

(二)自主学习,合作学习

课堂教学应是以学生为主体的教学,只有让学生积极参与到教学中,激发他们的主动性,让他们主动思考,主动走进历史,触摸历史,才能产生思想共鸣,完成育德目标。教学倡导民主平等,建立和谐的师生关系。在教学中把学习的时间、空间、展示的机会都让给学生,让学生在强烈的求知欲望的驱使下开动脑筋,各抒己见,让课堂变得有理有趣。通过让学生自己提问来组织教学,引导学生积极参与、主动探索,为他们创设动脑、动口、释疑解难的机会。提倡合作学习,生生互动、师生互动,让课堂变得融洽愉悦。学生在合作学习的过程中,教师及时点拨引导他们,发挥集体的力量,培养他们的合作能力和创新精神。

(三)提升素养,终身成长

课堂教学为学生提供了一个发现知识、研究疑惑、探索奥秘的场所。知识由学生自己去探索,自己去构建。自主的学习氛围,互助合作的学习方式,求真务实的学习态度,这些让学生的情感受到了潜移默化的熏陶。经过学习,学会历史学习的基本方法,拥有历史学习的基本技能;开拓历史视野,养成爱国主义情感,形成正确人生观、世界观、价值观。

五、育德过程

活动一:温故知新——由合作走向对立

1. 品读诗词

我们一起来欣赏毛泽东1927年所作的一首词《菩萨蛮·黄鹤楼》:"茫茫九派流中国,沉沉一线穿南北。烟雨莽苍苍,龟蛇锁大江。　黄鹤知何去?剩有游人处。　把酒酹滔滔,心潮逐浪高。"【课件中展示《菩萨蛮·黄鹤楼》】

学生互动交流,分享对毛主席这首词的理解与感悟。

预设一:这首词的写作背景,蒋介石发动"四一二"反革命政变,昔日的盟友一夜之间突然变成了冷酷凶残的刽子手,生机勃勃的南方一下子陷入腥风血雨之中。

预设二:这首词可以看到第一次国共合作时的伟大胜利与大革命失败的困难与痛苦;写出了毛泽东对革命前途的焦虑。

预设三:这首词也写出了毛泽东和对革命的未来充满信心,对革命抱有坚定信念的乐观。

2. 温故知新

你们还记得之前学过的第一次国共合作的相关知识点吗?

预设一:中共认识到必须团结一切可以团结的力量,组成最广泛的统一战线,才能把革命引向成功。

预设二:当时,国共两党有着同样的目标——反帝反封建。

预设三:第一次国共合作的实现促使北伐胜利进军,国民革命运动蓬勃发展。

【学生交流分享】

3. 鼓励质疑

教师过渡：今天就让我们沿着革命先辈们的足迹，走进著名的红土地——江西，走进南昌，走进井冈山，走进第十六课：《毛泽东开辟井冈山道路》，一起来寻找历史的答案。

育德理念解读：从学生熟悉的毛泽东的诗词导入新课学习，有利于拉近历史知识与现实生活的距离。利用相关历史材料创设了问题情境，让学生带着问题进入新课的学习。通过温故知新，知道有着共同奋斗目标的合作能促进双赢：历史上因为共同的斗争目标，国共两党进行了第一次合作，在工农群众的积极支援下，全国上下团结一致，取得了北伐战争的胜利。

活动二：合作学习——井冈山道路的开辟

1. 鼓励质疑

中国共产党人是怎样找到新的革命道路的呢？这是一条什么样的道路呢？

2. 合作学习

以小组为单位，每个小组围绕一个历史事件，研读教材、地图册和老师提供的补充材料，结合自己已有的课外历史知识，思考、解决问题，讨论多样化的展示方式。

【课件中展示本节课需要合作学习的任务，每个小组商量后领取各自的任务】

3. 交流展示

预设一：第一组学生结合"油画中的党史"中的经典油画《南昌起义》，以讲故事的形式汇报"南昌起义"。

相机追问：南昌起义后来失利了，但为什么要以南昌起义爆发的那一天"八月一日"作为人民解放军的建军节？

评价点拨：南昌起义在南昌的迅速取胜得益于中国共产党的统一战线工作。南昌起义前夕，参加起义的部队从九江开赴南昌途中获得了铁路工人的关键帮助；南昌起义时，贺龙和朱德还不是共产党员；正是有了他们和共产党员的团结合作，才打响了"武装反抗国民党反动统治的第一枪"。

预设二：第二组学生以表格的形式汇报"八七会议"（表6-1）。

表6-1 八七会议

八七会议	
时间	1927年
地点	汉口市
内容	确立了开展土地革命和武装反抗国民党反动派的总方针
著名论断	枪杆子里出政权

评价点拨：南昌起义之后，召开了八七会议。会上毛泽东一语惊天下：枪杆子里出政权。会后，毛泽东回湖南领导秋收起义，实践他那句至理名言。

预设三：第三组学生结合"油画中的党史"中的经典油画《秋收起义》，围绕历史地图《南昌起义、秋收起义示意图》来汇报"秋收起义"。

相机补充：秋收起义第一次打出"工农革命军"的旗号，人民军队历史上的第一面军旗就此诞生——旗为红色象征革命，中央为白色五角星，象征中国共产党领导，星内镶嵌着交叉的镰刀和斧头，代表工农大众紧密团结，旗裤上竖写"工农革命军第一军第一师"番号。

评价点拨："左图右史"是历史学习的重要方法，充分利用丰富的历史图片、历史地图资料，直观、形象地解释、深化和拓展历史知识。

预设四：第四组学生结合《星星之火映天红——记井冈山道路》中的材料，汇报"井冈山会师"。

预设五：第五组学生结合地图《1929—1932年农村革命根据地形势示意图》，汇报"工农武装割据"。

相机补充：井冈山革命根据地建立后，各地的共产党人也领导了武装起义，建立了革命根据地。到1930年，全国各地创建了大小十几块革命根据地。各个革命根据地之间相互配合，星星之火，能呈燎原之势。

育德理念解读：中国共产党人从上次失败的合作中吸取教训。认识到合作要有志同道合的人，认识到合作不能墨守成规，要结合实际，敢于创新。井冈山道路的开辟，是以毛泽东为首的共产党人从中国实际出发，勇于探索的结果，是无数革命先烈为了共同目标，努力奋斗的结果，是依靠群众，军民团结一家亲的结果。各个革命根据地的军民团结协作，配合作战，是星星之火可以燎原局面形成的重要因素。

活动三：合作探究——中国革命为什么要由城市转向农村

1. 小组合作探究

【课件展示材料及问题，学生分组进行合作探究】

材料一（图6-1）

图6-1

材料二

经过了一次大革命的政治经济不平衡的半殖民地的大国，强大的敌人，弱小的红军，土地革命——这是中国革命战争四个主要的特点。这些特点，规定了中国革命战争的指导路线及其许多战略战术的原则……在这里，共产党的任务，基本地不是经过长期合法斗争以进入起义和战争，也不是先占城市后取乡村，而是走相反的道路。

——毛泽东《中国革命战争的战略问题》

（1）围绕下列问题，各小组在组长带领下开展组内合作探究学习。

合作探究一：根据材料一概括，中国共产党的革命斗争发生了怎样的变化？

合作探究二：根据材料二概括，中国革命为什么要走这条道路？

（2）小组发言人在全班面前展示交流合作学习的成果。

（3）其他小组可以提问、补充，教师及时评价。

2. 体会感悟

师生一起欣赏歌曲《毛委员和我们在一起》。

（播放歌曲，同时课件中展示歌词"红米饭那个南瓜汤哟，咳罗咳，挖野菜那个也当粮罗，咳罗咳，毛委员和我们在一起罗，咳罗咳，咳！餐餐味道香味道香，咳罗咳。干稻草那个软又黄哟，咳罗咳，金丝被那个盖身上罗，咳罗咳，毛委员和我们在一起罗，咳罗咳，咳！心里暖洋洋，暖洋洋咳罗咳……"）

请大家想一想：歌曲《毛委员和我们在一起》体现了工农革命军的什么精神？这种精神对我们今天的学习和生活有什么帮助？

交流互动。

3. 情感升华

感悟井冈山精神及对我们今天的启示。

【课件中展示井冈山革命根据地相关图片】

讲述井冈山精神：井冈山是中国革命的摇篮。井冈山时期留给我们最为宝贵的财富，就是跨越时空的井冈山精神。井冈山精神，最重要的方面就是坚定信念、艰苦奋斗、实事求是、敢闯新路、依靠群众、勇于胜利。今天，我们要坚持坚定执着追理想、实事求是闯新路、艰苦奋斗攻难关、依靠群众求胜利，让井冈山精神放射出新的时代光芒。

育德理念解读：对于本课的难点，采用合作学习的方式来突破。合作学习环节，教师充分发挥主导作用，提供材料，设置问题，创设平等、民主的课堂氛围，让学生自主探究、讨论问题，自由交流、表达观点，从而促进学生认知、技能的全面发展。并在合作学习的过程中，感受到个人的力量是渺小的，需要合作，依靠志同道合的人一起努力奋斗、奉献甚至牺牲自我，才能取得最后的胜利；感受到在合作中需要实事求是，勇于创新、敢于探索。

活动四：拓展延伸——历史上的国共合作与对立

课后，请同学以小组为单位，分工收集资料，小组协作完成表6-2，并思考国共两党关系变化所产生的不同影响给我们的启示。下节课上课时展示交流。

表6-2　新中国建立前国共两党关系变化

新中国建立前国共两党关系变化			
国共关系	时期	原因	影响
合作	大革命时期（1924—1927年）		
对立	土地革命时期（1927—1937年）		
合作	抗日战争时期（1937—1945年）		
对立	解放战争时期（1945—1949年）		

育德理念解读：实现中华民族伟大复兴是全体中华儿女的共同心愿和共同事业。中国各族人民大团结的力量是实现中华民族伟大复兴的力量源泉。国共两党"合则两利，分则两伤"。新的时期，国共两党及其他党派应摒弃前嫌、通力合作，以民族大义为重，在中国共产党的主导下开展新的合作，为祖国统一大业和中华民族伟大复兴做出各自应有的贡献。

六、育德反思

历史课堂是进行学科育德的主要阵地，历史教科书是历史学科育德素材的主要来源。初中历史教科书中，语言、故事、图片等都蕴含着大量的育德素材和可以进行挖掘的育德因素。要不断挖掘学科中的情感因素，让学生在每堂课中都能有所感触，有所思考，从而激发其学习兴趣，让学生产生共鸣，长久下去，育德效果会逐渐彰显。例如，在历史教学中，教师要充分抓住重要的历史事件，挖掘其中蕴含的精神和思想价值观念。一些历史人物具有鲜明的正面典型形象，能够引起学生的共鸣，增强学生的情感体验，激起他们的爱国主义情怀，同时也能够促进学生树立崇高的理想，培养学生正确的人生观、价值观。

"身教胜于言教"，教师要弱化说教，相信学生能在历史事件和民族先贤事迹的学习中不断汲取营养；相信学生在教师的配合下通过合作学习，能够获取知识、提升能力、锤炼品质。同时，教师要端正自己的行为和态度，这样才能够给学生树立榜样，在潜移默化中影响学生，进而增强学科育德的效果。

让学于生，生生合作、师生合作实现共赢。历史课堂教学中，必须重视学生主观能动性的发挥，不管是知识学习还是育德渗透，都需要强调学生的主观意志力。因此，要在和谐融洽的教学环境下，充分发挥情感的积极促进作用，通过多开展生生合作，师生互动，使学生的学习体验更加深刻，培养学生的道德情感、理智情感、审美情感等，进而激发学生的求知欲和合作精神，最终促进学生形成独立健全的人格和学习能力。在学生合作学习活动中，要支持学生的真实想法，学会欣赏他们，更要学会耐心倾听。不仅要关注学生活动的结果，更要关注学生活动的过程，看学生是否有正确的态度，是否掌握了学习方法，创新精神和实践能力发展得怎样。教师要始终以"支持者"的角色去接纳和尊重学生的不同想法。

专家点评

本课是一节基于团队合作、多途径育德的合作探究课，课堂组织由"点"（具体史实）到"线"（史实间联系），再到对历史规律的科学认识，实现了"以史育人""以文化人"培育历史学科核心素养，进行革命传统教育、党史学习教育、爱国主义教育的目标。

一、优化学习方式，开展合作学习，协作育德

在课程实施中，通过活动开展合作探究，实行任务驱动，如井冈山道路的开辟、

中国革命道路为什么由城市转向农村等；通过组内协商、组间碰撞，在对历史解释、历史史料的分享与理解上，理解星星之火可以燎原的道理，理解走农村包围城市的革命道路的正确性。在历史事件、史料学习的过程中，培育史料实证、时空观念的历史学科核心素养。

二、紧扣学科主题，注重策略整合，情境育德

在认识井冈山革命道路的开辟这一学科主题过程中，进行跨学科整合尝试，品读诗词《菩萨蛮·黄鹤楼》，表达对革命前途的乐观情怀；欣赏经典油画《南昌起义》，以讲故事的形式汇报"南昌起义"；以表格的形式汇报"秋收起义"；围绕历史地图《1929—1932年农村革命根据地形势示意图》汇报"工农武装割据"；结合《星星之火映天红——记井冈山革命道路》史料汇报"井冈山会师"；欣赏歌曲《毛委员和我们在一起》感悟井冈山精神等。诗词、史料、故事讲述、歌曲欣赏等不同的学科情境，综合运用并解决学科任务，培育明理、增信、有理想、有担当的时代新人。

三、树立整体概念，强化知识整合，内容育德

合作贯穿井冈山革命道路创建的全过程，有第一次国共合作的伟大胜利，有党外人士朱德、贺龙与共产党合作，打响了"武装反抗国民党反动派"第一枪，有从国共合作走向对立的大革命的失败等，在对知识的整合和辨析中，明确党独立领导革命战争、开辟农村包围城市革命道路的正确性，在对史料实证、历史解释的综合分析中，树立唯物史观和爱党爱国的深厚情怀。

点评专家：朱开群

案例四：同心协力找平衡

一、内容选择

本课内容选自科教版小学科学第八册第六单元第一课"找重心"。

二、育德点分析

1. 显性内容

本课旨在探究的艰辛历程中，引导学生勇于质疑，团结协作，充分发挥集体的智慧，形成解决问题的能力。在他们同心协力的探究过程中磨炼他们的毅力，培养坚持克难的优秀意志品质，形成实事求是、严谨求真的科学精神。这是显性的育德内容。

2. 隐性目标

教学中，依托科学探究活动，以小组合作学习为核心，引领学生在集体中凝聚

智慧，协同共进，通过合作实现共赢，找到自己的位置，建立自信，从而产生团队意识，形成他们自己的大局观。这就是需要挖掘的隐性德育内容。

3. 生成因子

在实践活动中，联系学生的生活，针对身边出现的问题，引领学生体验合作的成功和合作的乐趣，处理好个人与集体的关系，在合作中学会沟通和理解，懂得补位与协调，这是他们人生中的必修课。只要能克难进取、合作共赢，他们终能感悟到人生成功的真谛。这是生成的德育因子。

三、育德目标

1. 道德认知

通过团结协作、合作探究，经历科学探究的过程，磨炼毅力，形成优秀的意志品质。

2. 道德情感

通过质疑、猜测、实验、讨论、交流活动，体验合作的优势，体悟敢于质疑、严谨求真的科学精神，激发学习热情。

3. 道德行为

学习在合作中处理好个人与集体的关系，积极协调、主动补位，为迈向成功的人生之路做好准备。

重点：经历科学探究的过程，磨炼毅力，形成优秀的意志品质，体悟敢于质疑、严谨求真的科学精神。

难点：领会合作的要义，积极行动，找到个人的最佳定位，凝聚集体智慧，开拓创新。

四、育德策略

1. 合作探究，渐行渐近

小学科学是一门实践性课程，探究活动是学生学习科学的重要方式。通过动手动脑的实践活动，学生亲身经历科学探究的过程，从知道物体有重心到了解物体重心的位置和形状有关系，从看似简单的平衡法到找出画线法、悬挂法等更多的寻找重心的方法，从疑惑重重到豁然开朗，一次次的合作让学生体验到了科学的乐趣和魅力。这不仅是探出了重心，更是探究出了磨炼毅力、发展思维、树立求真求实科学精神的必由之路。

2. 关注细节，且行且思

科学课堂的最大价值在于引领学生在教学活动中感悟科学精神，掌握科学方法，形成科学态度。而课堂教学是由一个个鲜活的课堂片段组成的，当一个个教学细节汇聚成完整的课堂呈现在我们面前时，我们会发现点点滴滴的所思所得最终形成了科学思想的雏形。每个学生在一个个实践活动中都会有自己的体会与收获，一个问题，一个眼神，一句鼓励……他们在这样的合作学习中寻寻觅觅，边实践边思考，在讨论中质疑,在实验中互补,在交流中升华,孩子们的科学素养在活动中落地生根,在潜移默化中发展提高。

五、育德过程

活动一:平衡法找重心

【播放儿童顶碗视频】

师:这位小朋友可真棒,同学们,他完成这样精彩表演的诀窍是什么呢?

生:平衡,把握好重心。

师:这个小朋友顶碗时平衡掌握得不错。那怎么才能将物体顶起来,保持平衡呢?我们找一些物体来试试。

师:看看,这是什么形状的?(正方形)

师:这个呢?是的,是长方形;

师:还有这个呢?不规则形状。

师:想用这些物体来试试吗?

师:行,那咱们就试试,不过要请同学们在实验时注意以下几点:

(1)用大头针的针尖将物体分别顶起来,并保持平衡。

(2)当物体保持平衡时,用笔将大头针所在的点标出来。

(3)不要损坏实验物品,注意小组内合理分工。

师:下面各小组开始吧。

学生活动。

师:同学们,结果如何?成功了吗?

师:很棒,要将这些物体顶起来,保持平衡,其中的诀窍大家发现没有?说说你们小组是怎么做的?

师:你们是怎么分工的?谁顶的?谁画点的?

师小结:是的,当我们顶起这些物体的时候,是总能找到一个点让它们保持平衡,像同学们找到的正方形物体上的这个点、长方形物体上的这个点我们就称为这个物体的重心。今天呢我们就一起来找重心。

师:在刚才的活动中,你们是怎么找到它们的重心的?

师:怎么试的?拿着大头针到处顶吗?

师:不是,先确定一个范围,物体的中间位置。

【显示学生调整的照片】

师:这是老师刚才在某小组看到的,这时候出现了什么情况?

师:你们是怎么做的?

师:怎么调整的?随便再换一个点去顶?

【根据情况慢慢调整】

师:在各小组的努力下,我们找到了这些物体的重心,我们称使用的这种方法为平衡法。

【出示一根铁丝】

师：老师这儿有一根铁丝，你们猜它的重心在哪儿？

师：怎么证明？

师：那各小组就动手找吧。

师：实验结果与你们的猜想一致吗？

师：你们小组试了几种方法？

师：谁的点子更好？

师：刚刚在合作的时候，有没有人帮助你？

师：你的方案得到大家的赞扬了吗？

师：找出铁丝中点，标出来，系上线悬挂起来就可以了。

小结：是的，我们又找到了铁丝的重心，而且还发现可以用一种快捷的方法来找它的重心。

育德理念解读：本环节以小组为单位，让学生合作找出物体的重心位置，学生在实验活动中发现困难重重后，教师引导他们凝聚集体智慧，出言建策，想方设法"顶"出了重心。在这一过程中，不断回想、反思实验过程，让他们发现只有通过协力合作，优势互补，克难而上，才能体验到成功的快乐。这就是在潜移默化中培养学生的合作意识，磨炼让他们体会到相互配合、同心协力，才能事半功倍。

活动二：画线法找重心

师：刚才同学们用平衡法找出了正方形和长方形物体的重心，你们觉得它们的重心在什么位置？

师：怎么能快速地找到它们的重心呢？

师：小组内可以讨论讨论。

师：各小组找到好办法了吗？说说看。

师：你们找到的重心和中心点有什么关系？

师：现在你能像找铁丝的重心那样种快捷地找到它们的重心吗？

师：这里老师还给你们准备了一种物体，这是什么形状的？平行四边形。

师：你们能快速地找到它的重心吗？

师：那就动手做吧。

【学生实验活动】

师：请各小组汇报你们实验的结果。

师：这个小组找得真快，你们怎么做的？其他小组呢？

师：通过刚才的实验，对于像正方形、长方形、平行四边形这样的物体，我们要快捷地找到它们的重心，可以怎么做呢？

【学生交流】

小结：是的，对这些物体我们可以用画线的方法迅速找出它们的重心，这种方法我们就叫作画线法。

育德理念解读：小学科学的课堂是学生与同伴交流、交往与合作的舞台，是他们展示自我的最佳阵地。本环节引导学生探究找到规则形状物体重心的方法，通过分组合作，寻求最佳途径。在展示活动成果环节，给学生充分的空间展示他们的合作成果，强化合作意识，提高合作的能力与水平。

活动三：悬挂法找重心

师：这儿还有一个物体呢，你们有办法迅速找到它的重心吗？

师：画线法呢？

师：刚才，正方形、长方形、平行四边形形状的物体不是可以用画线法找吗？它为什么不行呢？因为形状不规则。

师：还能想到其他办法吗？

师：看来这样的物体还真难办。

【将纸板挂到支架上，调整线锤】

师：你们仔细看看，这个重心和线锤形成的这条直线有什么关系吗？

师：是的，这个点就在这条线上，有了这条直线我们就可以找到这个点了吗？

师：那怎么办呢？

师：想想数学上是怎么解决这个问题的？

师：怎么得到另一条这样的直线呢？

预设：在另一点上开孔挂在支架上，挂上线锤。

师：同学们真聪明，你们与科学家的想法不谋而合，这种找重心的方法被称为悬挂法。下面我们一起学着用悬挂法来找出它的重心。

实验提示：

（1）在物体上的任意一点打孔，将它悬挂在支架上，挂上线锤。

（2）用笔沿着线锤在物体上画直线。

（3）换一个位置再打一个孔，用同样方法画出另一条直线。

师：各小组动手试试吧。

师：找到这种物体的重心了吗？

师：好的，我们用悬挂法又找到了不规则物体的重心。

育德理念解读：本环节通过引导学生通过思辨，集小组成员之所长，坚持克难，利用悬挂法找到不规则形状物体的重心，让他们体悟到只有发挥出集体中所有人之所长，积极协调、相互补位，才能可能取得成功。这样的教学，提升了学生的意志品质，促进了他们对严谨求真的科学精神的深度理解，做到了"润物细无声"。

活动四：总结拓展

师：通过这节课的学习，我们知道了物体有重心，学会了用平衡法、画线法、悬挂法找到物体的重心，你们能说说在什么情况下用这些方法来找物体的重心吗？

学生交流。

师：同学们，大家仔细看看今天这堂课我们找到重心的这些物体，它们都有什么共同的特点？

师：和杯子这样的物体比一比，它们都……

师：是的，我们课上研究的都是些平薄形的物体，那么如何去寻找其他重一点、体积大一点物体的重心呢？课后大家可以一起思考，继续研究，希望你们能有更多发现。

六、育德反思

作为一堂典型的科学探究课，本课的教学设计不仅要让学生理解科学概念，掌握科学方法，还要在探究的艰辛历程中，引导学生勇于质疑、团结协作，形成坚持克难的优秀意志品质，树立实事求是、严谨求真的科学精神。

1. 促进深度合作，体验成功乐趣

教学中，通过引导学生合作探究，利用平衡法、画线法、悬挂法等方法解决本课的主题：找重心。在这一过程中，孩子们通过质疑、猜测、实验、讨论、交流，优势互补，同心协力，找到了他们需要的答案，我们看到了他们开心的笑。而更重要的是他们体验到了合作的优势，磨炼了意志品质，领悟了严谨求真的科学精神。这是通过他们的亲身活动体验到的，它走进了学生的内心，对于他们的成长无疑将会影响深远。教学活动的主线是合作共赢，这种深入骨髓的体味就是难以磨灭的德育，是最深切的。

2. 把握角色定位，引领学生成长

科学课堂的主体是学生，教师是学习的组织者、引导者和促进者。本课的教学活动中始终遵循这一教学理念，以实验活动为载体，把学生放到教学的主体地位，引导学生动脑动手，不仅发挥了个人的才智，更凝聚集体的力量，以小组合作的形式展开了科学探究活动。在热烈的探究活动中，不仅有师生互动，更多的是深层次的生生互动。学生在互动中反思、总结，他们的学习方式、学习理念也在悄悄地发生着深刻的变化。这样的教学，没有停留于表面的热闹，而是回归科学的本质，引领学生走向理念与精神的更高境界，真正做到了"立德树人"。

专家点评

2016年12月7日至8日，习近平总书记出席全国高校思想政治工作会议并发表重要讲话，强调各类课程要与思想政治理论课同向而行，形成协同效应。通过课程德育与德育课程的一体化，更好地实现德育效果。小学科学是一门实践性课程，科学教育作为增强国民科学素养的基础性教育，是国家立德树人工作的重要组成部分。如何在小学科学教学中落实德育目标，进行团队合作教育，本节课做了有益的探索和实践。

一、开展活动探究，让学生在体验中达成学习目标

本节课用儿童顶碗视频进行导入，引导学生思考精彩表演的诀窍，从学生的疑惑入手，围绕找重心这一核心问题设计了四个活动环节，贯穿整个教学过程，让学

生在亲身经历科学探究的过程中，从知道什么是物体的重心到了解物体重心的位置和形状有关系，再到掌握寻找重心的有效方法。知识之间的逻辑线索清晰明了，学科素养达成度高，学生在系列化的团队活动探究中体验到科学的魅力。

二、指导团队合作，让学生在活动中感悟合作价值

本节课四个活动的顺利开展都离不开团队的合作，教师利用任务驱动，指导学生组内合作，并通过分享的方式指导学生小组间相互学习和合作，营造良好的团队合作氛围。同学们在小组中商量具体分工，认真进行实验操作，在做中学，在学中做，人人参与，深入探究，使复杂的实验探究在团队的有效合作中得以顺利完成，这是对团队合作价值的最好证明。

三、重视价值引领，让学生在活动中体验成就感与幸福感

在课堂活动中能够完成教师布置的挑战任务，能够揭秘儿童顶碗的诀窍，能够和同学们一起动手实验，这些都给学生带来了成就感和幸福感，那是一种积极的情感体验。虽然在完成实验的过程中有过沮丧，有过失望，但是在教师和小组队员的相互鼓励下，同学们没有放弃，重拾信心，迎难而上，学生的意志力和抗挫折能力都得到了锻炼。

这节课关注学生学科素养的养成，在培养学生科学精神的同时，增强了学生的团队合作意识和能力，落实了立德树人的目标，完成了从学科教学走向学科育人的价值转向。

点评专家：朱开群

案例五：开阔全球化视野　树立共同体意识
——"认识经济全球化"教学设计

一、内容选择

本课内容选自人教版思想政治选择性必修一第三单元第六课第一框"认识经济全球化"。

二、育德点分析

1. 显性内容

"认识经济全球化"这一框题是高中思想政治课程标准中"辨识国际经济中的比较优势，描述当代国际经济发展的基本特点和趋势"这一要求的具体演绎。通过教学，学生可初步掌握经济全球化的基本特征和主要表现，理解国际经济中的比较优势；深入了解影响经济全球化的载体和动因，增强对经济全球化是历史大势的认同，树立命运共同体意识。

2. 隐性资源

教学中，充分尊重学生的认知特点与知识结构，通过合理设置情境进行议题探究，立足全球化视野，在分析问题、解决问题的过程中，培养学生的辩证思维能力，引发深度思考，完成预测与选择、分析与论证的学科任务。在思辨过程中，学生树立合作共赢意识和正确的义利观，进一步增强理想信念，明确责任担当，培育奋斗精神。

3. 生成因子

课堂活动中，着眼于学生的真实生活和长远发展，让经济全球化的基本理论观点与学生的真实生活经验有机结合，学生在自主辨析的思考中感悟到唯有合作才能抓住机遇，把不利条件转化为发展先机。激发学生将民族复兴大任作为己任，自觉践行社会主义核心价值观，厚植爱国主义情怀。

三、育德目标

1. 道德认知

通过对华为公司全球化经营的探究与分析，了解经济全球化的三个主要表现，理解影响经济全球化的主要因素，正确认识跨国公司给世界经济带来的积极影响与消极影响，运用全面、辩证的观点分析和认识问题，拓宽分析问题和解决问题的视野，养成国际交往中的正确义利观。

2. 道德情感

通过课堂活动，知道经济全球化是多种因素共同驱动的结果，树立合作共赢意识，认同对外开放的基本国策，坚定经济全球化浪潮中走中国特色社会主义道路的信心，增强中国特色社会主义制度自信。

3. 道德行为

了解经济全球化的动因及影响，认识经济全球化已成为不可逆转的历史大势，自觉顺应经济全球化潮流，培养开放包容的精神，提高维护国家利益和国家安全的能力，勇于承担时代责任。

重点：了解并区分经济全球化的三个主要表现，了解跨国公司在经济全球化过程中的地位和作用。

难点：学会辨识国际经济中的比较优势，理解影响经济全球化的主要因素。

四、育德策略

1. 创设合适情境，解决认识冲突

情境是运用学科内容、执行任务、展现学科核心素养发展水平的平台。培育思想政治学科核心素养就是看学生能否运用学科内容应对各种复杂社会生活情境中的问题和挑战。本课的教学，通过课前收集华为公司丰富的图片、视频等资料，为学生创设直观的教学情境，将学科内容与问题情境有机融合，学生在展示中产生认识冲突、解决认识冲突，反映出学生真实的价值观念、品格和能力。

2. 巧设合理议题，营造民主氛围

议题式教学是新课程的一大亮点。以情境为基础，结合本课基本原理适时引入课堂议题，引导学生对材料多角度、多层次分析探究，把基本概念、基本观点、基本原理、基本方法融入课堂议题。围绕议题，指导、组织富有成效的课堂育德活动，让学生在思辨中拓展思维，在价值冲突中明确观点，培养问题意识。通过议题的引入、引导和讨论，改变课堂育德教学方式，教学在师生互动合作、开放民主的氛围中进行。

3. 开展合作探究，提升学生能力

在课堂育德过程中，为学生提供足够的选择空间和交流机会，让学生在自主思考的基础上，从各自的特长和关切出发，主动经历观察、操作、讨论、质疑、探究的过程，富有个性地发表自己的见解。在小组互动合作中提炼观点，在案例分析中展示观点，在比较鉴别中确认观点，培养学生的独立探索能力、活动组织能力、思维能力，以及务实态度和创新精神，发挥思想政治课程特有的育人功能。

五、育德过程

（一）导入新课

（播放华为海外宣传片"Dream it possible"）

现代人的生活与手机息息相关，华为手机不仅影响我们的日常生活，而且能助力人生梦想的实现。今天我们一起借助华为公司的经营与发展来学习经济全球化。

育德理念解读：兴趣是最好的老师，学生的学习情绪直接影响着学习效果。用Dream it possible 作为课堂导入，把民族品牌——"华为"在全球的经营发展引入课堂。学生初步感知什么是经济全球化，以此唤醒学生心中的共同体意识。课堂情境坚持社会主义核心价值理念与高中政治课堂有机融合，可以有效唤起学生的家国情怀，激发学生学习的兴趣和主动参与课堂的热情，实现显性德育内容的无痕融入。

（二）课堂互动

活动一：经济全球化的主要表现

华为创立于1987年，是全球领先的ICT（信息与通信）基础设施和智能终端提供商，其业务遍及170多个国家和地区，服务全球30多亿人口。

材料一 华为手机由中国华为技术有限公司工程师设计，其CPU和硬盘主要是美国生产的，光驱是日本生产的，声卡和网卡是我国台湾生产的，屏幕由厦门厂商等供应，最后在中国或者印度完成总装。

材料二 面对美国的打压，全体华为人迎难而上，共克时艰，聚焦为客户创造价值，全年实现销售收入超过8 588亿元人民币，同比增长18%。可以说华为已经遍布全世界的每个角落，8 000米以上的珠峰，零下40℃的北极、南极及广袤的非洲大地，都见得到华为的足迹。

材料三 华为目前是中国市值最高的企业和最有发展潜力的企业。在未来十年，华为有希望成为全球市值最高的企业之一。2011年华为收购香港赛门铁克公司；

2012 年华为斥巨资从东英格兰经济发展署（EEDA）手中收购了英国集成光电器件公司的资产；2015 年在印度投资 1.7 亿美元建立一个研发中心；2015 年 7 月 13 日，华为收购爱尔兰的 Amartus 公司旗下电子通信网络管理业务；2019 年 8 月，华为收购俄罗斯的人脸识别系统开发公司 Vokord，交易总额约 4 000 万美元到 5 000 万美元。正如乔布斯说：哪里有钱赚，我就去哪里投资。

议题 1：上述三个材料分别体现了什么经济现象？

议题 2：上述经济现象的出现有什么意义？

【学生思考回答】

教师点拨：

（1）生产全球化主要强调的是在生产环节，随着科学技术的发展，生产领域的国际分工与协作不断深化、加强，世界各国的生产相互联系、相互协作，各国的生产活动成为世界生产链条中的一个环节。生产全球化有利于各国充分发挥自己的比较优势，节约社会劳动，提高经济效益，促进世界经济发展。

（2）贸易全球化强调的是在贸易领域，随着对外开放程度的提高和国际分工的深化，世界各国都被卷入国际市场交换之中，对国际贸易的依赖度不断提高。在贸易全球化过程中，各国总要用自己的优势产品去交换自己的劣势产品，国际贸易对世界经济的拉动作用明显增强。

（3）金融全球化强调的是在资本领域，资本在国与国之间的流动速度不断加快，金融机构在国外广设分支机构，全球各地不同类型的金融市场打破时空和地域的限制，资本的全球化促进了世界经济的发展。

材料四 印度每人的劳动生产率：组装华为手机 800 只或者生产蓝牙 600 只。中国每人的劳动生产率：组装华为手机 1 000 只或者生产蓝牙 1 200 只。

议题 3：结合材料一和三，有人认为华为公司就是一个跨国公司，你同意吗？为什么？

议题 4：结合上述四个材料，思考华为公司为什么要把组装公司开在印度？由此可以看出华为在全球范围内组织生产的目的是什么？

议题 5：华为等跨国公司在追求自身利益最大化的同时，也促进了当地经济的发展，推动着国际分工的深化。据此有人认为，跨国公司的发展利大于弊。请你对这一观点进行评析。

【学生思考回答】

教师点拨：

（1）跨国公司在全球协作与分工中扮演着重要角色，基于跨国公司的大规模发展为经济全球化提供了强有力的载体，其影响已经遍及全球生产、流通和消费等各个领域。

（2）跨国公司利用世界各地的优势组织生产经营，推动生产全球化、金融全球化的深入发展与国际分工的深化，成为推动经济全球化的主要力量，同时跨国公司的全球化发展，也实现了自己利益的最大化，使其成为经济全球化的受益者。

（3）跨国公司的发展一方面促进了全球资源配置的优化和全球的科技合作与进步，同时也给世界经济带来了负面影响。因此，各国必须制定相应的政策，尽可能降低跨国公司带来的负面影响。

育德理念解读：通过材料、图片，学生认识经济全球化及其三个主要表现，了解什么是跨国公司，学会分析跨国公司经营的好处和面临的风险与挑战，并为活动二的学习做好铺垫。通过议题探究，引导学生辩证分析跨国公司的跨国经营，引发学生的深度思考，使其认识到跨国公司的成功经营离不开全球的分工与协作，进而感悟做成任何事情都离不开相互间的分工协作与统筹协调，完成预测与选择、分析与论证的学科任务，隐性资源得到了充分挖掘。

活动二：影响经济全球化的主要因素

材料五 随着现代科学技术的发展，华为乘着我国"一带一路"建设的东风，聚焦 ICT 基础设施和智能终端领域，坚持开放式合作与创新，从维护全球标准统一、建设产业生态联盟、拥抱全球化开源、推进关键技术创新等方面着手，聚合、共建、共享全产业要素，携手各行业、各领域的产业和生态伙伴共同构建全球开放生态，推动 ICT 产业的健康发展，把企业发展推向一个新的高峰。有人据此认为"经济全球化也就意味着世界一体化"。

议题6：结合材料五，运用书本知识探讨科技革命是如何推动经济全球化发展的。据此，有人认为，科技是影响经济全球化的唯一因素。请你综合本课所学对这一观点进行评析。

【学生思考回答】

教师点拨：

（1）新的科技革命，一方面使得发达国家的物质生产能力达到新的高度，生产力不断扩大与国内市场相对狭小的矛盾更加突出，扩张国外市场的要求更加迫切。另一方面，运输和通信手段发生革命性变化，形成了全球性的、低成本的交通运输网络和信息网络，使得全球经济活动越来越便捷，为经济全球化奠定了物质技术基础。

（2）当今世界经济的一个显著特征是商品、服务及技术、资金、劳务等要素，通过日益频繁的国际贸易、国际金融在全球范围内迅速流动和广泛配置，世界经济出现了高度融合的局面，这就是经济全球化。正是市场竞争打破了经济运行的国家和地区限制，把世界经济联结成一个整体的全球经济，形成了统一的世界市场。市场经济体制为经济全球化奠定了体制基础。全球经济的一体化，即国家间通过签署条约或协定，采取具体的措施协调彼此之间的经济贸易政策，以促进经济的共同发展。

材料六 美国对华为的打压。

2018年12月1日，美国指责华为违规向伊朗出售美国禁运设备。

2019年5月15日，美国宣布将把华为及其子公司列入出口管制的"实体名单"，华为的美国供应链遭到打击。随后，谷歌暂停支持华为部分业务。

2020年1月，美国要求其盟友停止使用华为5G技术。

2020年5月15日，禁止华为使用美国芯片设计软件。

2020年8月17日，禁止含有美国技术的代工企业生产芯片给华为。

2020年9月15日，禁止拥有美国技术成分的芯片出口给华为。

议题7：结合本课知识谈谈，美国对华为的打压说明了什么？你认为华为这类企业应该如何应对全球化带来的挑战？

【学生思考回答】

教师点拨：美国对华为的打压是逆全球化和贸易保护主义的行为。这种行为虽然在一定程度上保护了美国国内市场，缓解了美国国内的经济危机，但是阻碍了生产要素在全球范围内的流动，不利于国际分工水平的提高及国际贸易的迅速发展，最终不利于世界经济的发展。面对经济全球化，我们必须抓住机遇，迎接挑战，在立足国内发展的同时，继续深入参与经济全球化进程，才能推动经济全球化朝着更加开放、包容、普惠、平衡、共赢的方向发展。

育德理念解读：影响经济全球化的主要因素是本课的难点，学生理解起来较为吃力。这个环节让学生置身于具体复杂情境并分析两个大问题，层层推进，学生在辨析中深化对知识的理解。通过生生、师生互动分析材料，解决问题，培养学生的阐述与论证的能力，提升学生运用信息质疑、分析、推理的能力。学生感受到时代责任感和使命感，树立为民族复兴而努力奋斗的伟大志向，实现了德育因子的随机生成。

(三) 课堂小结

1. 经济全球化的主要表现

经济全球化的含义及主要表现。

2. 经济全球化的重要载体

（1）跨国公司的含义。

（2）跨国公司的经营。

（3）跨国公司的双重影响。

3. 影响经济全球化的主要因素

（1）经济全球化是社会生产力发展的客观要求和科技进步的必然结果。

（2）经济全球化加速发展的根本动因是世界各国对本国、本民族利益的追求。

（3）市场经济体制为经济全球化奠定了体制基础。

经济全球化是不可逆转的历史大势，它不是哪些人、哪些国家人为造出来的，它是社会生产力发展的客观要求和科技进步的必然结果，根本动因是世界各国对本国、本民族利益的追求，市场经济体制为经济全球化奠定了体制基础。跨国公司是经济全球化的重要载体。海外有学者评说：21世纪是中国崛起的世纪。作为中国人，我们当为之鼓舞，但更应感到任重道远。在全球经济的竞争中，我们只有立足国内，放眼世界，抓住时机，勇敢地迎接挑战，才能更好地实现中华民族伟大复兴。

六、育德反思

这堂课遵循"情境—问题—探究—结论—拓展"的思路进行设计,注重学生课前自主收集材料,在课堂中对材料进行整合、交流、思辨。学生处在课堂的中央,实现了在自主思考中探究,在小组合作中碰撞,在课堂思辨中提升。随着课堂的推进,学生在掌握知识、提升能力的同时,拓宽了全球视野,明确了时代责任,学会了合作共赢,从而坚定了报国信念,思想政治课的德育目标在潜移默化中达成。

1. 瞄准时政热点,立足全球生活

高中生而言,他们虽对经济全球化有感知,但是总体认知是十分有限的。课前,教师引导学生收集了华为集团海外经营发展的相关资料,并进行归纳分类,将教学内容从教科书扩展到社会实际生活。学生在收集资料的过程中,一方面对经济全球化的认识逐渐清晰,另一方面也对我国在国际上的地位与实力有了感性认识。课堂伊始,教师引入华为的宣传短片"Dream it possible",在强烈视觉和听觉冲击的视频观看中,个人梦、华为梦、中国梦一下子激起,学生学习经济全球化的兴趣油然而生,在不经意中点燃了学生心中的梦想,激发了学生的家国情怀,将个体之"小我"巧妙融入家国之"大我"之中,为整堂课的思维互动奠定基础。

2. 深化课堂议题,提升思辨能力

课堂活动围绕华为的经营与发展设计课堂议题,层层深入,引导学生逐步明白经济全球化及其载体内涵,经济全球化的主要表现及影响因素。学生在掌握必备知识的同时,产生思考与讨论的冲动。在议题的引领下,每个学生都乐于表达自己的观点,在讨论中厘清经济全球化与人们生活的关联。学生懂得作为一个时代新人,应当主动顺应经济全球化潮流,具有合作共赢意识,学会开放包容;作为当代有为青年,应认同对外开放的基本国策,坚定经济全球化浪潮中走中国特色社会主义道路的信心。这样的课堂教学形式,学生可以在价值冲突中辨识观点,有助于培养学生辨析与评价、解释与论证的理性思维和科学精神。

3. 明确责任担当,实现价值引领

课堂中,学生通过将收集整理的华为等公司为世界的贡献资料进行立体呈现,了解了我国在国际社会中的影响力、感召力和塑造力,折射出我国对外开放的成就和大国责任担当,形成正确的义利观,增强中国特色社会主义制度自信。最后设计开放性问题,经济全球化条件下为华为公司的发展壮大出谋划策,培育学生的创新精神与实践能力,激发学生报效祖国的雄心壮志。

高中阶段,青少年处在人生拔节孕穗的关键期,落实立德树人的根本任务是思政课老师的责任与担当。唯有远离说教,拒绝空洞,从学生的生活实际出发,理性剖析社会热点话题,才能瞄准德育的生长点,将立德树人在课堂中得到落实,把社会主义核心价值观落到行动上来,让学生真正在"学"中立人、立身、立根。

专家点评

一、构建系列化情境，培养团队合作的担当

团队合作既是一种精神，更是一种能力。能站在全球视野的角度懂得休戚与共，才能真正理解人类命运共同体的大格局观。"认识经济全球化"这一案例，从学科知识层面来说契合团队合作的育德目标，但如何将显性的教学内容内化成隐性的情感认同，需要围绕核心知识有效构建系列化情境。比如，从华为的发展历程中感悟经济全球化带给我们的机遇和挑战，理解国际分工协作的价值意义；从美国的恶意打压行径中感悟逆全球化的措施根源，自觉认同以国内大循环为主体、国内国际双循环相互促进的新发展格局，生发为民族复兴而深入参与经济全球化的自觉性和主动性。

二、凸显个性化交流，提升团队合作的价值

团队合作既是一种活动模式，更是一种个性展示。只有在发挥个体独立思考基础上的互动交流，才能真正唤起合作共赢的价值体验。"认识经济全球化"这一案例，课堂活动以个性化交流互动为主，虽然形式比较单一，但给足学生个体交流思辨的机会。比如，从"华为为何把组装公司开在印度"，到"跨国公司的发展是否利大于弊"到"科技革命如何推动经济全球化"，再到"华为如何应对全球化挑战"，有梯度的问题设计促使学生从自身认知水平出发展开独立思考，之后课堂的交流互动往往就能凝聚他人共识，甚至碰撞出创新的火花，提升团队合作的价值。

点评专家：朱开群